U0612490

天津圖書館古籍善本書目

[上]

經部·史部·子部

天津圖書館 編

國家圖書館出版社

圖書在版編目(CIP)數據

天津圖書館古籍善本書目/天津圖書館編. —北京:國家圖書館出版社,2008.12
ISBN 978 - 7 - 5013 - 3964 - 8

Ⅰ.天… Ⅱ.天… Ⅲ.古籍—善本—圖書館目録—天津市 Ⅳ.Z838

中國版本圖書館 CIP 數據核字(2008)第 189744 號

責任編輯:宋志英 趙 嫄

書　名	天津圖書館古籍善本書目(全三册)
著　者	天津圖書館　編
出　版	國家圖書館出版社 (100034 北京市西城區文津街 7 號) (原北京圖書館出版社)
發　行	010 - 66139745 66175620 66126153 66174391(傳真) 66126156(門市部)
E - mail	btsfxb@ nlc. gov. cn(郵購)
Website	www. nlcpress. com → 投稿中心
經　銷	新華書店
印　刷	河北三河弘翰印務有限公司
開　本	787 × 1092 毫米 1/16
印　張	79
版　次	2008 年 12 月第 1 版 2008 年 12 月第 1 次印刷
書　號	ISBN 978 - 7 - 5013 - 3964 - 8 / Z · 313
定　價	360圓

編例

一、本書目收録，包括自建館以來（一九〇八—二〇〇八）入藏的善本古籍四千八百六十種，五千三百五十八部。

二、本書目收録範圍、著録條例、古籍分類基本遵循《中國古籍善本書目》。收録範圍視本館藏書情況適當放寬，個別類目略作調整。如小説家類入子部，小説類入集部。

三、各部類圖書的編排方法亦依據《中國古籍善本書目》，唯子部釋家類參照乾隆版《大藏經》及吕澂《新編漢文大藏經目録》排列。歷代大藏經或相關目録未載者，按著者時代先後排列。道家類按《道藏》順序組織目録。

四、本書目著録包括書名、卷數、著者、版本、稽核、附注等項。叢書、合刻、匯印以及各類中匯編之書詳列子目；殘缺不全者，按實存羅列子目；復本子目從略。

①書名項：書名以原書卷端所題爲准，照録原文。地方志在書名前著明纂修

時代年號，加方括號標明；若原書名已冠有時代年號者，照原書名著録，不加括號。卷數一律著明原書卷數，原書卷數不清者，著□卷或□□卷；殘書在附注項後另行著録現存卷數和卷次。

②著者項：一般均著録其本名。著者本名無考或對所題著者有疑問者，照原題著録，在原題名前冠『題』字；著者無考或佚名者，著者項空缺。

③版本項：凡原書有刻抄印年代、地域、刻書機構及主持人或其他資料可考者，則詳細著録；無考者，只著録某朝刻本或抄本。凡著者手書或經著者手校、修訂之書，著録爲稿本。有後人批校題跋或移録他人批校題跋者，一律於版本項後注明。

④稽核項：只著録實際所存册數。

⑤附注項：著録一書之行格字數、邊欄、書口、刻書牌記、内封面所題刊刻年代及藏版地、刻工、以及書中較重要之鈐章等。其中刻工，只著録『有刻工』，而不記刻工姓名。凡復本書，只著録鈐章，其他項從略。

五、每條款目下注明館藏號碼：凡號碼前加『Z』者爲珍本書；加『F』者爲地方志；加『T』者爲特藏書；未加任何標志者爲館藏一般善本書。

六、本書目後附書名及著者四角號碼索引。爲便檢索，另編書名及著者字頭筆畫、漢語拼音檢字表。

總目

經部

史部

子部

集部

叢　部

天津圖書館古籍善本書目

經部

總類

欽定篆文六經四書六十一卷 清李光地等撰 清康熙内府刻本 三十二册 八行十二字白口左右雙邊

周易十卷
尚書四卷
毛詩四卷
周禮六卷
儀禮十七卷
春秋一卷
大學一卷
中庸一卷

四〇二一

論語十卷
孟子七卷

御纂七經五種二百九十一卷

清康熙至乾隆間内府刻本　一百九十六册　八行十八字小字雙行二十一字白口四周雙邊　四〇四五

御纂周易折中二十二卷首一卷　清李光地等撰
欽定書經傳說彙纂二十一卷首二卷書序一卷　清王頊齡等撰
欽定詩經傳說彙纂二十一卷首二卷詩序二卷　清王鴻緒等撰
欽定春秋傳說彙纂三十八卷首二卷　清王掞等撰
欽定三禮義疏　清允祿等撰
欽定周官義疏四十八卷首一卷
欽定儀禮義疏四十八卷首二卷
欽定禮記義疏八十二卷首一卷

九經五十一卷附四卷

明秦鏷訂正　清重刻秦氏本　十二册　十三行二十四字白口四周雙邊　五三一四

周易三卷圖說一卷
書經四卷
詩經四卷
周禮六卷
禮記六卷
春秋十七卷
孝經一卷
論語二卷
孟子七卷
附大學一卷　宋朱熹章句

中庸一卷 宋朱熹章句
小學二卷

一五六三 **五經四書大全一百七十五卷** 明胡廣等輯 明內府刻本 九十册 十行二十二字小字雙行二十二字黑口四周雙邊 鈐八千卷樓藏書印朱文方印 錢塘丁氏正修堂藏書朱文方印 善本書室朱文方印

周易傳義大全二十四卷上下篇義一卷 宋程頤撰 朱子圖説一卷五贊一卷筮儀一卷易説綱領一卷 宋朱熹撰 宋董楷輯
書傳大全十卷圖一卷書説綱領一卷
詩傳大全二十卷綱領一卷圖一卷詩序一卷
禮記集説大全三十卷總論一卷
春秋集傳大全三十七卷春秋序論一卷春秋二十國年表一卷 春秋諸國興廢説一卷春秋列國東坡圖説一卷
四書集注大全三十六卷讀大學法一卷大學或問一卷中庸或問一卷讀論語孟子法一卷

一六一六 **十三經註疏三百三十五卷** 明萬曆十四至二十一年北京國子監刻本 一百七十四册 九行二十一字小字雙行二十字白口左右雙邊 上書口間鐫萬曆十四年刊、萬曆二十一年刊等

周易兼義九卷 魏王弼、晉韓康伯註 唐孔穎達正義 音義一卷 唐陸德明撰 略例一卷 魏王弼撰 唐邢璹注 明萬曆十四年刻
尚書註疏二十卷 題漢孔安國傳 唐孔穎達疏 唐陸德明音義 明萬曆十五年刻
毛詩註疏二十卷 漢毛亨傳 漢鄭玄箋 唐孔穎達疏 唐陸德明音義 明萬曆十七年刻
周禮註疏四十二卷 漢鄭玄註 唐賈公彥疏 唐陸德明音義 明萬曆二十一年刻
儀禮註疏十七卷 漢鄭玄註 唐賈公彥疏 唐陸德明音義 明萬曆二十一年刻

禮記註疏六十三卷　漢鄭玄註　唐孔穎達疏　唐陸德明音義　明萬曆十六年刻
春秋左傳註疏六十卷　晉杜預註　唐孔穎達疏　唐陸德明音義　明萬曆十九至二十年刻
春秋公羊註疏二十八卷　漢何休註　唐徐彥疏　唐陸德明音義　明萬曆二十一年刻
春秋穀梁註疏二十卷　晉范甯集解　唐楊士勛疏　唐陸德明音義　明萬曆二十一年刻
論語註疏解經二十卷　魏何晏集解　宋邢昺疏　明萬曆十四年刻
孝經註疏九卷　唐玄宗李隆基註　宋邢昺疏　明萬曆十四年刻
爾雅註疏十一卷　晉郭璞註　宋邢昺疏　明萬曆十四年刻
孟子註疏解經十四卷　漢趙岐註　宋孫奭疏　明萬曆十八年刻

一六一五

十三經註疏三百三十三卷

明崇禎元年至十二年毛氏汲古閣刻本　一百二十七册　九行二十一字小字雙行二十字白口左右雙邊　下書口鐫汲古閣　封面鐫汲古閣藏板　卷末鐫皇明崇禎十二歲在屠維單閼古虞毛氏繡鐫　鈐希鄭軒蔡虎臣藏書印朱文方印

周易兼義九卷　魏王弼、晉韓康伯註　唐孔穎達正義　明崇禎四年刻
尚書註疏二十卷　題漢孔安國傳　唐孔穎達疏　唐陸德明音義　明崇禎五年刻
毛詩註疏二十卷　漢毛亨傳　漢鄭玄箋　唐孔穎達疏　唐陸德明音義　明崇禎三年刻
周禮註疏四十二卷　漢鄭玄註　唐賈公彥疏　唐陸德明音義　明崇禎元年刻
儀禮註疏十七卷　漢鄭玄註　唐賈公彥疏　唐陸德明音義　明崇禎九年刻
禮記註疏六十三卷　漢鄭玄註　唐孔穎達疏　唐陸德明音義　明崇禎十二年刻
春秋左傳註疏六十卷　晉杜預註　唐孔穎達疏　唐陸德明音義　明崇禎十一年刻
春秋公羊註疏二十八卷　漢何休註　唐徐彥疏　唐陸德明音義　明崇禎七年刻
春秋穀梁註疏二十卷　晉范甯集解　唐楊士勛疏　唐陸德明音義　明崇禎八年刻
論語註疏解經二十卷　魏何晏集解　宋邢昺疏　明崇禎十年刻
孝經註疏九卷　唐玄宗李隆基註　宋邢昺疏　明崇禎二年刻
爾雅註疏十一卷　晉郭璞註　宋邢昺疏　明崇禎元年刻

孟子註疏解經十四卷 漢趙岐註 宋孫奭疏 明崇禎六年刻

重刻十三經註疏附考證三百四十七卷 清乾隆四年內府刻本 一百册 十行二十一字小字雙行字同白口左右雙邊 上書口鐫乾隆四年校刊 Z〇〇一

周易注疏十三卷略例一卷附考證 魏王弼、晉韓康伯注 唐陸德明音義 唐孔穎達疏 略例魏王弼撰 唐邢璹注 唐陸德明音義
尚書注疏十九卷附考證 漢孔安國傳 唐陸德明音義 唐孔穎達疏
毛詩注疏三十卷附考證 漢毛亨傳 漢鄭玄箋 唐陸德明音義 唐孔穎達疏
周禮注疏四十二卷附考證 漢鄭玄注 唐陸德明音義 唐賈公彦疏
儀禮注疏十七卷附考證 漢鄭玄注 唐陸德明音義 唐賈公彦疏
禮記注疏六十三卷附考證 漢鄭玄注 唐陸德明音義 唐孔穎達疏
春秋左傳注疏六十卷附考證 晉杜預注 唐陸德明音義 唐孔穎達疏
春秋公羊傳注疏二十八卷附考證 漢何休注 唐陸德明音義 唐徐彦疏
春秋穀梁傳注疏二十卷附考證 晉范甯集解 唐陸德明音義 唐楊士勛疏
論語注疏二十卷附考證 魏何晏集解 唐陸德明音義 宋邢昺疏
孝經注疏九卷附考證 唐玄宗李隆基注 唐陸德明音義 宋邢昺校
爾雅注疏十一卷附考證 晉郭璞注 唐陸德明音義 宋邢昺疏
孟子注疏十四卷附考證 漢趙岐注 宋孫奭疏

通志堂經解一百四十種一千八百六十卷 清成德編 清康熙十九年通志堂刻本 五百九十九册 十至十六行二十至三十一字不等小字雙行字數不等白口左右雙邊 下書口鐫通志堂 五〇四八

易

子夏易傳十一卷
易數鉤隱圖三卷遺論九事一卷　宋劉牧撰
橫渠先生易說三卷　宋張載撰
易學一卷　宋王湜撰
紫巖居士易傳十卷　宋張浚撰
漢上易傳十一卷周易卦圖三卷周易叢說一卷　宋朱震撰
易璇璣三卷　宋吳沆撰
周易義海撮要十二卷　宋李衡撰
易小傳六卷　宋沈該撰
復齋易說六卷　宋趙彥肅撰
古周易一卷　宋呂祖謙等輯
童溪王先生易傳三十卷　宋王宗傳撰
易裨傳一卷外篇一卷　宋林至撰
易圖說三卷　宋吳仁傑撰
易學啓蒙通釋二卷圖一卷　宋胡方平撰
周易玩辭十六卷　宋項安世撰
東谷鄭先生易翼傳二卷　宋鄭汝諧撰
三易備遺十卷　宋朱元昇撰
丙子學易編一卷　宋李心傳撰
易學啓蒙小傳一卷古經傳一卷　宋稅與權撰
水村易鏡一卷　宋林光世撰
晦庵先生朱文公易說二十三卷　宋朱鑑輯
大易緝說十卷　元王申子撰

周易輯聞六卷易雅一卷筮宗一卷　宋趙汝楳撰
周易傳義附録十四卷首一卷　宋董楷撰
學易記九卷首一卷　元李簡撰
讀易私言一卷　元許衡撰
俞氏易集説十三卷　宋俞琰撰
周易本義附録纂註十五卷　元胡一桂撰
周易發明啓蒙翼傳三卷外篇一卷　元胡一桂撰
周易本義通釋十二卷輯録雲峯文集易義一卷　元胡炳文撰
易纂言十二卷首一卷　元吳澄撰
周易本義集成十二卷首一卷　元熊良輔撰
周易經傳集程朱解附録纂注十四卷首一卷附一卷　元董眞卿撰
易圖通變五卷　宋雷思齊撰
易象圖説内篇三卷外篇三卷　元張理撰
大易象數鉤深圖三卷　元張理撰
周易參義十二卷　元梁寅撰
合訂删補大易集義粹言八十卷　清成德撰

書

書古文訓十六卷　宋薛季宣撰
三山拙齋林先生尚書全解四十卷[卷三十四原缺]　宋林之奇撰
程尚書禹貢論二卷後論一卷山川地理圖二卷　宋程大昌撰
尚書説七卷　宋黄度撰
增修東萊書説三十五卷首一卷　宋呂祖謙撰　宋時瀾輯
書疑九卷　宋王柏撰
書集傳或問二卷　宋陳大猷撰

杏溪傅氏禹貢集解二卷　宋傅寅撰
尚書詳解十三卷　宋胡士行撰
尚書表注二卷　宋金履祥撰
尚書纂傳四十六卷　元王天與撰
書蔡氏傳輯錄纂註六卷首一卷　元董鼎撰
書纂言四卷　元吳澄撰
尚書句解十三卷　元朱祖義撰
書蔡氏傳旁通六卷　元陳師凱撰
書集傳纂疏六卷首一卷　元陳櫟撰
尚書通考十卷　元黃鎮成撰
王耕野先生讀書管見二卷　元王充耘撰
定正洪範集說一卷首一卷　元胡一中撰

詩

毛詩指說一卷　唐成伯璵撰
詩本義十五卷鄭氏詩譜補亡一卷　宋歐陽修撰
李迂仲黃實夫毛詩集解四十二卷首一卷　宋李樗、黃櫄講義　宋呂祖謙釋音
毛詩名物解二十卷　宋蔡卞撰
詩說一卷　宋張耒撰
詩疑二卷　宋王柏撰
詩傳遺說六卷　宋朱鑑撰
逸齋詩補傳三十卷篇目一卷　宋范處義撰
詩集傳名物鈔八卷　元許謙撰
詩經疑問七卷　元朱倬撰　附編一卷　宋趙惠撰
詩解頤四卷　明朱善撰

春秋

春秋尊王發微十二卷　宋孫復撰　附録一卷
春秋皇綱論五卷　宋王晳撰
春秋劉氏傳十五卷　宋劉敞撰
春秋權衡十七卷　宋劉敞撰
劉氏春秋意林二卷　宋劉敞撰
春秋年表一卷
春秋名號歸一圖二卷　後蜀馮繼先撰
龍學孫公春秋經解十五卷　宋孫覺撰
春秋臣傳三十卷　宋王當撰
木訥先生春秋經筌十六卷　宋趙鵬飛撰
西疇居士春秋本例二十卷　宋崔子方撰
石林先生春秋傳二十卷　宋葉夢得撰
止齋先生春秋後傳十二卷　宋陳傅良撰
春秋集解三十卷　宋呂祖謙撰
左氏傳說二十卷　宋呂祖謙撰
春秋左氏傳事類始末五卷附録一卷　宋章沖撰
春秋提綱十卷　宋陳則通撰
春秋王霸列國世紀編三卷　宋李琪撰
春秋通說十三卷　宋黄仲炎撰
春秋集註十一卷綱領一卷　宋張洽撰
春秋或問二十卷　宋呂大圭撰
春秋五論一卷　宋呂大圭撰
則堂先生春秋集傳詳說三十卷綱領一卷　宋家鉉翁撰

春秋類對賦一卷　宋徐晉卿撰
春秋諸國統紀六卷　元齊履謙撰
春秋本義三十卷首一卷　元程端學撰
春秋或問十卷　元程端學撰
春秋集傳十五卷　元趙汸撰
春秋屬辭十五卷　元趙汸撰
春秋師説三卷附録二卷　元趙汸撰
春秋左氏傳補注十卷　元趙汸撰
春秋諸傳會通二十四卷首一卷　元李廉撰
春秋集傳釋義大成十二卷首一卷　元俞皋撰
清全齋讀春秋編十二卷　元陳深撰
春秋春王正月考一卷辨疑一卷　明張以寧撰

三禮

新定三禮圖二十卷　宋聶崇義集注
東巖周禮訂義八十卷首一卷　宋王與之撰
鬳齋考工記解二卷　宋林希逸撰
儀禮圖十七卷旁通圖一卷　宋楊復撰　附儀禮本經十七卷
禮記集説一百六十卷　宋衛湜撰
禮經會元四卷　宋葉時撰
太平經國之書十一卷首一卷　宋鄭伯謙撰
夏小正戴氏傳四卷　宋傅崧卿注
儀禮集説十七卷　元敖繼公撰
儀禮逸經傳一卷　元吳澄撰
經禮補逸九卷附録一卷　元汪克寬撰

禮記陳氏集說補正三十八卷　清成德撰

孝經

孝經注解一卷　唐玄宗李隆基注　宋司馬光指解　宋范祖禹說

孝經大義一卷　元董鼎撰

孝經一卷　元吳澄校定

晦菴先生所定古文孝經句解一卷　元朱申撰

論語

南軒先生論語解十卷　宋張栻撰

論語集說十卷　宋蔡節撰

孟子

南軒先生孟子說七卷　宋張栻撰

孟子集疏十四卷　宋蔡模撰

孟子音義二卷　宋孫奭撰

四書

四書纂疏二十六卷　宋趙順孫撰

四書集編二十六卷　宋真德秀撰

四書通二十六卷　元胡炳文撰

四書通證六卷　元張存中撰

四書纂箋二十八卷　元詹道傳撰

四書通旨六卷　元朱公遷撰

四書辨疑十五卷　元陳天祥撰

大學集說啓蒙一卷中庸集說啓蒙一卷　元景星撰

總經解

經典釋文三十卷　唐陸德明撰

公是先生七經小傳三卷　宋劉敞撰
六經奧論六卷首一卷　宋鄭樵撰
六經正誤六卷　宋毛居正撰
熊先生經說七卷　元熊朋來撰
十一經問對五卷　元何異孫撰
五經蠡測六卷　明蔣悌生撰

通志堂經解一百四十種一千八百六十卷　清成德編　清康熙十九年通志堂刻本　四百四十冊　五〇四七

三經評註五卷　明閔齊伋輯　明萬曆閔齊伋刻三色套印本　四冊　八行十八字小字雙行十七字白口左右雙邊　檀弓卷末鐫萬曆丙辰秋吳興後學閔齊伋遇五父識　一七五九

考工記二卷　明郭正域批點
檀弓一卷　宋謝枋得、明楊慎批點
孟子二卷　題宋蘇洵批點

五經四書疏略一百四十四卷　清張沐撰　清康熙十四至四十年著蔡張氏敦臨堂刻本　十五冊　九行十七字小字雙行字同白口四周雙邊　封面間鐫康熙十四年鐫、康熙二十八年鐫　敦臨堂藏板　七〇五七

存四十二卷
周易疏略四卷
詩經疏略八卷

大學疏略一卷
中庸疏略一卷
論語疏略二十卷
孟子疏略七卷
附孝經疏略一卷

易類

周易不分卷 明刻本 一册 九行十八字白口左右雙邊 〇〇一一

京氏易傳三卷 漢京房撰 吳陸績注 明范欽訂 **周易略例一卷** 魏王弼撰 唐邢璹注 明范欽訂 明嘉靖四明范氏天一閣刻范氏奇書本 三册 九行十八字小字雙行字同白口左右雙邊 有刻工 一五七三

周易八卷 宋蘇軾撰 **王輔嗣論易一卷** 魏王弼撰 明閔齊伋刻套印本 八册 八行十八字小字雙行十七字白口四周單邊 一七五一

周易本義十二卷易圖一卷五贊一卷筮儀一卷 宋朱熹撰 清康熙内府刻本 四 四四五五

周易本義十二卷易圖一卷五贊一卷筮儀一卷 宋朱熹撰 清康熙内府刻本 四册 六行十五字小字雙行字同白口左右雙邊 四四五六

周易本義十二卷易圖一卷五贊一卷筮儀一卷 宋朱熹撰 清康熙五十年曹寅刻本 二册 八行十六字小字雙行二十字白口左右雙邊 五〇四二

周易十卷 宋程頤傳 宋朱熹本義 **上下篇義一卷** 宋程頤傳 **易圖集錄一卷** **易五贊一卷筮儀一卷** 宋朱熹傳 **易説綱領一卷** 宋程頤、朱熹撰 明刻本 六册 八行十四字小字雙行十七字黑口四周雙邊 〇〇〇九

周易十卷 宋程頤傳 宋朱熹本義 **上下篇義一卷** 宋程頤傳 **易圖集錄一卷** **易五贊一卷筮儀一卷** 宋朱熹傳 **易説綱領一卷** 宋程頤、朱熹撰 明刻本 十册 八行十四字小字雙行十七字黑口四周雙邊 鈐閬源眞賞朱文方印 汪士鐘印白文方印 銕林收藏金石書畫記朱文方印 〇〇一〇

存 周易十卷 上下篇義一卷 易五贊一卷 筮儀一卷

周易經傳二十四卷 宋程頤、朱熹撰 明刻本 八册 九行十七字黑口四周雙邊 有刻工　Z〇〇九三

楊氏易傳二十卷 宋楊簡撰 明劉日升等校 明萬曆二十三年劉日升、陳道亨刻本 四册 十行二十二字白口四周雙邊 有刻工　一五六四

周易雜論精義一卷 題宋呂祖謙編 清抄本 羅振常跋 一册 十三行二十三字無格 鈐賈廷琳印白文方印 馬玉堂印白文方印 羅振常氏朱文方印　三四〇七

大易緝説十卷 元王申子撰 清抄本 佚名校 二册 十二行二十一至二十三字不等小字雙行字數不等無格　三三二八

易學四同八卷別録四卷 明季本撰 明嘉靖四十年刻本 六册 十行二十一字小字雙行字同白口四周單邊　一五六五

存 易學四同六卷 一至二 五至八 別録二卷 三至四

易因二卷 明李贄撰 明萬曆陳邦泰刻本 四册 九行二十字白口四周單邊 卷末鐫秣陵陳邦泰録梓牌記　一五六八

易經旁訓三卷 元李恕撰 明萬曆二十三年鄭汝璧、田疇刻五經旁訓本 清李承澍批校 章鈺等跋 二册 七行二十字行間夾批小字單行白口四周單邊　〇〇一二

周易來注十六卷 明來知德撰 明史應選輯 明沈際飛訂 明崇禎刻本 十二册 十行二十二字白口四周單邊　一五七一

存十五卷 一至十五

梁山來知德先生易經集註十六卷雜説一卷啓蒙一卷 明來知德撰 清崔華重訂 清康熙二十七年崔華刻本 六册 九行二十字白口四周單邊 封面鐫康熙二十七年重鐫 寶廉堂藏板 校訂姓氏後鐫大清康熙二十七年仲冬重校正於廣陵書院　七四八〇

周易象義四卷附讀易法一卷 明唐鶴徵撰 明萬曆三十五年純白齋刻本 佚名迻錄明倪元璐批校 八册 十行二十一字白口四周單邊 下書口鐫純白齋 鈐倪元璐白文方印 鴻寶白文方印 一五六六

周易象義四卷附讀易法一卷 明唐鶴徵撰 明萬曆三十五年純白齋刻本 四册 一五六七

重鐫蘇紫溪先生易經兒説八卷 明蘇濬撰 清乾隆五十六年禹航師儉堂活字印本 八册 九行二十字白口四周雙邊 封面鐫乾隆庚戌年刊 禹航師儉堂版 二〇〇三

像鈔六卷 明錢一本撰 清初抄本 四册 十四行三十二字無格 三三三二

存二卷 上經卷上 下經卷下

鼎鐫睡菴湯太史易經脈四卷首一卷 明湯賓尹撰 明陶望齡等校 明萬曆四十五年刻本 四册 十行二十四字白口四周單邊 一五七〇

周易揆十二卷 明錢士升撰 明末賜餘堂刻本 佚名批點 四册 九行十九字白口左右雙邊 下書口鐫賜餘堂 五〇五四

易經註疏大全合纂六十四卷首一卷周易繫辭註疏大全合纂四卷周易略例一卷序一卷上下篇義一卷五 一五七二

贊一卷筮儀一卷易説綱領一卷　明張溥輯　明崇禎七年刻本　十五册　八行十八字小字雙行十七字白口左右雙邊　封面鐫崑山李府藏板

易憲四卷附卦歌一卷圖説一卷　明沈泓撰　清乾隆九年補堂刻本　三册　十一行二十三字白口左右雙邊　下書口鐫補堂藏板　五三四四

費子統天易説四卷　清費國瑄撰　清抄本　清華湛恩校　八册　十行二十七字無格　鈐親仁堂朱文方印　湛恩珍藏白文方印　三三三八

説易十二卷　明喬中和撰　明崇禎十一年刻躋新堂集本　五册　九行二十字白口四周單邊　上書口鐫躋新堂集　一五六九

易經三註粹抄不分卷　明許順義編　明建陽余彰德刻六經三註粹抄本　二册　十一行二十八字小字雙行字同白口四周雙邊　一五七四

喬氏易俟十八卷圖一卷　清喬萊撰　清刻本　四册　十一行二十字白口左右雙邊　七二一二

御纂周易折中二十二卷首一卷　清李光地等撰　清康熙五十四年内府刻本　十册　八行十八字小字雙行二十二字白口四周雙邊　五〇四三

御纂周易折中二十二卷首一卷　清李光地等撰　清康熙五十四年内府刻本　十册　四四五一

御纂周易折中二十二卷首一卷　清李光地等撰　清康熙五十四年内府刻本　十册　七三一四

周易淺義四卷 清耿極撰　清康熙二十七年刻本　四册　九行二十字白口四周單邊　七二七一

周易會歸不分卷 清鄧霽撰　清康熙五十一年龍南學署刻乾隆一年印本　十册　八行二十六字小字雙行字同白口四周單邊　封面鐫康熙壬辰　龍南學署梓　七二五一

周易函書約存十八卷約註十八卷別集十六卷 清胡煦撰　清乾隆胡氏葆璞堂刻本　三十二册　十行二十四字小字雙行字同白口四周雙邊　下書口鐫葆璞堂　七一三九

周易本易啓蒙通刊十六卷首一卷 清吳世尚撰　清雍正十二年光德堂刻本　六册　九行十九字白口四周單邊　封面鐫雍正十二年新鐫　光德堂　七三〇四

周易經二卷
周易傳十卷
易學啓蒙四卷首一卷

周衣亭譚易不分卷 清周人麒撰　**望溪集一卷** 清方苞撰　清王兆符輯　清抄本　三册　十行二十四字無格　三三七四

易經揆一十四卷易學啓蒙補二卷 清梁錫璵撰　清乾隆十六年刻本　十册　十行二十字白口四周雙邊　五三五〇

易經揆一十四卷易學啓蒙補二卷 清梁錫璵撰　清乾隆十六年刻本　十册　七〇五四

易經易解三卷 清嘉慶二十年吳錦抄本　二册　十行二十字無格　卷末書嘉慶二十年歲次乙亥小春月吳錦抄　三三三三

玩易心得不分卷　稿本　二十九册　八行字数不等红格　三三六九

書類

尚書二卷　明刻本　二册　六行十字黑口四周雙邊　〇四一六

尚書註疏二十卷　題漢孔安國傳　唐孔穎達疏　唐陸德明釋文　明刻本　二十册　八行十八字小字雙行二十五字白口四周雙邊　鈐王懿榮印朱文方印　徐世昌印白文方印　許乃普印朱文方印　Z〇一五二

尚書註疏二十卷　題漢孔安國傳　唐孔穎達疏　唐陸德明釋文　明崇禎五年毛氏汲古閣刻十三經註疏本　清佚名校　十六册　九行二十一字小字雙行二十字白口左右雙邊　下書口鐫汲古閣　封面鐫汲古閣繡梓　卷末鐫皇明崇禎五年歲在玄黓涒灘古虞毛氏繡鐫白文雙行牌記　鈐揚州汪喜孫孟慈父印朱文方印　汪中印白文方印　一五七八

東坡書傳二十卷　宋蘇軾撰　明凌濛初刻套印本　八册　九行十九字白口四周單邊　一七五二

書集傳六卷書圖一卷　宋蔡沈撰　元鄒季友音釋　朱子説書綱領一卷　宋朱熹撰　明正統十二年内府刻本　六册　八行十四字小字雙行十七字黑口四周雙邊　〇四一二

書集傳六卷書圖一卷　宋蔡沈撰　元鄒季友音釋　朱子説書綱領一卷　宋朱熹撰　明正統十二年内府刻本　六册　○四一三

書集傳六卷書圖一卷　宋蔡沈撰　元鄒季友音釋　朱子説書綱領一卷　宋朱熹撰　明正統十二年内府刻本　十二册　一六五八

書帷別記四卷　明王樵撰　明萬曆王啓疆、王肯堂等刻本　四册　十一行二十二字白口四周單邊　有刻工　一五七九

書經六卷　題宋蔡沈集註　精鐫尚書筍中利試題旨秘訣不分卷　明陳台撰　明天啓七年鄭氏奎璧堂刻兩節版套印本　六册　書經九行十七字小字雙行字同秘訣十六行十四字白口四周雙邊　封面鐫奎璧堂鄭氏梓行　一九一五

洪範正論五卷　清胡渭撰　清乾隆四年胡紹芬刻本　六册　十一行十九字白口左右雙邊　封面鐫耆學齋藏板　五三九二

欽定書經傳説彙纂二十一卷首二卷書序一卷　清王頊齡等撰　清雍正八年内府刻本　二十四册　八行十八字小字雙行二十一字白口四周雙邊　鈐弢齋藏書記朱文長方印　六七二三

欽定書經傳説彙纂二十一卷首二卷書序一卷　清王頊齡等撰　清雍正八年内府刻本　十二册　四五四二

書經近指六卷　清孫奇逢撰　清康熙十五年刻本　四册　九行二十字白口四周單邊　五三五三

尚書口義六卷　清劉懷志撰　清乾隆八年大梁書院刻本　四册　九行大字不等小字雙行二十字白口左右雙邊　封面鐫大梁書院藏板　六六一二

尚書亼注音疏十二卷末一卷外編一卷經師系表一卷　清江聲撰　清乾隆五十八年江氏近市居刻篆文本　六册　十行十四字小字雙行二十一字白口左右雙邊　五三五四

尚書亼注音疏十二卷末一卷外編一卷經師系表一卷　清江聲撰　清乾隆五十八年江氏近市居刻篆文本　八册　四五三七

禹貢滙疏十二卷圖經二卷考略一卷別錄一卷　明茅瑞徵撰　明崇禎五年刻本　二十四册　九行二十字小字雙行十九字白口四周單邊　鈐錢塘丁氏藏書印白文方印　八千卷樓朱文方印　一五八〇

禹貢錐指二十卷圖一卷　清胡渭撰　清康熙漱六軒刻本　八册　十一行二十字白口左右雙邊　下書口鐫漱六軒　五三九〇

禹貢錐指二十卷圖一卷　清胡渭撰　清康熙漱六軒刻本　十册　五三九一

禹貢錐指二十卷圖一卷　清胡渭撰　清康熙漱六軒刻本　十册　七六九四

禹貢譜二卷　清王澍撰　清康熙四十六年積書巖刻本　一册　黑口四周單邊　封面鐫積書巖藏板　六六一三

禹貢鄭注釋二卷　清焦循撰　清稿本　二册　十行十九字無格　鈐焦循手録白文方印　里堂朱文方印　古香簃珍藏記白文方印　半九書塾白文方印　因柳閣朱文方印　南陵徐乃昌校勘經籍記朱文方印　二八三二

詩類

詩經集傳八卷　宋朱熹撰　明嘉靖吉澄刻本　四册　九行十七字小字雙行字同白口左右雙邊　卷末鐫巡按福建監察御史吉澄校刊雙行牌記　有刻工　一五七五

呂氏家塾讀詩記三十二卷　宋呂祖謙撰　明嘉靖十年傅鳳翺刻本　十六册　十四行十九字小字單行十八字細黑口左右雙邊　鈐閩中徐惟起藏書印朱文長方印　鄞林氏藜照盧圖書朱文長方印　慈谿馮氏醉經閣圖籍朱文方印　五橋珍藏白文方印　〇七一一

詩傳大全二十卷綱領一卷圖一卷　明胡廣等輯　詩序辨説一卷　宋朱熹撰　明刻本　十册　十行二十二字小字雙行二十一字黑口四周雙邊　〇七〇五

詩傳大全二十卷綱領一卷圖一卷　明胡廣等輯　詩序辨説一卷　宋朱熹撰　明刻本　十册　十行二十二字小字雙行二十一字黑口四周雙邊　〇七〇四

詩經四卷小序一卷 明鍾惺批點 明淩杜若刻套印本 三冊 八行十八字白口左右雙邊 一七六〇

詩經世本古義二十八卷首一卷末一卷 明何楷撰 明崇禎十四年刻本 十六冊 九行二十字小字雙行字同白口四周單邊 封面鐫禮部藏板 一五七六

韋氏詩經攷定二十四卷詩經傳授源流一卷總論一卷 明韋調鼎撰 明崇禎十三年潘璁等刻本 十冊 十行二十字小字雙行十九字白口四周單邊 有刻工 一五七七

毛詩日箋六卷 清秦松齡撰 清康熙三十九年尊賢堂刻本 二冊 十行二十一字黑口左右雙邊 封面鐫尊賢堂藏板 五〇四四

毛詩稽古編三十卷 清陳啓源撰 清抄本 二十冊 八行十七字無格 三六八九

詩經通解八卷附詩序一卷 清歸起先輯 清順治十五年刻兩節版印本 三冊 詩經解注九行十七字小字雙行字同詩序九行二十五字詩通小字十八行二十四字白口四周單邊 六六六八

詩經解注四卷 明徐奮鵬撰

詩通四卷 明陸化熙撰

詩經集傳拾遺二卷 清吳德旋撰 清抄本 一冊 八行二十字紅格 鈐八千卷樓珍藏善本朱文長方印 善本書室朱文方印 嘉惠堂藏閱書朱文長方印 錢唐丁氏正修堂藏書朱文方印 八千卷樓朱文方印 二九五六

風雅遺音二卷 清史榮撰　清毛政等校　清乾隆十四年一灣齋刻本　二册　八行二十字白口四周單邊　下書口鐫一灣齋　封面鐫乾隆己巳歲鐫　一灣齋藏板　五三五七

詩傳名物集覽十二卷 清陳大章撰　清康熙刻本　六册　十二行二十二字白口左右雙邊　五三五五

草木疏校正二卷 清趙佑撰　清乾隆刻本　二册　九行二十字白口四周雙邊　五三五一

詩經古音四卷 清楊峒撰　清抄本　清李宏信題識　二册　九行十七字無格　鈐小李山房圖籍白文方印　三三三七

詩古音三卷 清楊峒撰　清抄本　一册　十行二十一字無格　鈐曾在周叔弢處朱文方印　二九四二

魯詩世學三十二卷 宋豐稷正音　明豐慶續音　明豐耘補音　明豐熙正説　明何昆續考　清抄本　六册　九行十八字小字雙行十七字無格　乙〇〇九四

詩外傳十卷 漢韓嬰撰　明嘉靖沈辨之野竹齋刻本　十册　九行十七字白口左右雙邊　序後鐫吳郡沈辨之野竹齋校雕牌記　有刻工　鈐白雲山館白文方印　〇七一八

韓詩外傳校注十卷拾遺一卷 清周廷寀撰　清周宗杬撰　清乾隆五十六年周氏營道堂刻本　二册　十行二十字小字雙行字同白口四周單邊　封面鐫乾隆辛亥開雕　營道堂藏板　四六四六

三家詩拾遺十卷三家詩源流一卷 清范家相撰　清抄本　清顧觀光校　二册　八行二十字無格　鈐顧觀光尚之勘白文方印　顧深珍藏朱文方印　三三三一

三家詩遺説八卷補一卷 清馮登府撰　清抄本　清李富孫校　二册　十一行二十三字無格　三三三〇

禮類

周禮四十二卷 漢鄭玄註 明金蟠、葛鼒等訂 明永懷堂刻本 六册 九行二十五字小字雙行字同白口左右雙邊 下書口鎸永懷堂 〇三六七

周禮註疏四十二卷 漢鄭玄註 唐賈公彦等疏 唐陸德明釋文 明崇禎元年毛氏汲古閣刻十三經註疏本 清李中簡録清惠棟批校並題款 十二册 九行二十一字小字雙行字同白口左右雙邊 下書口鎸汲古閣 〇三一八

太平經國之書十一卷首一卷 宋鄭伯謙撰 明嘉靖十五年高叔嗣刻本 二册 十行二十二字小字雙行字同白口左右雙邊 〇三一六

周禮全經集十二卷周禮通論一卷周禮傳敘論一卷 明柯尚遷撰 明隆慶四年張大忠刻本 十册 十行二十字白口四周單邊 有刻工 一五八五

注釋古周禮五卷考工記一卷 明郎兆玉撰 明天啓六年郎氏堂策檻刻本 五册 九行二十字小字雙行十九字白口四周單邊 封面鎸堂策檻藏板 一五八六

周禮註疏删翼三十卷 明王志長輯 明葉培恕定 明崇禎十二年天德堂刻本 十二册 八行十九字小字雙行十八字白口左右雙邊 封面鎸天德 一三六八

堂梓

周禮淪義三十二卷　清劉謙撰　清劉自潔校　清抄本　十二冊　九行二十二字小字雙行二十一字白口左右雙邊　三四六八

考工記述註二卷首一卷圖一卷　明林兆珂撰　明萬曆刻本　二冊　八行二十字白口四周雙邊　一五八七

考工記二卷檀弓二卷　明郭正域批點　明萬曆閔齊伋刻三經評註三色套印本　三冊　八行十八字小字雙行十七字白口四周雙邊　一七五五

考工記篹註二卷首一卷圖一卷　明程明哲撰　明萬曆刻本　二冊　八行二十字白口四周單邊　有刻工　〇三一九

周禮三註粹抄六卷　明萬曆十八年余氏萃慶堂刻本　一冊　十一行二十八字小字雙行字同白口四周雙邊　卷末鐫旹萬曆庚寅仲春月萃慶堂余泗泉梓行牌記　〇三一七

非周禮辨一卷經傳正譌一卷　明王應電撰　明刻周禮傳本　二冊　十行二十五字白口四周單邊　〇三一五

以上周禮

儀禮十七卷　漢鄭玄注　明嘉靖徐氏刻三禮本　四冊　八行十七字小字雙行字同白口四周雙邊　有刻工　存九卷　九至十七　〇三〇一

重刊儀禮考註十七卷　元吳澄撰　明刻本　六冊　十一行二十四字黑口四周雙邊　一五八八

儀禮蠡測十七卷 清韋協夢撰 清乾隆五十年帶草軒刻本 二册 九行二十字白口四周雙邊 封面鐫乾隆乙巳年鐫 帶草軒藏板 七〇二六

儀禮經注疏正譌十七卷 清金日追撰 清乾隆五十三年肅齋家塾刻本 四册 八行十四字黑口左右雙邊 封面鐫乾隆戊申新鐫 肅齋家塾藏版 五三六〇

儀禮喪服表不分卷 清蔣彤撰 清養一齋抄本 七册 十行二十三至二十五字不等藍格下書口鐫養一齋 鈐舊山樓朱文長方印 二七九二

以上儀禮

禮記不分卷 明崇禎十三年秦鏷求古齋刻九經本 二册 二十行二十七字細黑口左右雙邊刻工 鈐王懿榮白文方印 福山王氏正孺藏書朱文長方印 海精舍藏本朱文長方印 有周氏藏書之印朱文方印 周氏良金朱文方印 臣榮朱文小方印 一五八三

禮記二十卷 漢鄭玄注 釋文四卷 唐陸德明撰 考異二卷 清張敦仁撰 清嘉慶十一年張敦仁影刻宋淳熙四年撫州公使庫本 清嘉慶十一年張敦仁刻本 十册 十行十六字小字雙行二十四字白口釋文黑口四周雙邊 封面鐫嘉慶丙寅陽城張氏影摹重雕牌記 有刻工 鈐蟫香館藏朱文方印 七〇八二

禮記註疏六十三卷 漢鄭玄註 唐孔穎達疏 唐陸德明音義 明萬曆十六年北京國子監刻本 清方良批校並跋 二十册 九行二十一字小字雙行二十字白口左右雙邊 上書口鐫萬曆十六年刊 一五八九

禮記註疏六十三卷 漢鄭玄注 唐孔穎達疏 唐陸德明音義 明崇禎十二年毛氏汲古閣刻十三經註疏本 佚名校 二十册 九行二十一字小字雙行二

十字白口左右雙邊　下書口鐫汲古閣　卷末鐫皇明崇禎十二季歲在屠維單閼古虞毛氏繡鐫牌記

禮記資斧四卷　清王玉麟撰　清康熙淼閣刻本　四册　十行二十字小字雙行字同白口左右雙邊　下書口鐫淼閣藏書　七〇四三

禮記省度四卷　清彭頤撰　清乾隆元年武林文治堂刻兩節版套印本　四册　上節小字十六行十六字下節大字八行十六字小字八行字數不等白口四周單邊　封面鐫乾隆元年重鐫　武林文治堂梓行　一七五六

夏小正集解四卷　清顧問撰　清乾隆五十七年桐陰書屋刻本　二册　八行十九字小字雙行字同白口左右雙邊　封面鐫乾隆壬子新鐫　桐陰書屋藏板　七九五三

禮記參訂八卷　清陳鱣撰　清抄本　四册　十行二十一字無格　三三四四

禮記講錄不分卷　清沈昌時撰　清沈道成補訂　清初抄本　八册　十行二十字白口左右雙邊　鈐小李山房圖籍白文方印　道成之印朱文方印　育萬白文方印　會稽徐氏積學齋藏書印朱文方印　世德堂朱文橢圓印　三三四三

大戴禮記十三卷　漢戴德撰　北周盧辯注　清乾隆武英殿聚珍版叢書本　佚名校　二册　九行二十一字白口四周雙邊　鈐拜經樓印白文方印　二六九三

南海先生禮運注稿一卷　康有爲撰　稿本　一册　Z〇一五七

以上禮記

新定三禮圖二十卷　宋聶崇義撰　清康熙十五年刻本　四册　十六行字數不等白口左右雙邊　五三七四

二禮經傳測六十八卷纂議一卷 明湛若水撰 明嘉靖刻本 十册 十行二十字小字雙行字同白口四周雙邊 鈐凝雲深處清暇奇觀朱文長方印 海頻逸民平泉鄭履淮凝雲樓書畫之印朱文方印 一五八一

三禮約編喈鳳十九卷 清汪基編 清江永、陳士謙校訂 清乾隆四十八年三多齋刻本 八册 九行十八字小字雙行字同白口四周單邊 下書口鐫敬堂 封面鐫乾隆癸卯年重鐫 三多齋梓行 七一〇八

周禮約編六卷
儀禮約編三卷
禮記約編十卷

禮箋三卷 清金榜撰 清乾隆五十九年方起泰、胡國輔刻本 二册 十行二十一字白口左右雙邊 封面鐫游文齋藏版 有刻工 四五一五

禮箋三卷 清金榜撰 清乾隆五十九年方起泰、胡國輔刻本 二册 七〇二七

以上三禮總義

五禮通考二百六十二卷目錄二卷首四卷 清秦蕙田撰 **讀禮通考一百二十卷** 清徐乾學撰 清乾隆十八年秦氏味經窩刻本 一百十册 十三行二十一字小字雙行三十一字白口左右雙邊 五禮通考封面鐫味經窩藏板 讀禮通考封面鐫冠山堂藏板 七四四五

五禮通考二百六十二卷目錄二卷首四卷　清秦蕙田撰　五四七四

讀禮通考一百二十卷　清徐乾學撰　清乾隆十八年秦氏味經窩刻本　一百十八册　五四七四

以上通禮

司馬氏書儀十卷　宋司馬光撰　清雍正二年汪亮采刻本　二册　十一行十九字小字雙行二十四字細黑口左右雙邊　有刻工　五四八三

司馬氏書儀十卷　宋司馬光撰　清雍正二年汪亮采刻本　二册　四五二三

司馬氏書儀十卷　宋司馬光撰　清雍正二年汪亮采刻本　二册　五四八二

朱子家禮八卷首一卷　宋朱熹撰　明丘濬輯　明楊廷筠補　四禮初稿四卷　明宋纁輯　五四八六

四禮約言四卷　明呂維祺撰　清康熙四十年汪氏刻本　六册　八行十八字小字雙行十六字白口四周單邊

四禮翼合編四卷附教民三圖一卷　明呂坤撰　清朱軾評定　清吳高增補撰　清沈大璋參訂　清乾隆三十年刻本　二册　九行二十字小字雙行字同白口左右雙邊　五四七七

南工廟祠祀典三卷　清李奉翰撰　清乾隆四十四年刻本　四册　九行二十字小字雙行十八字細黑口四周雙邊　封面鎸乾隆四十四年冬季鐫　五四七八

以上雜禮

樂類

苑洛志樂十三卷 明韓邦奇撰 清康熙二十二年吳元萊刻本 八册 有圖 十行二十字白口四周單邊 四九七四

樂經元義八卷 明劉濂撰 明嘉靖刻本 四册 十行二十一字白口四周單邊 鈐稽銓之印朱文方印 一三八二

律呂正義上編二卷續編一卷 清聖祖玄燁撰 清雍正刻本 九册 九行二十字白口四周雙邊 五〇八一

春秋類

公羊傳一卷穀梁傳一卷 清王源評 清康熙五十五年程茂刻本 六册 八行十八字小字雙行二十三字白口左右雙邊 五三二三

春秋十七卷 清初刻本 清張惠言批校 六册 十三行二十四字白口四周雙邊 四八〇六

春秋左傳三十卷 晋杜預撰 明吳勉學刻本 佚名批校 八册 九行十八字小字雙行字同白口左右雙邊 一六〇六

春秋經傳集解三十卷 晋杜預撰 唐陸德明釋文 春秋列傳圖說一卷 宋蘇軾撰 〇四二七

異名考一卷　明天放菴刻本　二十四册　八行十七字小字雙行字同白口左右雙邊

春秋經傳集解三十卷　晋杜預撰　唐陸德明釋文　明刻本　十二册　八行十七字小字雙行字同白口四周雙邊　一五九九

春秋經傳集解三十卷　晋杜預撰　唐陸德明音釋　左繡三十卷　清馮李驊、陸浩輯　清康熙五十九年華川書屋刻兩節本　三十册　上節十六行十五字下節八行二十字小字雙行字同白口左右雙邊　下書口鐫華川書屋　五〇七二

附釋音春秋左傳註疏六十卷　晋杜預註　唐孔穎達疏　唐陸德明釋文　元刻明修本（卷四十一、四十九、六十配明刻本　卷五十五配清抄本）　五十册　十行十七字小字雙行二十三字白口左右雙邊　鈐四經四史之齋白文方印　Z〇一五三

春秋左傳註疏六十卷　晋杜預註　唐孔穎達疏　唐陸德明釋文　明崇禎十一年毛氏汲古閣刻十三經註疏本　清李宏信批校並題款　三十六册　九行二十一字小字雙行二十字白口左右雙邊　下書口鐫汲古閣　鈐小李山房朱文方印　一五九一

春秋左傳類解二十卷地譜世系一卷　明劉績撰　明刻本　二十册　十行二十字小字雙行字同黑口四周雙邊　一六〇一

春秋左傳節文十五卷　明汪道昆撰　明萬曆刻本　佚名批校　十册　九行十八字白口左右雙邊　〇四二六

左紀十一卷　明錢應奎撰　明萬曆三年華叔陽刻本　六册　十二行二十字白口左右雙邊　有刻工　一六〇四

春秋左傳十五卷　明孫鑛批點　明萬曆四十四年閔齊伋刻套印本　十二册　九行十九字白口四周單邊　每卷末鐫萬曆丙辰夏吳興閔齊華、閔齊伋、閔象泰分次經傳　一七五七

春秋左傳註評測義七十卷世系譜一卷名號異稱便覽一卷地名配古籍一卷總評一卷春秋列國東坡圖説一卷　明凌稚隆撰　明閔元衢校　明萬曆十六年刻本　二十册　十行二十字小字雙行字同白口左右雙邊　有刻工　一六〇〇

左記十二卷　明章大吉撰　明崇禎刻本　十二册　十行二十字小字雙行字同白口四周單邊　鈐八千卷樓藏書之記朱文方印　鳴野山房朱文方印　錢唐丁氏藏書白文方印　一六〇三

讀左日鈔十二卷補二卷　清朱鶴齡撰　清康熙二十年刻本　四册　十行二十二字白口四周單邊　鈐瓠尊書堂朱文方印　古觀居陸氏藏書記朱文方印　五〇五一

文章練要左傳評十卷　清王源撰　清初居業堂刻本　十册　九行二十二字小字雙行字同白口左右雙邊　五八二六

左傳條序八卷　清許培文撰　清雍正四年刻本　四册　十行二十四字白口左右雙邊　五一九九

春秋左傳十七卷　清弘瞻點定　清雍正十三年果親王刻三色套印本　十二册　九行二十字注文十九字白口四周雙邊　一九〇七

讀左補義五十卷首二卷　清姜炳璋輯　清乾隆三多堂刻本　十六册　十一行二十三字白口左右雙邊　封面鐫三多堂藏板　八一〇二

讀左補義五十卷首二卷　清姜炳璋輯　清乾隆三多堂刻本　八册　六九七七

春秋大事表五十卷輿圖一卷附錄一卷　清顧棟高撰　清乾隆十三年萬卷樓刻本　十四册　十一行二十五字白口四周單邊　下書口鐫萬卷樓　五四〇三

左傳事緯十二卷字釋一卷左丘明小傳一卷　清馬驌撰　清乾隆四十九年黃暹刻本　十二册　九行二十二字白口左右雙邊　封面鐫乾隆甲辰秋重鐫　鈐蟫香館藏書印朱文長方印　七〇七六

春秋穀梁註疏二十卷　晉范寧集解　唐楊士勛疏　唐陸德明音義　明崇禎八年毛氏汲古閣刻十三經註疏本　清李宏信校　四册　九行二十一字小字雙行二十字白口左右雙邊　下書口鐫汲古閣　鈐小李山房朱文方印　一六〇五

春秋穀梁傳十二卷　周穀梁赤撰　明閔齊伋注　攷一卷　明閔齊伋撰　明天啓元年刻本　四册　九行十九字小字雙行十八字白口四周單邊　〇三一三

穀梁折諸六卷首一卷　清張尚瑗撰　清敬足齋刻本　四册　十行二十四字黑口四周單邊　封面鐫敬足齋藏板　八〇五一

春秋三十卷諸國興廢說一卷圖一卷　宋胡安國撰　明正統十二年司禮監刻五經本　六册　八行十四字小字雙行十七字黑口四周雙邊　鈐廣運之寶朱文方印　〇四三一

春秋三十卷諸國興廢説一卷圖一卷　宋胡安國撰　明正統十二年司禮監刻五經本　四册　一六〇七

春秋集註十一卷綱領一卷　宋張洽撰　明嘉靖四十三年朱睦㮮聚樂堂刻本　四册　九行十九字小字雙行字同白口四周雙邊　上書口鐫聚樂堂　Z〇〇一九

春秋胡氏傳纂疏三十卷　元汪克寬撰　元至正八年建安劉叔簡日新堂刻本　十册　十一行二十一字小字雙行字同黑口四周雙邊　凡例後鐫建安劉叔簡刊於日新堂牌記　Z〇〇五八

春秋四傳三十八卷　明嘉靖吉澄刻樊獻科重修本　佚名錄清何焯批校　十二册　九行十七字小字雙行字同白口左右雙邊　十六卷末鐫巡按福建監察御史開州吉澄校刊縉雲樊獻科重訂牌記　有刻工　鈐山東海豐吳氏珍藏世澤圖書朱文方印　〇四二四

存九卷　一至九

春秋四傳三十八卷綱領一卷提要一卷列國東坡圖説一卷春秋二十國年表一卷諸國興廢説一卷　明刻本　十册　九行十七字小字雙行字同白口左右雙邊　有刻工　一五九八

春秋四傳三十八卷綱領一卷提要一卷列國東坡圖説　〇四二三

一卷春秋二十國年表一卷諸國興廢說一卷　明刻本　十冊　九行十七字小字雙行字同白口左右雙邊　有刻工

存三十八卷　傳一至三十　三十五至三十八　綱領一卷　提要一卷　諸國年表一卷　諸國興廢說一卷

春秋四傳三十八卷綱領一卷提要一卷列國東坡圖說一卷春秋二十國年表一卷諸國興廢說一卷　明刻本　十四冊　九行十七字小字雙行字同黑口四周雙邊　有刻工　○四二三

存四十卷　傳一至十三　十五至三十八　提要一卷　綱領一卷　諸國興廢說一卷

春秋私考三十六卷首一卷　明季本撰　明嘉靖刻本　二十冊　十行二十一字小字雙行字同白口左右雙邊　有刻工　鈐際唐之印白文方印　一五九二

春秋疑問十二卷　明姚舜牧撰　明萬曆刻本　四冊　十行二十字白口四周單邊　一五九四

春秋傳註彙約二十三卷　明吳一栻撰　明萬曆三十年吳有志刻本　六冊　九行十九字小字雙行十八字白口四周單邊　有刻工　一五九三

欽定春秋傳說彙纂三十八卷首二卷　清王掞等撰　清康熙六十年內府刻本　二十四冊　八行大字不等　四五四四

小字雙行二十一字白口四周雙邊

欽定春秋傳説彙纂三十八卷首二卷　清王掞等撰　清康熙六十年内府刻本　二十四册　五〇五〇

欽定春秋傳説彙纂三十八卷首二卷　清王掞等撰　清康熙六十年内府刻本　二十四册　四五四六

春秋傳議六卷　清張爾岐撰　稿本　佚名校　三册　十行二十一字無格　二八三三

春秋地名攷畧十四卷　清高士奇撰　清康熙刻本　四册　十行小字雙行十七字白口四周單邊　封面鐫清吟堂藏板　四五三九

春秋宗朱辨義十二卷首一卷　清張自超撰　清乾隆五年世耕堂刻本　六册　八行二十二字小字雙行二十一字白口四周雙邊　下書口鐫世耕堂　七九七七

春秋困學錄十二卷　清楊宏聲撰　清乾隆三十一年刻本　六册　九行十八字小字雙行十七字白口左右雙邊　七九七四

春秋指掌三十卷附錄二卷　清儲欣、蔣景祈撰　清乾隆五十四年天藜閣刻本　十二册　十行大字不等小字雙行二十二字黑口左右雙邊　封面鐫乾隆己酉重鐫　天藜閣藏板　五四〇〇

春秋取義測十二卷　清法坤宏撰　清乾隆五十九年法氏迂齋刻本　四册　十行十九字白口左右雙邊　下書口鐫迂齋藏書　封面鐫乾隆甲寅年鐫　五三九九

董子春秋繁露十七卷　漢董仲舒撰　附錄一卷　明天啓五年王道焜等刻本　二册　九行十八字白口四　〇〇八八

周單邊

春秋繁露十七卷 漢董仲舒撰 明孫鑛等評 附錄一卷 明天啓五年花齋刻本 四册 九行二十字白口四周單邊 下書口及封面鐫花齋藏版　〇四二五

春秋繁露十七卷 漢董仲舒撰 明孫鑛等評 附錄一卷 明天啓五年花齋刻本 四册　一五九七

春秋繁露十七卷 漢董仲舒撰 明孫鑛等評 附錄一卷 明末刻本 清吳鼒批點 四册 九行二十字白口四周單邊 鈐鼒白文方印　一五九六

孝經類

孝經一卷 題漢孔安國傳 明萬曆三年文元發抄本 清傅以禮、姚鳳生跋 一册 十行二十字藍格白口左右雙邊 卷末鐫萬曆乙亥孟冬旣望書于慈雲堂 鈐文元發印白文方印 蔣香生氏秦漢十印齋收藏記朱文長方印　二七四五

孝經一卷 唐玄宗李隆基註 清刻本 一册 八行十七字小字雙行字同白口四周雙邊　五四一〇

孝經大全二十八卷首一卷或問三卷 明呂維祺撰 孝經翼一　七〇八一

卷　明呂維祜撰　清康熙刻本　六册　九行十七字小字雙行十六字白口左右雙邊　鈐蟫香館藏書印朱文長方印

孝經精義一卷後錄一卷或問一卷原孝一卷餘論一卷　清張敘撰　清乾隆四年潞河書院刻本　二册　九行二十一字白口四周雙邊　下書口鐫潞河書院　六五四七

四書類

論語集註大全二十卷序説一卷　明胡廣等輯　明天順二年黄氏仁和堂刻四書集注大全本　二册　十二行二十字小字雙行二十二字黑口四周雙邊　存五卷　六至十　〇一三

論語集註大全二十卷序説一卷讀論語孟子法一卷　明胡廣等輯　明内府刻四書集注大全本　三册　十行二十二字小字雙行二十一字黑口四周雙邊　存　論語集註大全七卷　三至七　十三至十四　〇二三

論語或問錄要十四卷　清孫承澤撰　清康熙六年刻本　五册　九行二十字白口四周單邊　封面鐫城南書舍藏板　五四一九

鄉黨圖考十卷　清江永撰　清乾隆五十八年金閶書業堂刻本　六册　九行二十五字白口左右雙邊　封面鐫乾隆癸丑年重鐫　金閶書業堂梓行　七六四九

南海先生論語注稿二卷　康有爲撰　稿本　一册　鈐逍遙齋主朱文方印　Z〇一五八

孟子十四卷　宋朱熹集注　元刻本　一册　九行十七字黑口四周雙邊　鈐瀟水劉氏木齋珍藏書籍之印朱文橢圓印　Z〇〇七三

存一卷　六

孟子十四卷　宋朱熹集注　元倪士毅輯釋　元刻四書集釋明修本　二册　十三行二十一字小字雙行二十三字黑口四周單邊間四周雙邊　Z〇〇七四

存七卷　一至七

繪孟七卷　明戴君恩撰　明龔惟敬編　明天啓六年刻本　二册　九行十八字白口四周單邊　〇二五一

孟子四考四卷　清周廣業撰　清乾隆六十年省吾廬刻本　二册　十行二十三字小字雙行二十二字白口左右雙邊　封面鐫乾隆乙卯夏鐫　五四〇八

孟子集註大全十四卷　明胡廣等撰　明內府刻本　四册　十行二十二字小字雙行二十一字黑口四周雙邊　〇〇二四

存八卷　三至八　十一至十二

孟子疏證班爵祿十六卷　清迮鶴壽撰　清抄本　陳其榮校　八册　十行字數不等無格　二七二二

南海先生孟子微稿二卷 康有爲撰 稿本 二册 鈐逍遥齋主朱文方印 乙〇一五五

大學古文參疑一卷古記一卷約義一卷雜言一卷 明劉宗周撰 清抄本 佚名校 一册 十行二十二字黑口左右雙邊 三三四五

古大學釋不分卷 清姜安節撰 清康熙二十九年姜氏暘谷書堂刻本 一册 十行二十字白口左右雙邊 封面鐫暘谷書堂藏版 卷末鐫康熙庚午午月梓 五三九六

四書集註二十八卷 宋朱熹撰 清内府刻本 九册 八行十五字白口左右雙邊 四四五三

大學章句一卷
中庸章句一卷
論語集註十卷序說一卷
孟子集註十四卷序說一卷

四書集註二十八卷 宋朱熹撰 清内府刻本 二十四册 四四五二

四書集註二十八卷 宋朱熹撰 清内府刻本 二十四册 四四五四

四書集註三十一卷 宋朱熹撰 明刻本 十册 八行十四字小字雙行十七字黑口四周雙邊 〇〇二〇

大學章句一卷或問一卷
中庸章句一卷或問一卷
論語集註十卷讀論語孟子法一卷序說一卷
孟子集註十四卷序說一卷

四書參十九卷 明李贄撰　明楊起元等評　明張明憲等參定　明刻套印本　十册　八行十七字白口四周單邊　一七五八

大學一卷
中庸一卷
孟子七卷
論語十卷

質言三卷 明牛應元撰　明李嘉言等校　明萬曆刻本　三册　十一行十七字白口四周雙邊　鈐陸萬紀印白文方印　〇二五三

談經苑四十卷 明陳禹謨輯　明萬曆張之厚刻經言枝指本　四十册　十一行二十二字白口左右雙邊　一六一〇

存三十九卷 一至二十四　二十六至四十

增訂龍門四書圖像人物備考十二卷圖一卷 明薛應旂撰　明陳仁錫增定　明陳禮錫等參訂　清康熙五十六年三樂齋刻本　五册　十二行二十七字小字雙行字同白口四周單邊　封面鐫古吳三樂齋梓　陳仁錫序後鐫康熙歲次丁酉春月新鐫　七〇六一

眞珠船二十卷 明黄琨輯　明末刻本　五册　九行二十字小字雙行字同白口四周單邊　一六一一

四書近指二十卷 清孫奇逢撰　清康熙元年刻本　五册　九行二十字白口四周單邊　封面鐫中州學署梓行　八〇七七

日講四書解義二十六卷 清喇沙里、陳廷敬等撰　清康熙十六年内府刻本　二十四册　九行十八字黑口四周雙邊　七一五一

日講四書解義二十六卷 清喇沙里、陳廷敬等撰　清康熙十六年内府刻本　十二册　七一五二

日講四書解義二十六卷 清喇沙里、陳廷敬等撰 清康熙十六年内府刻本 二十六册 鈐蟫香館藏書印朱文長方印 七一五三

呂晚邨先生四書講義四十三卷 清呂留良撰 清陳鏦編 清康熙二十五年天蓋樓刻本 二册 十一行二十字白口左右雙邊 封面鈐天蓋樓朱文橢圓印 四四五九

四書大全三十七卷 清陸隴其輯 清康熙三十七年刻本 三十四册 八行二十三字小字雙行二十二字黑口左右雙邊 封面鐫嘉會堂藏版 七〇六〇

四書講義困勉錄三十七卷續錄六卷 清陸隴其輯 清陸公鏐編 清康熙三十六年嘉會堂刻本 二十四册 十二行二十二字黑口左右雙邊 五四〇五

四書講義困勉錄三十七卷續錄六卷 清陸隴其輯 清陸公鏐編 清康熙三十六年嘉會堂刻本 二十四册 五四〇四

松陽講義十二卷 清陸隴其撰 清侯銓等編 清康熙二十九年刻本 六册 十一行二十字黑口左右雙邊 五四〇七

四書釋地一卷續一卷又續一卷三續一卷 清閻若璩撰 清乾隆八年閻氏眷西堂刻本 二册 九行二十字白口左右雙邊 下書口鐫眷西堂 六五三五

存 四書釋地一卷續一卷又續一卷

四書朱子異同條辨四十卷 清李沛霖、李禎撰 清康熙近譬堂刻本 三十六册 九行二十一字小字雙行字同白口左右雙邊 下書口 七〇三八

鐫近譬堂藏板　封面鐫黎光樓梓行

四書反身錄六卷續錄一卷　清李容撰　清康熙二十五年思硯齋刻本　四册　九行二十字白口四周雙邊　封面鐫康熙二十五年新編思硯齋梓行　七〇五〇

四書或問語類大全合訂四十一卷　清黃越等編　清康熙三十七年光裕堂刻兩節本　三十二册　上節十八行十字下節十二行二十二字白口左右雙邊　封面鐫古吳光裕堂梓行　八〇五九

四書正體十九卷校定字音十九卷　清呂世鏞輯　清懷永堂刻本　六册　九行十七字小字雙行字同白口四周雙邊　封面鐫懷永堂藏板　七四二三

大學一卷校定字音一卷
中庸一卷校定字音一卷
論語十卷校定字音十卷
孟子七卷校定字音七卷

增訂四書析疑二十二卷　清張權時輯　清雍正九年古吳聚秀堂刻本　二十四册　十四行三十一字小字單行三十字白口四周單邊間左右雙邊　下書口鐫聚秀堂　封面鐫雍正九年新鐫　七二五七

四書讀註提耳十九卷　清耿埰撰　清乾隆元年屏山堂刻本　十三册　九行二十五字小字雙行二十四字白口四周雙邊　封面鐫乾隆元年仲秋新鐫　五四一八

屏山堂藏板

大學一卷
中庸二卷
上論五卷下論四卷
上孟三卷下孟四卷

七〇八三 **四書自課錄三十卷** 清任時懋撰 清乾隆四年吳氏璜川書屋刻本 十四冊 九行二十五字小字雙行字同白口左右雙邊

大學一卷
中庸二卷
論語二十卷
孟子七卷

五四〇六 **四書考異七十二卷** 清翟灝撰 清乾隆三十四年無不宜齋刻本 十冊 十一行二十一字白口左右雙邊 封面鐫無不宜齋藏板

七五一三 **四書考異七十二卷** 清翟灝撰 清乾隆三十四年無不宜齋刻本 十冊

七五三〇 **四書題鏡三十六卷** 清汪鯉翔撰 清乾隆五十一年書業堂刻本 十二冊 十六行三十字白口四周單邊 封面鐫乾隆丙午年夏鐫

大學一卷
中庸一卷
上論十卷下論十卷
上孟六卷下孟八卷

七六六三 **四書考輯要二十卷** 清陳弘謀輯 清乾隆三十六年培遠堂刻本 八冊 十行二十字小字雙行字同白口四周雙邊 下書口鐫培遠堂 封面鐫乾隆三十六

年鐫

四書集説四十一卷補義七卷續考四卷　清陶起庠撰　清嘉慶十八年謙益堂刻本　佚名批校　三十六册　九行二十三字小字雙行二十二字白口四周單邊　封面鐫謙益堂藏板　五三三四

四書古今訓釋十九卷　清宋翔鳳撰　清嘉慶十八年浮谿草堂刻本　八册　十行十九字黑口左右雙邊　封面鐫浮谿草堂藏板　四四五八

大學一卷
中庸一卷
論語十卷
孟子七卷

四書拾義五卷　清胡昭勳撰　清道光十四年吟經樓刻本　二册　十行二十一字白口左右雙邊　封面鐫道光甲午夏鐫　吟經樓藏板　八四四四

群經總義類

經典釋文三十卷　唐陸德明撰　清康熙十九年通志堂刻通志堂經解本　清桂馥題識　題幔亭批校　二十四册　十一行十七字白口左右雙邊　八〇三五

六經圖六卷　宋楊甲撰　宋毛邦翰補　清王皜輯　清乾隆五年向山堂刻本　六册　九或十行不等十九或二十字不等白口四周單邊　封面鐫向山堂校刻　五〇四九

六經圖六卷 宋楊甲撰 宋毛邦翰補 清王皜輯 清乾隆五年向山堂刻本 六册 七五六八

六經圖六卷 宋楊甲撰 宋毛邦翰補 清王皜輯 清乾隆五年向山堂刻本 十二册 七〇四八

六經圖十二卷 清鄭之僑輯 清乾隆八年述堂刻本 八册 行格字數不等白口四周雙邊 下書口鐫述堂 封面鐫乾隆八年鐫 述堂藏板 七〇四六

六經圖十二卷 清鄭之僑輯 清乾隆八年述堂刻本 六册 七〇四七

五經類語八卷 明梁宇喬撰 明施宗誼訂 明末刻本 一册 九行二十字小字雙行字同白口四周單邊 〇二五二

五經摘註五卷 明俞指南輯 明萬曆十九年刻本 四册 十行二十四字小字雙行二十三字白口四周雙邊 鈐八千卷樓朱文方印 嘉惠堂丁氏藏書之記白文方印 錢塘丁氏正修堂藏書朱文方印 一六一二

研硃集五經總類二十二卷 明張瑄撰 明崇禎虹化堂刻本 六册 八行二十二字小字雙行二十一字白口四周單邊 下書口鐫虹化堂 鈐直濆草堂朱文長方印 江寧甘元煥劍侯父珍藏金石書畫記朱文方印 一六四一

義經四卷
尚書三卷
葩經四卷
麟經六卷
戴經五卷

五三二七

石齋先生經傳九種五十六卷 明黃道周撰　清康熙三十二年晉安鄭肇刻本　三十二册　行格字數不等白口左右雙邊

孝經集傳四卷
易象正十二卷初二卷終二卷
三易洞璣十六卷
宓圖經緯三卷
文圖經緯三卷
孔圖經緯三卷
雜圖經緯三卷
餘圖總經餘圖總緯一卷
貞圖經緯三卷
洪範明義四卷
表記集傳二卷春秋表記問業一卷
坊記集傳二卷春秋坊記問業一卷
月令明義四卷
緇衣集傳四卷
儒行集傳二卷

一六一三

五經疑問六十卷重訂四書疑問十一卷 明姚舜牧撰　明萬曆刻清順治姚淳起校補本　十七册

十行十九字白口四周單邊　卷末鐫丙申仲冬曾孫男淳起校補

存四十七卷 重訂易經疑問十二卷　重訂書經疑問十二卷　春秋疑問十二卷　重訂四書疑問十一卷

四經稗疏十四卷 清王夫之撰 清吳氏拜經樓抄本 清顧廣圻校並題款 十册 八行二十一字無格 鈐拜經樓吳氏藏書朱文方印 廣圻白文方印 思適齋主藏朱文長方印 書皮鈐拜經樓雲形花紋圓印 曾藏錢夢廬家朱文長方印 三三二六

周易稗疏四卷
尚書稗疏四卷
詩經稗疏四卷
春秋稗疏二卷

五經類編二十八卷 清周世樟撰 清雍正穀詒堂刻本 一册 八行二十字小字雙行字同白口左右雙邊 封面鐫穀詒堂藏板 七三六八

總集十三經註疏略十三卷 清吳雯輯 稿本 四册 十行二十三字小字雙行字同無格 鈐吳雯白文方印 三三七七

經玩二十卷 清沈淑撰 清雍正刻本 八册 九行十六字小字雙行三十二字白口左右雙邊 五三二八

易堂問目四卷 清吳鼎輯 清乾隆三十七年刻本 二册 十行二十一字小字雙行十九字細黑口左右雙邊 五三二五

松源經說四卷 清孫之騄撰 清乾隆刻本 八册 十行二十字小字雙行字同黑口左右雙邊 鈐晴川氏朱文橢圓印 五三一九

古經解鉤沉三十卷 清余蕭客撰 清乾隆刻本 八册 十一行十九字黑口四周雙邊 五三四二

西漢儒林傳經表二卷 清周廷寀輯 清乾隆五十六年營道堂刻本 一册 行格字數不等白口四周單邊 封面鐫乾隆辛亥開雕 營道堂藏版 鈐營道堂印朱文方印 七〇二九

五三二四

七緯三十八卷　清趙在翰輯　清嘉慶九年小積石山房刻本　四冊　十行二十三字小字雙行字同細黑口四周雙邊　下書口鐫小積石山房刊　封面鐫嘉慶九季三月　侯官小積石山房刊　有刻工

易緯

易乾坤鑿度一卷

易乾鑿度一卷　漢鄭玄注

易稽覽圖一卷　漢鄭玄注

易辨終備一卷　漢鄭玄注

易乾元序製記一卷　漢鄭玄注

易通卦驗一卷　漢鄭玄注

易是類謀一卷　漢鄭玄注

易坤靈圖一卷　漢鄭玄注

尚書緯

尚書琁機鈐一卷附補遺

尚書攷靈曜一卷附補遺

尚書刑德放一卷附補遺

尚書帝命驗一卷

尚書運期授附補遺

尚書緯附錄附補遺　以上合一卷

詩緯

詩推度災一卷附補遺

詩汎歷樞一卷附補遺

詩含神霧附補遺

詩緯附錄附補遺　以上合一卷

禮緯

禮含文嘉一卷附補遺

禮稽命徵一卷附補遺

禮斗威儀附補遺

禮緯附錄附補遺　以上合一卷

樂緯

樂動聲儀一卷附補遺

樂稽耀嘉一卷附補遺

樂叶圖徵附補遺

樂緯附錄附補遺　以上合一卷

春秋緯

春秋演孔圖一卷附補遺

春秋元命苞一卷附補遺

春秋文耀鉤一卷附補遺

春秋運斗樞一卷附補遺

春秋感精符一卷附補遺

春秋合誠圖一卷附補遺

春秋攷異郵一卷附補遺

春秋保乾圖一卷附補遺

春秋漢含孳一卷附補遺

春秋佐助期一卷附補遺

春秋握誠圖一卷

春秋潛潭巴一卷附補遺

五二一

春秋說題辭附補遺
春秋緯附錄附補遺　以上合一卷
孝經緯
孝經援神契一卷附補遺
孝經鉤命決附補遺
孝經緯附錄附補遺　以上合一卷
叙錄叙目一卷

方望溪先生經説四種八卷

清方苞撰　清方觀承輯錄　清乾隆方觀承刻本　六册　十行二十一字小字雙行字同白口四周雙邊　有刻工

五三一八

春秋通論四卷
周官辨一卷
喪禮或問一卷
讀經一卷
附讀子史一卷

稽古日鈔八卷

清張方湛等輯　清乾隆二十九年秋曉山房刻本　八册　十二行二十四字白口左右雙邊　下書口鐫秋曉山房

七六〇六

小學類

〇五九三 **五雅四十一卷** 明郎奎金編 明天啓六年郎氏堂策檻刻本 六册 九行二十字小字雙行字同白口四周單邊 下書口鎸堂策檻

爾雅註二卷 晉郭璞撰

小爾雅註釋一卷 宋宋咸撰

逸雅八卷 漢劉熙撰

廣雅十卷 魏張揖撰 隋曹憲音釋

埤雅二十卷 宋陸佃撰

四六〇七 **澤存堂五種五十卷** 清張士俊輯 清康熙四十三年張氏澤存堂刻本 十三册 十行大小字不等或八行十七字小字雙行字數不等白口左右雙邊間四周單邊 下書口鎸澤存堂 封面鎸張氏重刊 澤存堂藏版 有刻工

大廣益會玉篇三十卷 梁顧野王撰 唐孫強增字 宋陳彭年等重修

廣韻五卷 宋陳彭年等撰

佩觿三卷 宋郭忠恕撰

字鑑五卷 元素文仲撰

羣經音辨七卷 宋賈易朝撰

以上彙編

〇六二六 **爾雅三卷** 晉郭璞註 **音釋三卷** 明景泰七年馬諒刻本 周叔弢校並跋 一册 十行二十三字小字雙行字同黑口四周雙邊 鈐曾在周叔

弢處朱文長方印

爾雅註疏十一卷 晉郭璞注　宋邢昺疏　明崇禎元年毛氏汲古閣刻十三經註疏本　六册　九行二十一字小字雙行二十字白口左右雙邊　下書口鐫汲古閣　卷末鐫皇明崇禎改元歲在著雍執徐古虞毛氏繡鐫雙行牌記　〇五九四

爾雅註疏十一卷 晉郭璞注　宋邢昺疏　清刻本　清李宏信批校並題款　三册　九行二十一字小字雙行二十字白口左右雙邊　鈐小李山房朱文方印　八〇六二

存九卷 三至十一

爾雅正義二十卷 清邵晉涵撰　**釋文三卷** 唐陸德明撰　清乾隆五十三年邵氏面水層軒刻本　十册　九行二十一字小字雙行二十字白口四周雙邊　封面鐫乾隆戊申年夏新鐫　面水層軒藏板　五六一七

爾雅正義二十卷 清邵晉涵撰　**釋文三卷** 唐陸德明撰　清乾隆五十三年邵氏面水層軒刻本　八册　五一五五

爾雅補郭二卷 清翟灝撰　清刻本　清陳鱣批校　一册　十一行二十一字小字雙行字同白口左右雙邊　鈐仲魚過目朱文方印　四六一五

埤雅二十卷 宋陸佃撰　清康熙刻本　四册　十行二十一字白口四周雙邊　五六三四

埤雅二十卷 宋陸佃撰　清康熙刻本　四册　七二一七

埤雅二十卷 宋陸佃撰　清康熙刻本　四册　五六三五

重刊埤雅二十卷 宋陸佃撰 明畢效欽重校 明嘉靖隆慶間畢效欽刻五雅本 四册 十行十九字白口左右雙邊間四周單邊 鈐陸氏三間草堂藏書朱文方印 西堂藏書畫印朱文長方印 ○五九九

新刊爾雅翼三十二卷 宋羅願撰 明萬曆十六年瑞桃堂刻五雅本 六册 十一行二十二字小字雙行字同白口左右雙邊 ○五九五

爾雅翼三十二卷 宋羅願撰 元洪焱祖音釋 明天啓刻崇禎六年重修本 六册 九行十八字小字雙行字同白口四周雙邊 有刻工 ○五九六

爾雅翼三十二卷 宋羅願撰 元洪焱祖音釋 明天啓刻崇禎六年重修本 八册 ○五九七

助字辨略五卷 清劉淇撰 清乾隆四十四年福源堂刻本 五册 十行二十字白口左右雙邊 封面鐫福源堂藏板 四六二七

別雅五卷 清吳玉搢撰 清乾隆七年新安程氏督經堂刻本 清許瀚校 五册 十行二十字黑口左右雙邊 各卷末鐫乾隆七年九月新安程氏督經堂刊牌記 Z○○七九

以上訓詁

說文解字十五卷 漢許慎撰 清初毛氏汲古閣刻本 八册 七行十五字小字雙行字數不等白口左右雙邊 五二○○

說文解字十五卷 漢許慎撰 清初毛氏汲古閣刻本 八册 五二○二

說文解字十五卷 漢許慎撰 清乾隆三十八年朱筠椒華吟舫刻本 八册 七行十四字小字雙行二十二字白口左右雙邊 封面鐫乾隆癸巳開雕 椒華吟舫藏板 鈐蟫香館藏書朱文長方印 五六四六

說文解字十五卷 漢許慎撰　清乾隆三十八年朱筠椒華吟舫刻本　八册　鈐葉德輝焕彬甫藏閲書白文方印　五六四七

說文解字篆韻譜五卷 南唐徐鍇撰　明李顯刻本　四册　七行大字五字小字雙行字數不等黑口四周雙邊　〇六〇六

說文解字十二卷 漢許慎撰　宋李燾重編　明萬曆二十六年陳大科刻本　六册　七行大字不等小字雙行二十字黑口四周雙邊　〇六〇三

說文解字斠詮十四卷 清錢坫撰　清嘉慶十二年錢氏吉金樂石齋刻本　四册　七行大字不等小字雙行二十一字白口左右雙邊　封面鐫嘉慶丁卯年鐫　吉金樂石齋藏板　五六五三

說文拈字七卷補遺一卷 清王玉樹撰　清嘉慶八年芳梫堂刻本　姚尹題識　四册　七行十六字小字雙行二十字白口四周雙邊　封面鐫嘉慶八年仲秋鐫　芳梫堂藏板　四六二〇

說文拈字七卷補遺一卷 清王玉樹撰　清嘉慶八年芳梫堂刻本　四册　鈐蟫香館藏書印朱文長方印　七〇六五

說文繫傳考異四卷附錄一卷 清汪憲撰　清抄本　一册　六行九字小字雙行二十一字無格　鈐顧觀光尚之勘白文方印　顧深珍藏朱文方印　二九三一

諧聲補逸十四卷 清宋保撰　清嘉慶刻本　二册　十行二十字白口左右雙邊　四六一四

說文字原考略六卷 清吳照撰　清乾隆五十七年南昌吳氏刻本　四册　七行大字不等小字雙行字數不等白口左右雙邊　目錄後鐫乾隆五十七季歲在壬　六六四九

子冬十一月南城吳氏鋟板南昌寓館牌記

大廣益會玉篇三十卷 梁顧野王撰 唐孫強增字 宋陳彭年等重修 **玉篇廣韻指南一卷** 明刻本 二冊 九行十七字小字雙行三十四字黑口四周雙邊 ○六二四

汗簡七卷 宋郭忠恕撰 清康熙四十二年汪立名一隅草堂刻本 四冊 八行大字不等小字雙行字數不等白口左右雙邊 下書口鐫一隅草堂 四六二五

汗簡七卷 宋郭忠恕撰 清康熙四十二年汪立名一隅草堂刻本 二冊 五六五一

佩觿三卷 宋郭忠恕撰 清刻本 姚尹題識 一冊 八行十七字小字雙行二十六字白口左右雙邊 鈐鳴野山房朱文方印 五六七一

類篇四十五卷 宋司馬光撰 清康熙四十五年揚州使院刻曹楝亭五種本 清陳鱣批校 十四冊 八行十六字小字雙行二十字細黑口左右雙邊 各卷末鐫楝亭藏本丙戌九月重刻于揚州使院雙行牌記 有刻工 鈐海寧陳氏向山閣圖書朱文方印 鱣讀朱文長方印 仲魚白文長方印 簡莊執文朱文長方印 四六二四

類篇四十五卷 宋司馬光撰 清康熙四十五年揚州使院刻曹楝亭五種本 十四冊 鈐楝亭曹氏藏書朱文長方印 四六二三

復古編二卷 宋張有撰 **校正一卷** 清葛鳴陽撰 **曾樂軒稿一卷附錄一卷** 宋張維撰 **安陸集一卷** 宋張先撰 清乾隆四十六年葛鳴陽刻本 四冊 五行大字不等小字雙行字數不等白口四周單邊 五六五〇

隸韻十卷碑目一卷攷證一卷 宋劉球撰 **隸韻攷證二卷** 清翁方綱 七八〇九

撰　清嘉慶十四年秦恩復刻本　六册　五行大字不等小字雙行字數不等白口四周單邊　七七八六

隸韻十卷碑目一卷攷證一卷 宋劉球撰　**隸韻攷證二卷** 清翁方綱撰　清嘉慶十四年秦恩復刻本　十二册

漢隸字源五卷碑目一卷附字一卷 宋婁機撰　明末毛氏汲古閣刻本　六册　五行小字雙行十七字白口左右雙邊　下書口鐫汲古閣　封面鐫汲古閣藏版　〇六一四

漢隸字源五卷碑目一卷附字一卷 宋婁機撰　明末毛氏汲古閣刻本　六册　〇六一五

漢隸字源五卷碑目一卷附字一卷 宋婁機撰　明末毛氏汲古閣刻本　六册　〇六一七

六書故三十三卷六書通釋一卷 宋戴侗撰　清乾隆四十九年李鼎元刻本　十六册　七行十七字小字雙行字同白口四周單邊　五八一六

説文字原一卷 元周伯琦撰　元至正十五年高德基等刻明修本　一册　五行大字不等小字雙行二十字細黑口左右雙邊　鈐積學齋徐乃昌藏書朱文長方印　Z〇〇六七

説文字原一卷六書正譌五卷 元周伯琦撰　清虞獻廷影元抄本　清翁同龢題識　六册　五行大字不等小字雙行二十字白口四周雙邊　Z〇一五〇

○六一一 六書精蘊六卷 明魏校撰 音釋舉要一卷 明徐官撰 明嘉靖十九年魏希明刻本 十二册 五行大字不等小字雙行十七字細黑口左右雙邊 鈐陳奕禧之印白文方印 海昌陳氏夢墨樓圖籍印朱文方印

○六○八 摭古遺文二卷 明李登撰 再增摭古遺文一卷 明姚履旋增補 明萬曆二十二年姚履旋等刻本 四册 八行十字小字雙行字數不等白口四周單邊 卷末鐫萬曆廿年壬辰夏六月六日廣東山精舍書完如眞先生紀事牌記 鈐南陵徐乃昌校勘經籍記朱文長方印

○六○九 摭古遺文二卷 明李登撰 再增摭古遺文一卷 明姚履旋增補 明萬曆三十一年李思謙刻本 二册 八行十字小字雙行字數不等白口四周單邊 封面鐫文茂堂藏板 卷末鐫萬曆二十年壬辰夏六月六日廣東山精舍書完如眞紀事 萬曆三十一年癸卯夏四月之杪增修完通共增四百五十有貳字牌記

五六七四 字彙十二卷首一卷末一卷 明梅膺祚撰 清康熙十八年古杭雲樓寺刻本 十二册 八行十六字小字雙行二十四字白口左右雙邊 封面鐫古杭雲樓寺流通

五六七三 字彙十二卷首一卷末一卷附韻法直圖一卷韻法橫圖一卷 明梅膺祚撰 清康熙二十七年靈隱寺刻本 十四册 八行十六字小字雙行二十四字白口左右雙邊 封面鐫晉祁書業堂藏板 存十卷 一至十

八○九一 六書通十卷 清閔齊伋撰 清畢弘述篆訂 清康熙五十九年基聞堂刻本 十册 八行大字不等小字雙行字數不等白口四周雙邊 封面鐫基聞堂篆訂

千文六書統要二卷篆法偏旁正譌歌一卷　清胡正言撰　清康熙十竹齋刻本　四册　六行大字不等小字雙行字數不等白口四周單邊　封面鐫十竹齋藏板　〇六一二

千文六書統要二卷篆法偏旁正譌歌一卷　清胡正言撰　清康熙十竹齋刻本　六册　〇六一三

正字通十二集三十六卷首一卷　清張自烈、廖文英撰　清康熙二十四年清畏堂刻本　十三册　八行大字不等小字雙行二十四字白口四周雙邊　封面鐫清畏堂藏板　五六七〇

篆字彙十二集　清佟世男編　清胡正宗、方正琇參　清康熙三十年多山堂刻本　十二册　八行十二字小字雙行字數不等白口左右雙邊　下書口鐫多山堂　封面鐫多山堂藏板　五六五七

康熙字典十二集三十六卷總目一卷檢字一卷辨似一卷等韻一卷補遺一卷備考一卷　清張玉書、凌紹雯等纂修　清康熙五十五年内府刻本　四十册　八行大字不等小字雙行二十四字白口四周雙邊　四六三〇

隸辨八卷　清顧藹吉撰　清康熙五十七年項氏玉淵堂刻本　八册　六行大字不等小字十二行二十字細黑口四周單邊　封面鐫項氏玉淵堂藏　鈐蟫香館藏書印朱文長方印　四六二二

六吉齋字書四種不分卷　清單秋岩編　稿本　四册　行格字數不等無格　二九三二

說文偏旁解字不分卷
隸辨摘抄不分卷
分韻復古編不分卷
文字辨正不分卷

欽定西域同文志二十四卷 清傅恆等撰 清乾隆二十年内府刻本 二十四册 九行字數不等白口四周雙邊 七一六七

以上字書

廣韻五卷 宋陳彭年等撰 明刻本 二册 九行大字不等小字雙行字數不等黑口四周雙邊 〇六二三

廣韻五卷 宋陳彭年等撰 明刻本 一册 十一行大字不等小字雙行字數不等細黑口四周雙邊 鈐叔弢朱文方印 Z〇六九

存一卷 三

廣韻五卷 宋陳彭年等撰 清康熙六年陳上年、張紹刻本 五册 八行大字不等小字雙行字數不等白口左右雙邊 封面鐫符山堂藏板 七七九五

韻補五卷 宋吳棫撰 明許宗魯刻本 五册 九行大字不等小字雙行十七字白口左右雙邊 〇六二一

附釋文互註禮部韻略五卷 清康熙四十五年曹寅揚州使院刻本 佚名朱筆批校 五册 九行大字不等小字雙行字數不等 卷末鐫楝亭藏本丙戌九月重刊于楊州使院牌記 五三四三

大明成化庚寅重刊改併五音集韻十五卷成化丁亥重 〇六三一

刊改併五音類聚四聲篇十五卷　金韓道昭撰　明成化七年金臺大隆福寺刻嘉靖二十六年補刻本　八册　十行大字不等小字雙行三十一或三十二字不等黑口左右雙邊間四周單雙邊

大明成化庚寅重刊改併五音集韻十五卷成化丁亥重刊改併五音類聚四聲篇十五卷　金韓道昭撰　新編經史正音切韻指南一卷　元劉鑑撰　新編篇韻貫珠集一卷　明釋眞空撰　新增篇韻拾遺並藏經字義一卷附等韻指掌圖　明成化三至七年刻本　十六册　十行大字不等小字雙行三十二字黑口四周雙邊　切韻指南十三行十八字黑口四周雙邊　卷末鐫大明成化庚寅季夏日重刊五音集韻至辛卯上巳日完

五音集韻存六卷　一至三　十三至十五

五音類聚四聲篇存六卷　七至十二　其餘全

一六四四

大明正德乙亥重刊改併五音集韻十五卷　金韓道昭撰　明正德十至十一年刻本　二册　十行大字不等小字雙行三十二字上黑口四周雙邊　卷末鐫大明正德乙亥春日重刊五音集韻至丙子孟秋吉日完

存六卷　七至九　十三至十五

〇六二九

大明正德乙亥重刊改併五音類聚四聲篇十五卷五音

一六四五

集韻十五卷 金韓道昭撰 新編經史正音切韻指南一卷 元劉鑑撰 新編篇韻貫珠集一卷直指玉鑰匙門法一卷 明釋眞空編 新增篇韻拾遺並藏經字義一卷新集背篇列部之字補添印行一卷 明正德刻嘉靖三十八年修補本 三十四册 十行大字不等小字雙行三十二字上黑口四周雙邊

五音類聚四聲篇佚三卷 十三至十五 餘全

古今韻會舉要三十卷附禮部韻略七音三十六母通考一卷 〇六三二

元熊忠撰 明嘉靖十五年秦鉞、李舜臣刻十七年劉儲秀重修本 十六册 八行大字不等小字雙行二十三字通考十行二十字白口左右雙邊

古今韻會舉要三十卷附禮部韻略七音三十六母通考一卷 〇六三〇

元熊忠撰 明嘉靖十五年秦鉞、李舜臣刻十七年劉儲秀重修本 十册

新編經史正音切韻指南一卷等韻指掌圖一卷 〇六二八

元劉鑑撰 明正德十一年金臺衍法寺刻本 二册 十三行十八字小字雙行字數不等上黑口四周雙邊 序後鐫大明正德十一年五月端陽日金臺衍法寺後裒覺恆壽梓重刊

洪武正韻十六卷 〇六二七

明樂韶鳳、宋濂等撰 明刻本 五册 八行大字不等小字雙行二十四字白口四周雙邊

洪武正韻十六卷　明樂韶鳳、宋濂等撰　明刻本　五册　八行大字不等小字雙行二十四字黑口四周雙邊　有刻工　〇六二五

新編併音連聲韻學集成十三卷直音篇七卷　明章黼撰　明成化十七年刻嘉靖二十四年張重、萬曆九年高薦遞修本　七册　八行大字不等小字雙行字數不等黑口四周雙邊　〇六三五

存　直音篇七卷

重訂併音連聲韻學集成十三卷直音篇七卷　明章黼撰　明萬曆三十四年練川明德書院刻本　十三册　八行大字不等小字雙行二十四字白口左右雙邊　目錄後鐫萬曆丙午仲秋校刻練川明德書院牌記　有刻工　〇六三六

存　重訂併音連聲韻學集成十三卷

毛詩古音攷四卷讀詩拙言一卷　明陳第編　明萬曆三十四年刻一齋集本　一册　十行二十一字小字雙行字同白口左右雙邊　〇二五四

韻經五卷　明張之象撰　明嘉靖十八年長水書院刻本　二册　十行十八字小字雙行字同白口左右雙邊　卷末鐫嘉靖己亥孟春刊于長水書院牌記　有刻工　鈐葉白文方印　裕白文方印　善化賀瑗所藏書畫印朱文方印　曾在李松雲處朱文長方印　〇六一二

音韻日月燈六十四卷　明呂維祺撰　明崇禎六年志清堂刻本　十二册　八行十二字小字雙行二十四字白口四周單邊　封面鐫志清堂藏板　〇六三八

韻譜本義十卷 明茅溱輯 明萬曆三十二年刻本 五册 八行大字不等小字雙行二十六字白口四周單邊 〇六三七

正韻篆字校六卷 明沈廷銓撰 清張元輅校訂 清稿本 清張世卿跋 二册 七行大字不等小字雙行二十三字無格 二九三七

音韻闡微十八卷韻譜一卷 清李光地等撰 清雍正六年内府刻本 五册 八行大字不等小字雙行二十四字白口四周雙邊 五六八〇

音學五書十三卷 清顧炎武撰 清林春祺福田書海銅活字印本 十二册 九行十九字白口四周雙邊 下書口鐫福田書海 封面鐫福田書海銅活字板福建候官林氏珍藏牌記 二〇四一

存二種 十三卷

銅板音論三卷
銅板詩本音十卷

音學五書十三卷 清顧炎武撰 清林春祺福田書海銅活字印本 十二册 鈐孝經一卷人家朱文長方印 二〇四〇

銅板音論三卷
銅板詩本音十卷

音學五書三十八卷 清顧炎武撰 清康熙六年張紹符山堂刻本 二十二册 八行十二字小字雙行二十四字白口左右雙邊 封面鐫符山堂藏板有刻工 四六二八

音論三卷
詩本音十卷

易音三卷

唐韻正二十卷

古音表二卷

音學五書三十八卷　清顧炎武撰　清康熙六年張紹符山堂刻本　二十二册　四六二九

音學五書三十八卷　清顧炎武撰　清康熙六年張紹符山堂刻本　二十册　七八二〇

柴氏古韻通八卷　清柴紹炳撰　清姚江朱氏刻本　十六册　八行十六字小字雙行二十三字白口左右雙邊　封面鐫姚江朱氏藏版　四六三二

類音八卷　清潘耒撰　清雍正遂初堂刻本　四册　十一行二十二字白口左右雙邊　封面鐫遂初堂藏板　有刻工　四六二六

類音八卷　清潘耒撰　清雍正遂初堂刻本　十册　七四二九

古今韻略五卷例言一卷　清邵長蘅撰　清宋至校　清康熙三十五年宋犖刻本　五册　九行大字不等小字雙行二十八字細黑口四周單邊　五六七八

古今韻略五卷例言一卷　清邵長蘅撰　清宋至校　清康熙三十五年宋犖刻本　五册　七七八〇

欽定同文韻統六卷　清允祿等纂　清乾隆内府刻本　五册　九行二十字白口四周雙邊　一九三四

韻府便考一卷　清丁有曾撰　清抄本　一册　九行大字不等小字雙行字數不等無格　三二七八

古音表考正一卷古韻原本一卷經韻諧聲一卷四聲譜　二九四一

考略二卷　清萬光泰撰　清抄本　一册　十一行字數不等無格　五六七七

韻字辨同五卷　清翁方綱撰　清乾隆三十年羊城試署刻本　二册　六行大字不等小字雙行十五字白口左右雙邊　封面鐫乾隆乙酉夏六月羊城試署雕本

以上韻書

史部

紀傳類

二十一史二千五百六十七卷 明刻明清遞修本　二百五十七册　○五○九

存十三種

史記一百三十卷 漢司馬遷撰　劉宋裴駰集解　唐司馬貞索引　唐張守節正義　**補一卷** 唐司馬貞撰　明萬曆二十四年南京國子監刻明崇禎七年補刻本　二十册　十行二十一字小字雙行二十七字上細黑口左右雙邊

三國志六十五卷 晉陳壽撰　劉宋裴松之注　明萬曆二十四年南京國子監刻明清遞修本　二十四册　十二行二十三字上細黑口左右雙邊

晉書一百三十卷 唐房玄齡等撰　**音義三卷** 唐何超撰　明正德十年、嘉靖十年、三十七年南京國子監刻明清遞修本　十八册　十行二十字上細黑口左右雙邊

存八十二卷　一至三十九　八十三至八十六　八十八至一百十一　一百十九至一百三十　音義三卷

宋書一百卷　梁沈約撰　明萬曆二十二年南京國子監刻清遞修本　十七册　九行十八字上細黑口四周雙邊

存七十八卷　一至五　十一至十三　二十五至三十一　三十八至一百

南齊書五十九卷　梁蕭子顯撰　明萬曆十六至十七年南京國子監刻明清遞修本　十册　九行十八字上細黑口四周雙邊

梁書五十六卷　唐姚思廉撰　明萬曆三年南京國子監刻清順治遞修本　十册　十行二十一字上細黑口四周雙邊

陳書三十六卷　唐姚思廉撰　明萬曆十五至十六年南京國子監刻清順治重修本　四册　九行十八字上細黑口四周雙邊

魏書一百十四卷　北齊魏收撰　明萬曆二十四年南京國子監刻明清遞修本　八册　十行二十一字上細黑口左右雙邊間四周雙邊

存四十六卷　四十一至八十六

周書五十卷　唐令狐德棻撰　明萬曆十六年南京國子監刻明清遞修本　八册　九行十八字上細黑口四周雙邊

南史八十卷　唐李延壽撰　明萬曆十六至十九年南京國子監刻明清遞修本　二十册　九行十八字上細黑口四周雙邊

五代史記七十四卷　宋歐陽修撰　宋徐無黨注　明萬曆四至五年南京國子監刻清順治遞修本　十册　十行二十一字小字雙行字同上細黑口四周雙邊

宋史四百九十六卷目錄三卷　元脫脫等撰　明成化十六年朱英刻南京國子監遞修本　一百册　十行二十字上細黑口四周雙邊

遼史一百十六卷　元脫脫等撰　明嘉靖八年南京國子監刻明清遞修本　八册　十行二十二字上細黑口左右雙邊

二十四史三千二百五十卷　清乾隆四年、四十九年武英殿刻本　六百四十册　十行二十一字小字雙行字同白口左右雙邊　上書口鐫乾隆四年或四十九年校刊　Z〇〇三

史記一百三十卷　漢司馬遷撰　劉宋裴駰集解　唐司馬貞索引　唐張守節正義　清乾隆四年武英殿刻本

前漢書一百卷　漢班固撰　唐顔師古注　清乾隆四年武英殿刻本

後漢書九十卷　劉宋范曄撰　唐李賢注　志三十卷　晉司馬彪撰　梁劉昭注　清乾隆四年武英殿刻本

三國志六十五卷　晉陳壽撰　劉宋裴松之注　清乾隆四年武英殿刻本

晉書一百三十卷　唐房玄齡等撰　音義三卷　唐何超撰　清乾隆四年武英殿刻本

宋書一百卷　梁沈約撰　清乾隆四年武英殿刻本

南齊書五十九卷　梁蕭子顯撰　清乾隆四年武英殿刻本

梁書五十六卷　唐姚思廉撰　清乾隆四年武英殿刻本

陳書三十六卷　唐姚思廉撰　清乾隆四年武英殿刻本

魏書一百十四卷　北齊魏收撰　清乾隆四年武英殿刻本

北齊書五十卷　唐李百藥撰　清乾隆四年武英殿刻本

周書五十卷　唐令狐德棻撰　清乾隆四年武英殿刻本

隋書八十五卷　唐魏徵等撰　清乾隆四年武英殿刻本

南史八十卷　唐李延壽撰　清乾隆四年武英殿刻本

北史一百卷　唐李延壽撰　清乾隆四年武英殿刻本

舊唐書二百卷　後晉劉昫等撰　清乾隆四年武英殿刻本

唐書二百二十五卷　宋歐陽修、宋祁等撰　釋音二十五卷　宋董衝撰　清乾隆四年武英殿刻本

舊五代史一百五十卷　宋薛居正等撰　清乾隆四十九年武英殿刻本

五代史七十四卷 宋歐陽修撰 宋徐無黨注 清乾隆四年武英殿刻本

宋史四百九十六卷目錄三卷 元脱脱等撰 清乾隆四年武英殿刻本

遼史一百十六卷 元脱脱等撰 清乾隆四年武英殿刻本

金史一百三十五卷 元脱脱等撰 清乾隆四年武英殿刻本

元史二百十卷目錄二卷 明宋濂等撰 清乾隆四年武英殿刻本

明史三百三十二卷目錄四卷 清張廷玉等撰 清乾隆武英殿刻本

以上彙編

史記索隱三十卷 唐司馬貞撰 明末毛氏汲古閣刻本 四册 十四行二十七字小字雙行四十字白口左右雙邊 每卷首末頁書口鐫汲古閣毛氏正本 封面鐫汲古閣藏版 鈐鄭端生印白文方印 〇三三五

史記索隱三十卷 唐司馬貞撰 明末毛氏汲古閣刻本 四册 〇三三四

史記一百三十卷 漢司馬遷撰 劉宋裴駰集解 唐司馬貞索隱 唐張守節正義 明嘉靖四至六年震澤王延喆刻本 六十四册 十行十八字小字雙行二十三字白口左右雙邊 集解序後鐫震澤王氏刻于恩褒四世之堂牌記 目錄後鐫震澤王氏刻梓牌記 有刻工 〇三三七

史記一百三十卷 漢司馬遷撰　劉宋裴駰集解　唐司馬貞索隱　唐張守節正義　明嘉靖四至六年震澤王延喆刻本　五十六冊　○三三六

史記一百三十卷 漢司馬遷撰　劉宋裴駰集解　唐司馬貞索隱　唐張守節正義　明嘉靖四至六年震澤王延喆刻本　六十四冊　○三三八

史記一百三十卷 漢司馬遷撰　劉宋裴駰集解　唐司馬貞索隱　唐張守節正義　明嘉靖八至九年南京國子監刻本　佚名批校　三十一冊　十行二十一字小字雙行字同黑口四周雙邊　上書口鐫嘉靖八年或九年刊　有刻工　○三四二

史記一百三十卷 漢司馬遷撰　劉宋裴駰集解　唐司馬貞索隱　唐張守節正義　明萬曆張守約刻本　清張惠言過錄明歸有光批校並跋　二十八冊　九行二十一字小字雙行字同白口四周雙邊　有刻工　○三四一

史記一百三十卷 漢司馬遷撰　劉宋裴駰集解　唐司馬貞索隱　唐張守節正義　明萬曆二十四年南京國子監刻明清遞修本　十八冊　十行二十一字小字雙行二十七字白口左右雙邊　上書口間鐫萬曆二十四年刊、順治十五年刊、順治十六年刊、康熙二十年補刊　○七九八

存一百十九卷 一　十三至一百三十

史記一百三十卷 漢司馬遷撰　明鍾惺批評　明天啓五年沈國元大來堂刻本　佚名批校　十二冊　九行十八字白口四周單邊　下書口鐫大來堂　有刻工　鈐虎林姜氏家藏朱文長方印　姜之黃印白文方印　○三四○

史記一百三十卷 漢司馬遷撰　劉宋裴駰集解　唐司馬貞索引　唐張守節正義　明陳仁錫評　明崇禎刻本　二十四冊　十行二十字小字雙行字同白口左右雙邊　○一二九

史記一百三十卷 漢司馬遷撰 劉宋裴駰集解 唐司馬貞索引 唐張守節正義 明陳仁錫評 明崇禎程正揆刻清懷德堂重修本 二十四册 十行二十字小字雙行字同白口左右雙邊 封面鐫古吳懷德堂梓 〇三三九

史記一百三十卷 漢司馬遷撰 明徐孚遠陳子龍測議 **史記補一卷** 唐司馬貞撰 明崇禎間童湧泉刻本 二十四册 有圖 九行二十字小字雙行字同白口左右雙邊 封面鐫吳門童湧泉梓 〇三一四

古香齋鑒賞袖珍史記一百三十卷附司馬貞補史記一卷 漢司馬遷撰 劉宋裴駰集解 唐司馬貞索隱 唐張守節正義 清乾隆武英殿刻古香齋袖珍十種本 二十册 十行二十一字小字雙行字同白口四周雙邊 鈐華陽高氏蒼茫齋收藏金石書籍記朱文橢圓印 蒼茫齋收藏精本朱文方印 高世異藏書記朱文橢圓印 蒼茫齋精鑑章朱文長方印 高氏家藏白文方印 尚同藏書小記朱文方印 尚同珍賞朱文圓印 五〇六五

史記評林一百三十卷 明凌稚隆輯 明萬曆二至四年凌稚隆刻本 十二册 十行十九字小字雙行字同白口左右雙邊 有刻工 〇三四五

史記評林一百三十卷 明凌稚隆輯 明萬曆二至四年凌稚隆刻本 三十册 〇三四六

史記評林一百三十卷 明凌稚隆輯 明萬曆二至四年凌稚隆刻本 清徐時棟批校並跋 二十六册 鈐半江樓書畫珍藏白文方印 城西草堂朱文方印 徐時棟手校朱文長方印 徐時棟印白文方印 〇三四三

史記評林一百三十卷 明凌稚隆輯 明萬曆二至四年凌稚隆刻本 題稜伽山民朱筆識語 五十册 鈐汲古閣朱文方印 子晉朱文方印 張印蒙貞朱 〇三四四

文方印　大淳朱文方印　羲民朱文方印　顧印芸台朱文方印　阮元之印朱文方印　劉彥沖朱文方印

史記纂二十四卷　明凌稚隆輯　明萬曆七年凌氏刻套印本　二十四册　九行十九字白口四周單邊　一七七〇

史記論文一百三十卷　清吳見思評點　清康熙二十五年尺木堂刻本　二十四册　九行二十一字小字雙行字同白口左右雙邊　封面鐫尺木堂藏版　七六八一

史記論文一百三十卷　清吳見思評點　清康熙二十五年尺木堂刻本　十六册　七六八二

史記志疑三十六卷　清梁玉繩撰　清乾隆刻本　二十四册　十二行二十四字小字雙行字同白口左右雙邊　五四一三

古史六十卷　宋蘇轍撰　明萬曆四十年南京國子監刻本　十册　十行二十字小字雙行字同白口左右雙邊　有刻工　鈐棟亭曹氏藏書朱文方印　〇四一一

通志二百卷　宋鄭樵撰　清乾隆十二年武英殿刻本　一百十八册　十行二十一字小字雙行字同白口左右雙邊　上書口鐫乾隆十二年校刊　七五八一

南史八十卷　唐李延壽撰　明張溥評點　明張溥刻本　二十四册　九行十九字白口左右雙邊　〇四七九

南史八十卷　唐李延壽撰　明張溥評點　明張溥刻寶書堂印本　十六册　九行十九字白口左右雙邊　封面鐫吳門寶書堂藏板　〇四二九

五代史記七十四卷　宋歐陽修撰　宋徐無黨注　元崇文書院刻明嘉靖遞修本　十册　十行二十二字小字雙行字同白口左右雙邊　書口間鐫嘉靖九年、十年補刊　鈐王崇煥印白文方印　漢章經眼白文方印　一六二二

五代史記七十四卷　宋歐陽修撰　宋徐無黨注　元崇文書院刻明嘉靖遞修本　十二册　一六二三

五代史記七十四卷 宋歐陽修撰 宋徐無黨注 明嘉靖汪文盛等刻本 十六册 十二行二十二字小字雙行二十八字白口四周單邊 ○四九九

五代史記七十四卷 宋歐陽修撰 宋徐無黨注 明余有丁、周子義校 明萬曆四年南京國子監刻清順治、康熙遞修本 佚名批校 十册 十行二十一字小字雙行字同上細黑口四周雙邊 上書口鐫萬曆四年刊、順治十五年刊、康熙三十九年刊 鈐退耕堂藏書記朱文方印 ○五○一

五代史記七十四卷 宋歐陽修撰 宋徐無黨注 明崇禎三年琴川毛氏汲古閣刻十七史本 清姚世鈺錄何焯校並跋 四册 十二行二十五字小字雙行三十七字白口左右雙邊 版心鐫汲古閣毛氏正本 ○五○○

弘簡錄二百五十四卷 明邵經邦撰 清邵遠平校 清康熙二十七年邵遠平刻本 八十八册 十二行二十四字白口四周單邊 五五一一

弘簡錄二百五十四卷 明邵經邦撰 清邵遠平校 **續弘簡錄元史類編四十二卷** 清邵遠平撰 清康熙二十七年刻續弘簡錄康熙三十八年刻本 六十册 十二行二十四字白口四周單邊 五五一二

函史上編八十一卷下編二十一卷 明鄧元錫撰 明崇禎七年鄧應瑞刻本 六十四册 十行二十一字小字雙行字同白口四周單邊 一六二○

藏書六十八卷 明李贄撰 明陳仁錫評 明天啓元年刻本（卷一至五配汪修能刻本） 二十册 十行二十二字白口四周單邊 ○三五五

正藏書六十八卷續藏書二十七卷 明李贄撰 明汪修能刻本 四十六册 十一行二十六字白口四周單邊 ○三五三

續藏書二十七卷 明李贄撰 明萬曆新都江紹前刻本 十二册 九行二十字白口四周單邊 ○三五七

續藏書二十七卷 明李贄撰 明柴應槐、錢萬國重訂 明梁傑校 明萬曆刻本 十册 十行二十二字白口四周單邊 ○三五六

歷代史表五十三卷 清萬斯同輯 清康熙三十一年刻本 八册 四行字數不等 封面鐫康熙三十一年新刊 都門梓行 四五二六

尚史七十卷世系圖一卷 清李鍇撰 清乾隆三十八年刻本 二十册 十行二十四字小字雙行字同白口左右雙邊 四五三六

存四十七卷 表四卷 一至四 列傳三十一卷 一至三十一

欽定續通志六百四十卷 清嵇璜、曹仁虎纂修 清乾隆五十年武英殿刻本 一百九十册 九行二十一字白口四周雙邊 八〇一二

以上通代

前漢書一百卷 漢班固撰 明德藩最樂軒刻本 十册 十行二十一字白口左右雙邊 上書口鐫德藩最樂軒 有刻工 鈐德王圖書之章朱方大方印 ○四五五

存四十八卷 一至五 十六 十九 四十六至八十六

漢書一百卷 漢班固撰 唐顔師古注 宋刻元明遞修本 清楊守敬題識 四十八册 十行十八至二十一字小字雙行字數不等黑口間白口左右雙邊間四周單邊 鈐楊印守敬白文方印 韓履卿藏經籍金石書畫之印白文方印 孫從振印白文方印 文起白文方印 慈封主人白文方印 ○四五〇

漢書一百卷 漢班固撰 唐顔師古注 明刻嘉靖十六年廣東崇正書院重修本 三十六册 十行二十二字小字雙行字同白口四周單邊 鈐天放樓朱文方印 ○四五一

漢書一百卷　漢班固撰　唐顔師古注　明嘉靖汪文盛刻二十八年周采等重修本　二十册　十二行二十二字小字雙行二十八字白口左右雙邊　每頁左書耳記篇名　卷末鐫嘉靖己酉年孟夏月吉日另行鐫侯官縣儒學署教諭事舉人廖言監修　鈐黃裳藏本朱文長方印　木雁齋朱文方印　○四四四

漢書一百卷　漢班固撰　唐顔師古注　清乾隆四年武英殿刻本　清金鶴清録何焯批校並跋　三十二册　十行二十一字小字雙行字同白口左右雙邊　上書口鐫乾隆四年校刊　鈐金鶴清印白文方印　建德周氏藏書白文方印　何氏珍藏白文方印　四五四一

漢書評林一百卷　明凌稚隆輯　明萬曆九年凌氏刻本　二十四册　十行二十字小字雙行字同白口左右雙邊　有刻工　鈐舒嘯軒珍藏朱文圓印　王廷貴朱文印　○四四二

漢書評林一百卷　明凌稚隆輯　明萬曆九年凌氏刻本　清錢杜批點　十册　鈐壺公朱文葫蘆印　臣穆清朱文方印　讀書明膽齋印朱文方印　賜書堂孫氏藏書記朱文方印　○四四三

漢書地理志補注一百三卷　清吳卓信撰　清經鉏堂抄本　二十一册　九行十九字緑格白口四周雙邊　二八三四

存六十七卷　一至五　七至十三　三十六至四十二　四十六　五十七至七十四　七十九至八十六　九十四至一百零三

漢書正誤四卷　清王峻撰　清錢大昕校定　清乾隆六十年懷息草堂刻本　二册　九行二十字白口左右雙邊　下書口鐫懷息草堂　封面鐫頤慶堂藏板　四五四八

班馬異同三十五卷　宋倪思撰　元劉辰翁評　明嘉靖十六年李元陽校刻本　六册　九行十九字白口左右雙邊　卷末鐫嘉靖十六年歲次丁酉山人高瀫覆校牌記　有刻工　○四四五

史漢方駕三十五卷　明許相卿撰　明萬曆十三年徐禾刻本　十二册　九行二十字小字雙行字同白口左右雙邊　有刻工　○四五八

後漢書九十卷 劉宋范曄撰 唐李賢注 **志三十卷** 晉司馬彪撰 梁劉昭注 明刻嘉靖十六年廣東崇正書院重修本 二十八册 十行二十二字小字雙行字同白口四周單邊 鈐天放樓朱文大方印 披雲閣印白文方印 栖谷朱文方印　〇四五二

後漢書九十卷 劉宋范曄撰 唐李賢注 **志三十卷** 梁劉昭注 明嘉靖汪文盛刻二十八年周采等重修本 二十册 十二行二十二字小字雙行二十八字白口左右雙邊　〇四五六

後漢書九十卷 劉宋范曄撰 唐李賢注 **志三十卷** 晉司馬彪撰 梁劉昭注 明嘉靖八至九年南京國子監刻明清遞修本 九册 十行二十一字小字雙行字同白口四周雙邊 上書口鐫嘉靖八年刊、天啓三年刊、崇禎三年刊等 鈐石田白文方印 綠雲山房朱文圓印 **存** 後漢書三十四卷 七至三十四 八十五至九十　〇四四九

後漢書九十卷 劉宋范曄撰 **志三十卷** 晉司馬彪撰 梁劉昭注 明吳中珩校刻本 佚名批校 三十二册 十行二十字小字雙行字同白口左右雙邊　一六五五

鹿門先生批點漢書九十三卷 明茅坤輯 明陶國柱、茅琛徵訂 明崇禎八年茅琛徵刻本 十六册 九行十九字小字雙行字同白口四周單邊　〇四五三

後漢書年表十卷 宋熊方撰 清抄本 二册 十行十七字白口四周雙邊 鈐小李山房朱文方印 維則所得善本朱文長方印 會稽徐氏鑄學齋藏書印朱文方印 柯溪白文　二八三六

方印　重光白文方印　子宣朱文方印

後漢書補逸二十一卷　清姚之駰輯　清康熙五十二年栢筠書屋刻本　八册　十行二十字小字雙行十九字　封面鐫栢筠書屋藏板　　五五三二

後漢書補逸二十一卷　清姚之駰輯　清康熙五十三年姚氏露滌齋刻本　六册　十行二十字小字雙行字同白口左右雙邊　封面鐫康熙甲午鐫　鈐方赤校定印朱文長方印　　七九六五

三國志六十五卷　晉陳壽撰　劉宋裴松之注　明萬曆吳氏西爽堂刻本　二十四册　十行二十字白口左右雙邊　各卷末間鐫吳氏西爽堂校刻或校梓　鈐毘陵董康審定朱文方印　董康暨侍姬玉奴珍藏書籍記白文方印　　○二五六

三國志六十五卷　晉陳壽撰　劉宋裴松之注　明毛氏汲古閣刻十七史本　清朱邦衡録何焯批校並跋　高厚謙、謝善詒批校　十二册　十二行二十五字小字雙行三十七字白口左右雙邊　版心間鐫汲古閣、毛氏正本　鈐善詒手校朱文方印　高五朱文方印　善詒讀過朱文方印　撝甫朱文方印　　○四六八

三國志六十五卷　晉陳壽撰　劉宋裴松之注　明陳仁錫評　明天啓刻本　三十册　十行二十字白口四周單邊　　○四六九

季漢書六十卷答問一卷正論一卷　明謝陛撰　明末鍾人傑刻本　二十六册　九行二十字小字雙行字同白口四周單邊　　○四六二

季漢書六十卷答問一卷正論一卷　明謝陛撰　明末鍾人傑刻本　十二册　　○四六三

晉書一百三十卷　唐房玄齡等撰　唐何超音義　明萬曆六年周若年、丁孟嘉刻本　四十八册　九行十六字小字雙行字同白口左右雙邊　　○四七二

晉書一百三十卷 唐房玄齡等撰　唐何超音義　明萬曆六年周若年、丁孟嘉刻本　八十八册　○四七三

存八十九卷 十二至一百

晉書一百三十卷 唐房玄齡等撰　明崇禎毛氏汲古閣刻本　清何紹基批校　十四册　十二行二十五字小字雙行字同白口左右雙邊　版心間鐫汲古閣、毛氏正本　目錄後鐫皇明崇禎改元歲在著雍執徐阪月元宵琴川毛氏開雕牌記　鈐何印紹基朱文方印　蝯臂翁朱文方印　子貞白文方印　道州何紹基印白文方印　○四七一

晉記六十八卷首一卷 清郭倫撰　清乾隆五十一年有斐堂刻本　二十四册　十行二十字小字雙行字同白口左右雙邊　封面鐫乾隆甲午進呈丙午校刊　有斐堂藏板　五五三〇

晉記六十八卷首一卷 清郭倫撰　清乾隆五十一年有斐堂刻本　二十四册　鈐八千卷樓藏書之記朱文方印　嘉惠堂丁氏藏書之記白文方印　北皮亭鐂氏所臧秘笈朱文長方印　北皮亭藏書印朱文方印　五五三一

宋書一百卷 梁沈約撰　明萬曆二十六年北京國子監刻本　二十八册　十行二十一字白口左右雙邊　上書口鐫萬曆二十六年刊　○七三二

梁書五十六卷 唐姚思廉撰　明蕭雲舉、李騰芳校　明萬曆三十三年北京國子監刻本　六册　十行二十一字白口左右雙邊　上書口鐫萬曆三十三年刊　○四八七

存三十三卷 一至十七　三十八至五十三

陳書三十六卷 唐姚思廉撰　宋刻宋元明遞修本　十二册　九行十八字白口左右雙邊　○四八二

魏書一百十四卷　北齊魏收撰　宋刻宋元明遞修本　四册　九行十七、十八字不等細黑口左右雙邊　〇四九一

存十三卷　三十八至四十一　五十六至五十八　六十二至六十七

魏書一百十四卷　北齊魏收撰　明崇禎毛氏汲古閣刻本　二十册　十二行二十五字白口左右雙邊　版心鐫汲古閣　〇四八九

周書五十卷　唐令狐德棻等撰　宋刻宋元明遞修本　四册　九行十八、十九字不等細黑口左右雙邊　〇四九二

存二十四卷　九至三十二

周書五十卷　唐令狐德棻等撰　明趙用賢、余孟麟校　明萬曆十六年南京國子監刻清順治康熙遞修本　八册　九行十八字細黑口四周雙邊　上書口間鐫萬曆十六年刊等　〇四九三

唐書二百卷　後晉劉昫等撰　明嘉靖十八年聞人詮刻本　四十册　十四行二十六字白口左右雙邊　〇四九五

唐書二百二十五卷　宋歐陽修、宋祁撰　釋音二十五卷　宋董衝撰　元刻明清遞修本　八册　十行二十二字細黑口四周雙邊　上書口鐫嘉靖八年補刊、萬曆十六年補刊等　〇四九七

南唐書三十卷　宋馬令撰　明嘉靖二十九年顧汝達刻本　八册　十行二十字白口左右雙邊　鈐穎川陳氏較定典籍之章朱文長方印　臥子龍白文方印　〇四九八

存三十一卷　四十一至七十一

宋史四百九十六卷目錄三卷　元脱脱等撰　明成化七至十六年朱英刻明清南京國子監遞修本　四十八册　十行二十字白口　〇五一〇

四周雙邊　上書口鐫嘉靖丙辰年、萬曆二十八年刊等

存三百九十一卷　一至三十七　四十七至五十五　六十二至八十　一百二十六至一百五十四　一百六十七至二百二十五　二百四十二至二百六十九　三百三十七至四百九十六

一六八九　**宋史新編二百卷**　明柯維騏撰　明嘉靖刻本　二十三冊　十行二十一字白口四周單邊　有刻工　鈐墨香閣圖書朱文長方印

存一百十四卷　十五至十九　二十四至三十一　三十六至三十九　四十四至四十六　五十九至七十一　七十七至八十一　八十七至九十二　九十八至一百零八　一百二十至一百三十七　一百四十三至一百七十一　一百八十四至一百九十四　一百九十九至二百

○四七七　**遼史一百十六卷**　元脫脫撰　明沈淮等重校　明萬曆三十四年國子監刻本　十二冊　十行二十一字白口左右雙邊　上書口鐫萬曆三十四年刊

○五二一　**皇明書四十五卷**　明鄧元錫撰　明萬曆三十四年刻本　三冊　十行二十字白口左右雙邊　有刻工

存十一卷　八至十二　十七至十九　三十六至三十八

○五一四　**名山藏一百九卷**　明何喬遠撰　明崇禎刻本　三十二冊　十行二十字小字雙行字同白口四周單邊

存八十一卷　典謨記二十九卷　坤則記三卷

開聖記二卷
繼體記一卷
分藩記五卷
勳封記一卷
天因記一卷
天歐記二卷
輿地記二卷
刑法記一卷
河漕記一卷
漕運記一卷
錢法記一卷
兵制記一卷
馬政記一卷
茶馬記一卷
鹽法記一卷
臣林記二十六卷

以上斷代

編年類

竹書紀年集證五十卷首一卷　清陳逢衡撰　清嘉慶十八年刻本　二十册　九行二十字小字雙行字同白口四周雙邊　封面鐫嘉慶癸酉春鐫　裛露軒藏板　鈐陶澍私印白文方印　四五三五

元經薛氏傳十卷　唐薛收撰　宋阮逸註　明萬曆程榮刻漢魏叢書本　二册　九行二十字小字雙行字同白口左右雙邊　有刻工　鈐曾爲忻虞卿所藏朱文長方印　〇四六四

資治通鑑二百九十四卷　宋司馬光撰　元胡三省音註　元刻本　三册　十行二十字小字雙行字同黑口四周雙邊　存三卷　一百九十三至一百九十五　Z〇〇七六

資治通鑑二百九十四卷　宋司馬光撰　元胡三省音註　**通鑑釋文辨誤十二卷**　元胡三省撰　元刻明弘治正德嘉靖遞修本（卷一百十二至一百二十一、二百十五至二百三十一配清鄱陽胡氏刻本）一百册　十行二十字小字雙行字同黑口四周雙邊　上書口間鐫弘治二年、正德九年、嘉靖二十年補刻　有刻工　鈐東山藏書朱白文長方印　〇三六〇

資治通鑑二百九十四卷　宋司馬光撰　元胡三省音註　明張一桂校正　明吳勉學續校　**通鑑釋文辯誤十二卷**　元胡三省撰　明吳勉學校正　明萬曆二十年吳勉學刻本　一百册　十行二十字小字雙行字同白口左右雙邊　各卷末間鐫大明萬曆二十年新安吳勉學覆校　〇三五九

資治通鑑考異三十卷　宋司馬光撰　明嘉靖二十三至二十四年孔天胤刻本　六册　十行二十字小字雙行字同白口左右雙邊　有刻工　鈐萬卷堂藏書記朱文方印　檇李項藥師藏朱文長方印　〇三七二

通鑑釋文辯誤十二卷 元胡三省撰 明陳仁錫訂校 明天啓五年陳仁錫刻本 四册 十行二十字白口四周單邊 〇三八七

司馬溫公稽古録二十卷 宋司馬光撰 清嘉興李光瑛觀妙齋刻本 四册 九行十九字小字雙行十八字白口四周單邊 鈐味經堂藏書朱文方印 鶴巢藏書朱文方印 六六一一

司馬溫公稽古録二十卷 宋司馬光撰 清嘉興李光瑛觀妙齋刻本 佚名校 姚明圖題識 二册 封面鈐觀妙齋藏版朱文大方印 六六一〇

少微通鑑節要五十卷 宋江贄撰 明正德九年司禮監刻本 十八册 九行十五字小字雙行字同黑口四周雙邊 〇三七四

存四十八卷 一至三 六至五十

資治通鑑綱目五十九卷 宋朱熹撰 宋刻本 二册 九行十五字小字雙行二十二字白口左右雙邊 Z〇一四八

存一卷 四十八

資治通鑑綱目五十九卷 宋朱熹撰 元刻本 佚名批校 一册 十行十六字小字雙行二十二字細黑口左右雙邊 有刻工 鈐叔弢朱文方印 Z〇〇七一

存一卷 四十二

資治通鑑綱目集覽五十九卷 元王幼學撰 明陳濟正誤 明內府刻本 十二册 八行十八字小字雙行二十一字黑口四周雙邊 鈐廣運之寶朱文方印 希鄭軒蔡虎臣臧書印朱文方印 表章經史之寶朱文方印 一六三〇

文公先生資治通鑑綱目五十九卷 宋朱熹撰　宋尹起莘發明　元王幼學集覽　元汪克寬考異　明陳濟正誤

明建安劉寬裕刻本　明佚名評點　六十册　十二行十八字小字雙行二十二字細黑口四周雙邊　卷一題銜處鐫建安京兆劉寬裕梨行　鈐古吳繆氏收藏朱文方印　鮑氏收藏白文方印　青宮太保文司農朱文方印　瞻淇品白文方印　〇三六四

文公先生資治通鑑綱目五十九卷 宋朱熹撰　宋尹起莘發明　元王幼學集覽　元汪克寬考異　明張光啓纂輯

明建安劉寬裕刻本　五十九册　鈐秀水朱氏潛采堂圖書朱文方印　當湖小重山館胡氏遂江珍藏朱文長方印　胡惠孚印白文方印　曝書亭藏朱文圓印　一廉花影半牀書白文方印　一六一七

資治通鑑綱目發明五十九卷 宋尹起莘撰　元劉友益書法　元汪克寬考異　元徐昭文考證　元王幼學集覽　明陳濟正誤

明馮智舒質實　明弘治十四年日新堂刻本　十八册　十二行二十六字小字雙行二十五字下黑口四周雙邊　卷末鐫皇明弘治辛酉歲書林日新堂刊行牌記

存五十八卷 一至十五　十七至五十九　〇三七三

續資治通鑑綱目二十七卷 明商輅等撰　明張時泰廣義　明周禮發明　明金陵唐狆字校刻資治通鑑綱目全書本　二十七册　十行二十字小字雙行字同白口四周單邊　鈐嚴啓豐印朱文方印　〇三六九

資治通鑑綱目前編二十五卷正編五十九卷續一卷續編二十七卷 明陳仁錫評閱　明崇禎三年陳仁錫刻本　一百册　七行十八字小字雙行十六、十七字不等白口四周單邊　八〇一六

八〇一八 **資治通鑑綱目前編二十五卷正編五十九卷續一卷續編二十七卷** 明陳仁錫評閱 明崇禎三年陳仁錫刻本 一百七册

〇三六八 **資治通鑑綱目全書一百十三卷** 明萬曆二十八年朱燮元等刻本 一百八册

七行十八字小字雙行字同白口左右雙邊

有刻工 鈐廣運之寶朱文方印 希鄭軒蔡虎臣臧書印朱文方印

資治通鑑綱目五十九卷首一卷 宋朱熹撰 宋尹起莘發明 元劉友益書法 元汪克寬考異 元徐昭文考證 元王幼學集覽 明陳濟正誤 明馮智舒質實

訂正通鑑綱目前編二十五卷 明南軒撰

續資治通鑑綱目二十七卷 明商輅等撰

資治通鑑綱目續編一卷 明陳桱撰

〇三六五 **資治通鑑綱目全書一百十三卷存一百十二卷** 明萬曆二十八年朱燮元等刻本 一百七册

資治通鑑綱目五十九卷 宋朱熹撰 宋尹起莘發明 元劉友益書法 元汪克寬考異 元徐昭文考證 元王幼學集覽 明陳濟正誤 明馮智舒質實

訂正通鑑綱目前編二十五卷 明南軒撰

續資治通鑑綱目二十七卷 明商輅等撰

七六八五 **御批資治通鑑綱目全書一百九卷** 清康熙四十六年內府刻本 五十册

十一行二十二字小字雙行字同下黑口

四周雙邊

資治通鑑綱目五十九卷首一卷　宋朱熹撰

資治通鑑綱目前編十八卷舉要三卷　元金履祥撰

資治通鑑綱目前編外紀一卷　明陳桱撰

續資治通鑑綱目二十七卷　明商輅等撰

御批資治通鑑綱目全書一百九卷　清康熙四十六年内府刻本　五十册　七六八六

資治通鑑綱目五十九卷首一卷　宋朱熹撰

資治通鑑綱目前編十八卷舉要三卷　元金履祥撰

資治通鑑綱目前編外紀一卷　明陳桱撰

續資治通鑑綱目二十七卷　明商輅等撰

新刊翰林攷正綱目點音資治通鑑節要會成二十卷　宋李燾撰　明唐順之删定　明張謙釐正　明萬曆十六年張大業新賢書堂刻本　八册　十二行二十六字小字雙行字同白口四周單邊間四周雙邊　書後鐫萬曆戊子孟春新賢書堂重梓牌記　鈐鏡宇朱文方印　〇三八六

宋元通鑑一百五十七卷　明薛應旂撰　明天啓六年陳仁錫刻本　三十册　十行二十字白口四周單邊　有刻工　〇五〇三

宋元通鑑一百五十七卷　明薛應旂撰　明天啓六年陳仁錫刻本　三十册　〇五〇四

世史正綱三十二卷　明丘濬撰　明嘉靖四十二年孫應鰲刻本　十六册　十行十八字細黑口四周雙邊　鈐六合徐氏孫麒珍藏書畫印朱文長方印　孫麒氏使東所得白文長方印　〇三八一

鼎鍥鍾伯敬訂正資治綱鑑正史大全七十四卷首一卷　宋劉恕、金履祥撰　明王世貞補遺　明鍾惺訂正　明余應虬彙閲　鼎鍥鍾伯敬訂正皇明紀要三卷　明陳建輯　明崇禎元年刻本　四十八册　十二行二十六字小字雙行字同白口四周單邊　封面鐫呈祥館藏板　〇三五八

鼎鍥趙田了凡袁先生編纂古本歷史大方綱鑑補三十九卷首一卷　明袁黄編　清康熙二十八年梅園齋刻本　二十四册　十二行二十八字小字雙行字同白口四周單邊　卷末鐫康熙己巳歲仲秋月梅園齋梓牌記　七四八一

晉書載記三十卷　題唐太宗李世民撰　明鍾人傑校　明末刻本　十二册　十行二十字白口四周單邊　〇四七四

甲子會紀五卷　明薛應旂撰　明嘉靖三十七年玄津草堂刻本　四册　九行十八字小字雙行字同白口四周單邊　卷末鐫嘉靖戊午秋刻于玄津草堂牌記　有刻工　鈐劉履芬印白文方印　仁叟白文方印　〇三九〇

甲子會紀五卷　明薛應旂撰　明陳仁錫評　明末陳仁錫刻本　四册　八行十八字小字雙行字同白口四周單邊　〇三八八

甲子會紀五卷　明薛應旂撰　明陳仁錫評　明末陳仁錫刻本　四册　〇三八九

御定歷代紀事年表一百卷　清王之樞撰　清康熙五十四年内府刻本　一百册　白口四周雙邊　五五一三

御定歷代紀事年表一百卷　清王之樞撰　清康熙五十四年内府刻本　一百册　四〇一一

御定歷代紀事年表一百卷 清王之樞撰　清康熙五十四年內府刻本　一百册　七三〇五

列代建元表八卷建元類聚考二卷 清錢東垣撰　清道光七年金鳳沼刻本　五册　十一行二十三字小字雙行字同白口四周單邊　七九七九

以上通代

兩漢紀六十卷 明嘉靖二十七年黃姬水刻本　十六册　十一行二十字白口左右雙邊　〇四五九

前漢紀三十卷　漢荀悅撰
後漢紀三十卷　晉袁宏撰

兩漢紀六十卷 明嘉靖二十七年黃姬水刻本　二十册　〇四六〇

前漢紀三十卷　漢荀悅撰
後漢紀三十卷　晉袁宏撰

兩漢紀六十卷 清康熙三十五年襄平蔣國祥、蔣國祚刻本　十册　十一行二十一字黑口左右雙邊　七九五八

前漢紀三十卷　漢荀悅撰
后漢紀三十卷　晉袁宏撰
附兩漢紀字句異同考一卷　清蔣國祚撰

續宋編年資治通鑑十八卷目錄二卷 題宋李燾撰　清抄本　六册　十三行二十二字無格　鈐徐維則讀　二八四九

書記朱文方印 述史樓朱文長方印 齊印召南白文方印 息園朱文方印 會稽徐氏鑄學齋藏書印朱文方印

皇宋十朝綱要二十五卷 宋李埴撰 清抄本 十册 九行二十字無格 二八四八

昭代典則二十八卷 明黃光昇編 明陸翀之校 明萬曆二十八年金陵周日校萬卷樓刻本 十六册 十一行二十二字白口四周單邊 封面鐫萬曆庚子歲萬卷樓刊行 〇五一五

皇明資治通紀三十卷 明陳建輯 明岳元聲訂 明沈國元校 明刻本 十四册 十行二十二字小字雙行二十一字白口四周單邊 〇五一七

皇明通紀法傳全錄二十八卷 明陳建撰 明高汝栻訂 明吳禎增删 **皇明法傳錄嘉隆紀六卷續紀三朝法傳全錄十六卷** 明高汝栻輯 明崇禎九年刻本 六册 十行二十一字白口左右雙邊 〇五二四

存 皇明法傳嘉隆紀六卷

皇明從信錄四十卷 明陳建撰 明沈國元訂補 明天啓刻本 二十四册 十行二十二字小字雙行二十一字白口四周單邊 〇五一六

欽定明鑑二十四卷首一卷 清胡敬等撰 清嘉慶二十三年武英殿刻本 二十四册 八行二十字白口四周雙邊 五五五三

欽定明鑑二十四卷首一卷 清胡敬等撰 清嘉慶二十三年武英殿刻本 清姚尹題識 二十四册 鈐鏡西白文方印 五五五四

皇明嘉隆兩朝聞見記十二卷　明沈越撰　明萬曆二十七年沈朝陽等刻本　十二册　十二行二十七字白口四周雙邊　○三八○

東華錄十六卷　清蔣良騏撰　清抄本　十六册　六行十六字紅格　三七六七

明宣宗章皇帝實錄不分卷　明張輔、楊士奇等纂修　明抄本　十三册　十行二十字紅格白口四周單邊　Z○○五三

存　宣德一年至宣德十年正月

大明英宗法天立道仁明誠敬昭文憲武至德廣孝睿皇帝實錄三百六十一卷　明孫繼宗、陳文等纂修　明南雲閣抄本　二十四册　十行十八字藍格白口四周雙邊　上書口鐫南雲閣　Z○一四二

存五十九卷　一百十四至一百二十六　一百三十至一百四十六　一百四十九至一百六十九　一百七十九至一百八十六

大明憲宗純皇帝實錄不分卷　明張懋、劉吉等纂修　明抄本　四十一册　十一行二十字白口四周單邊　Z○○○五

存　明成化二年七月至八年十二月　九年七月至二十三年八月

大明恭穆獻皇帝實錄五十卷　明費宏等纂修　明南雲閣抄本　八册　十行十八字藍格白口四周雙邊　Z○一四三

存四十卷　十一至五十

大清世祖章皇帝實錄不分卷　清盧震等纂修　稿本　一册　九行二十二字紅格　鈐庫籍之遺朱文方印　崇煥敬藏朱文方印　二八六三

存 順治五年八月

萬曆起居注不分卷 明抄本 五十册 十行二十字藍格 Z〇五二

存 萬曆一至十二年 十四至三十二年 三十四至三十八年 四十一年 四十三年

以上斷代

紀事本末類

通鑑紀事本末四十二卷 宋袁樞撰 宋寶祐五年趙與簒刻本 二册 十一行十九字白口左右雙邊 有刻工 鈐尚友山房朱文方印 Z〇一四九

存二卷 十五 三十三

通鑑紀事本末二百三十九卷 宋袁樞撰 明張溥論正 明末正雅堂刻本 三十二册 九行二十字白口左右雙邊 封面鎸正雅堂梓 有刻工 鈐淮安府印滿漢文朱文方印 〇三七八

存二百一卷 一至二百零一

繹史一百六十卷世系圖一卷年表一卷　清馬驌撰　清康熙刻本　四十八册　十一行二十四字小字雙行三十六字白口左右雙邊　鈐二寧山人朱文方印　石經廠印朱文方印　蟫香館藏書印朱文方印　七〇六八

繹史一百六十卷世系圖一卷年表一卷　清馬驌撰　清康熙刻本　四十八册　四五三二

左傳分國紀事本末二十二卷　明孫范撰　明崇禎十一年刻本　四册　九行二十字小字雙行字同白口四周單邊　一六二四

宋史紀事本末十卷　明馮琦撰　明陳邦瞻補　明萬曆三十三年劉日梧、徐申刻本　十册　十一行二十二字白口四周單邊　〇五〇五

宋史紀事本末十卷　明馮琦撰　明陳邦瞻補　**元史紀事本末四卷**　明陳邦瞻撰　明臧懋循補　明末蔣先庚刻本　十三册　十一行二十二字白口四周單邊　封面鐫鬱岡山房藏版　〇四八〇

宋史紀事本末十卷　明馮琦撰　明陳邦瞻補　**元史紀事本末四卷**　明陳邦瞻撰　明臧懋循補　明末蔣先庚刻本　十册　〇五〇六
存　宋史紀事本末十卷

明朝紀事本末八十卷　清谷應泰撰　清順治十五年刻本　十六册　九行二十字白口左右雙邊　四五二八

三藩紀事本末四卷　清楊陸榮撰　清康熙五十六年刻本　二册　九行二十字白口左右雙邊　封面鐫康熙丁酉春鐫　鈐沈氏子培收藏朱文方印　七九七八

靖海記不分卷附襄壯公傳一卷 清施琅撰 清活字印本 四册 八行十八字小字雙行十六字白口四周雙邊 二一二七

雜史類

路史四十七卷 宋羅泌撰 明嘉靖洪楩刻本 十六册 十行二十字小字雙行字同白口四周單邊 鈐無卷居白文方印 〇四〇七

前紀九卷
後紀十四卷
國名紀八卷
發揮六卷
餘論十卷

路史四十七卷 宋羅泌撰 明嘉靖洪楩刻本 十二册 〇四〇八

存二十八卷

前紀九卷
後紀存卷一至九
餘論十卷

路史四十七卷　宋羅泌撰　明萬曆三十一年張鼎思等刻本　六册　九行二十字小字雙行字同白口四周雙邊　有刻工　鈐松陵王氏寵錫堂珍藏白文方印　松陵王禹胄孫謀圖書朱文方印　〇四〇九

存二十三卷
前紀九卷
後紀十四卷

汲冢周書十卷　晉孔晁注　明嘉靖二十二年章檗刻本　清姚尹題識　二册　九行二十字小字雙行字同白口左右雙邊　有刻工　鈐鏡西珍賞朱文方印　一六二七

國語二十一卷　吳韋昭注　明嘉靖七年金李澤遠堂刻本　八册　十行二十字小字雙行字同白口左右雙邊　有刻工　〇四一九

國語二十一卷　吳韋昭注　清孔氏詩禮堂刻本　清洪榜校並題識　八册　十行二十字小字雙行字同白口左右雙邊　下書口鐫詩禮堂　四五二七

國語補音三卷　宋宋庠撰　明刻本　三册　十行二十字小字雙行字同黑口四周雙邊　〇四一八

國語九卷　明閔齊伋裁注　明萬曆四十七年閔氏刻三色套印本　六册　九行十九字小字雙行十八字白口四周單邊　各卷末鐫皇明萬曆己未仲秋烏程閔齊伋遇五父裁注　鈐閔白文方印　齊伋朱文方印　一七六四

國語九卷　明閔齊伋裁注　明萬曆四十七年閔氏刻三色套印本　六册　鈐渝水劉氏木齋珍藏書畫之印朱文方印　木齋珍藏朱文方印　木齋過目朱文長方印　渝水劉楷字木齋號守眞白文方印　滌塵朱文方印　尚友山房朱文方印　一七六五

國語抄評十二卷 明葉明元輯 明鄭道興等校 明萬曆十六年刻本 六册 九行十六字小字雙行字同白口四周單邊 有刻工 ○四一七

存十卷 三至十二

鮑氏國策十卷 宋鮑彪校注 明嘉靖七年龔雷影宋刻本 八册 十一行二十字小字雙行字同白口左右雙邊 卷末鐫嘉靖戊子後學吳門龔雷校刊牌記 有刻工 鈐荃孫朱文方印 執風堂藏書朱文方印 海昌陳琰朱文方印 雙劍誃白文方印 于印省吾朱文方印 李印書勳白文方印 ○四三四

戰國策十卷 宋鮑彪校注 元吳師道補正 明王廷相校 明嘉靖元年俞國昌刻本 八册 十行二十字小字雙行字同白口間細黑口左右雙邊 有刻工 鈐陳深之印朱文方印 遂山朱文方印 ○四三七

戰國策十卷 宋鮑彪校注 元吳師道補正 明葛鼒攷正 明末葛氏永懷堂刻本 佚名批校 八册 八行二十五字白口左右雙邊 下書口鐫永懷堂 一五三三

戰國策譚棷十卷 宋鮑彪注 元吳師道補注 明張文爟集評 **附錄一卷** 明張文爟輯 明萬曆十五年刻本 十四册九行十八字小字雙行字同白口左右雙邊 有刻工 ○四三一

戰國策譚棷十卷 宋鮑彪注 元吳師道補注 明張文爟集評 **附錄一卷** 明張文爟輯 明萬曆十五年刻本 許楠村批校 五册 鈐于藩朱文小方印 ○四三三

戰國策十二卷 明閔齊伋裁注 **元本目錄一卷** 明萬曆四十八年閔氏刻三色套印本 十六册 九行十九字小 一七六六

字雙行十八字　白口四周單邊

戰國策十二卷　明閔齊伋裁注　元本目錄一卷　明萬曆四十八年閔氏刻三色套印本　八册　一七六七

新鍥鄭孩如先生精選戰國策旁訓便讀四卷　明鄭維嶽撰　明楊九經訂　明萬曆二十八年楊氏同仁齋刻本　佚名批校　二册　七行二十字白口四周雙邊　書尾鐫萬曆庚子孟秋同仁齋楊氏梓碑記　鈐蟫香館藏書朱文長方印　〇五三〇

國事三卷　明吳世熙輯　明萬曆刻本　二册　八行十八字白口四周單邊　有刻工　鈐八千卷樓珍藏善本朱文方印　八千卷樓朱文方印　善本書室朱文方印　〇三七五

吳越春秋十卷　漢趙曄撰　元徐天祐音注　補注一卷　元徐天祐撰　明刻本　四册　九行十七字小字雙行字同細黑口四周雙邊　鈐獨山莫氏銅井文房之印朱文方印　莫天麟印白文方印　潛坤朱文方印　銅井山盧藏書朱文方印　莫棠字楚生印朱文方印　笏齋朱文方印　韶州府印朱文方印　水西樓收藏朱文方印　山澤人私印白文方印　〇五二七

越絶書十五卷　漢袁康撰　明嘉靖二十四年孔天胤刻本　四册　九行十六字白口左右雙邊　有刻工　鈐勞權之印白文方印　燕喜堂朱文方印　虞琴秘笈朱文方印　姚景瀛白文方印　〇四四〇

越絶書十五卷　漢袁康撰　明刻本　二册　八行十七字白口左右雙邊　鈐蟫香館藏書印朱文方印　胡氏長守閣藏書印朱文長方印　〇四三九

十六國春秋一百卷　題北魏崔鴻撰　清乾隆四十一年汪日桂欣託山房刻本　二十四册　九行十八字白口左右雙邊　封面鐫欣託山房重刊　鈐希鄭軒蔡虎臣藏書印朱文方印　七四五七

十六國春秋一百卷　題北魏崔鴻撰　清乾隆四十六年刻本　二十册　九行十八白口左右雙邊　七一八七

貞觀政要十卷　唐吳兢撰　元戈直集論　明成化一年内府刻明補刻本　六册　十行二十字小字雙行字同大黑口四周雙邊　鈐廣運之寶朱文大方印　〇五二五

貞觀政要十卷　唐吳兢撰　元戈直集論　明成化十二年崇府重刻本　六册　十行二十字小字雙行字同大黑口四周雙邊　卷末鐫成化丙申崇府重刊牌記　〇五二六

五代史補五卷　宋陶岳撰　五代史闕文一卷　宋王禹偁撰　明末毛氏汲古閣刻本　二册　十二行二十五字白口左右雙邊　各卷首頁版心鐫毛氏正本　一六二一

十國春秋一百十四卷　清吳任臣撰　清康熙彙賢齋刻本　清段又襄評點　十二册　十行二十二字白口左右雙邊　下書口鐫彙賢齋　鈐王鳴盛印白文方印　西莊居士白文方印　鳳喈白文方印　四五五一

揮麈錄二卷　題宋楊萬里撰　明弘治華氏刻百川學海本　張梅孫題識　一册　十二行二十字白口左右雙邊　鈐禮邸珍翫朱文方印　康邸珍翫朱文方印　叄韓李氏家藏朱文方印　一六二六

唐宋陽秋五卷　清華長卿撰　清稿本　清王鑾、高凌雯題識　六册　九行二十字白口四周雙邊　下書口鐫浣石居藏本　二八三九

隆平集二十卷　宋曾鞏撰　清彭期訂　清康熙四十年彭期七業堂刻本　六册　九行二十字白口左右雙邊　五一二四

隆平集二十卷　宋曾鞏撰　清彭期訂　清康熙四十年七業堂刻本　六册　白口左右雙邊　五一二三

南燼紀聞一卷　題宋辛棄疾撰　竊憤錄一卷續錄一卷阿計替傳　二八四四

一卷　清吳氏拜經樓抄本　一册　十一行二十三字無格　鈐拜經樓吳氏藏書朱文方印

南燼紀聞錄一卷　題宋辛棄疾撰　南渡錄大略一卷竊憤錄一卷續錄一卷阿計替傳一卷　清抄本　一册　十一行十七字無格　鈐李盛鐸印白文方印　木齋朱文方印　二八四六

襄陽守城錄一卷　宋趙萬年撰　清抄本　一册　十四行二十二字白口左右雙邊　二八四五

西夏書事四十二卷　清吳廣成撰　清道光六年刻本　清周星詒題識　八册　九行二十字小字雙行十九字白口左右雙邊　四五五三

今言四卷　明鄭曉撰　明嘉靖四十五年刻本　二册　八行十六字白口左右雙邊　有刻工　鈐曾爲忻虞卿所藏朱文長方印　〇五二〇

今言四卷　明鄭曉撰　明嘉靖四十五年刻本　陳寶泉題識　四册　鈐竹泉山房朱文方印　筱莊朱文方印　陳印寶泉白文方印　退思齋書畫記朱文長方印　〇五一九

交山平寇本末三卷附詩一卷　清夏駰撰　清陸慶臻評　清抄本　三册　七行十六字無格　二八六七

重鐫朱青嚴先生擬編明紀輯略十六卷　清朱璘編　清康熙三十五年刻本　十六册　十行二十字小字雙行字同白口四周單邊　封面鐫聚錦堂藏板　四四六一

萬曆武功錄十四卷　明瞿九思撰　明萬曆刻本　十四册　十行二十字白口左右雙邊　Z〇〇四八

平叛記二卷　清毛霦撰　清毛賀等校　清康熙五十五年刻本　二册　九行二十字白口左右雙邊　七五九二

三朝野紀七卷 清李遜之撰 清抄本 六冊 十行二十二字小字雙行字同黑口左右雙邊 二八六一

甲申傳信錄十卷 清錢䎘撰 清抄本 題清少河題款 傅增湘錄清全祖望［鮚琦亭集外編］［淚園疑跡］兩書文 六冊 九行二十字黑口四周雙邊 二八五八

明末滇南紀略一卷纖言二卷 清陸圻撰 清抄本 四冊 九行二十字無格 鈐構得奇書手自鈔白文方印 二八五九

庚申北略一卷 清抄本 一冊 八行字不等 下書口鐫柒甚丹壽之室 鈐江安傅增湘收藏書畫金石印朱文長方印 二八七一

明末小史七卷 清抄本 一冊 十行字數不等無格 鈐江安傅增湘收藏書畫金石印朱文長方印 二八六二

草茅一得三卷續得一卷 清戴鈞衡撰 清抄本 四冊 八行十七字無格 三四九三

二申野錄八卷 清孫之騄輯 清雍正刻本 六冊 十行二十字小字雙行字同白口左右雙邊 鈐鹽官蔣氏衍芬草堂二氏藏書印朱文方印 四五五四

津門聞見錄六卷 清郝福森撰 清稿本 三冊 八行十四字藍格白口四周雙邊 二八九五

聞見錄十六卷 儲仁遜撰 稿本 十六冊 十一行三十二字無格 下書口鈐時心堂 三七六一

詔令奏議類

三朝聖諭録三卷　明楊士奇撰　明正統刻本　一册　十行二十一字白口四周雙邊　鈐明善堂所見書畫印白文長方印　鐵橋白文方印　嚴可均之印朱文方印　Z〇〇四七

諭對録三十四卷首一卷勑諭録二卷　明張孚敬撰　張汝紀等編　明萬曆三十六年張光彥、陸問禮刻本　十三册　九行十八字小字雙行字同白口左右雙邊　上書口鐫敕建寶綸樓　卷末鐫萬曆三十七年秋七月吉旦謹梓　有刻工　鈐載福堂珍藏古書眞蹟之印朱文印　希晉齋圖書印白文方印　成趣園主人朱文方印　〇五四二

聖諭講解録不分卷　明張福臻撰　明天啓二年刻藍印本　一册　九行二十字白口四周單邊　Z〇〇三〇

親政綸音不分卷　清世祖福臨撰　清抄本　二册　八行二十四字無格　鈐八千卷樓藏書印朱文方印　繩武小印白文方印　肖荐朱文方印　Z〇〇二三

硃批諭旨　清鄂爾泰、張廷玉編　清乾隆三年内府刻套印本　一百十二册　十行二十一字白口四周雙邊　一七七四

上諭内閣一百五十九卷　清允祿撰　清允祥等編　清雍正九年内府刻乾隆六年增刻本　三十四册　十一行二十一字白口四周雙邊　七五五八

以上詔令

歷代名臣奏議三百五十卷　明黄淮、楊士奇等輯　明張溥删正　明崇禎東觀閣刻本　九十六册　九行十八字白口左右雙邊　下書口鐫東觀閣　四〇一五

右編補十卷　明姚文蔚編　明萬曆三十九年劉伸刻本　二十册　十行二十字白口四周單邊　有刻工　一六四九

會通館校正宋諸臣奏議一百五十卷　宋趙汝愚輯　明弘治華燧會通館銅活字印本　一册　九行十七字　Z〇〇五一

黑口四周雙邊

存二卷　三十三　三十四

皇清奏議不分卷　清抄本　四十八册　八行二十字紅格白口四周雙邊　二八七九

註陸宣公奏議十五卷　唐陸贄撰　宋郎曄注　明弘治七年林符重刻本　八册　九行十八字小字雙行字同黑口四周雙邊　鈐江都曹氏家騄秘笈朱文長方印　褎辛主人朱文方印　曹家騄印白文方印　博明珍藏朱文方印　曹印聲濤白文方印　〇五三二

孝肅包公奏議十卷傳一卷　宋包拯撰　明弘治五年刻本　二册　十行二十字大黑口四周雙邊　有刻工　鈐李白文方印　溫白文方印　〇五三四

存四卷　一至四

東坡奏議十五卷　宋蘇軾撰　明嘉靖十三年江西布政司重刻本　四册　十行二十字白口四周雙邊　卷末鐫嘉靖十三年江西布政司重刊牌記　〇五三五

宋丞相李忠定公奏議六十九卷附錄九卷　宋李綱撰　明朱欽、洪鼐彙校　明正德十一年胡文靜、蕭泮刻本　九册　十行二十二字細黑口四周雙邊　鈐謝在杭藏書印朱文方印　〇五四〇

少司空主一徐公奏議九卷　明徐恪選　邵寶等編校　明嘉靖刻本　四册　十行二十字白口四周雙邊　N〇〇二八

陽明先生集要經濟編七卷附年譜一卷　明王守仁撰　明施四明評輯　清抄本　四册　九行二十字　三六八五

無格

桂洲奏議十二卷續集二卷　明夏言撰　明嘉靖二十五年刻本　八册　十行二十字白口左右雙邊　〇五三八
存　奏議八卷　一至八

祇役紀略六卷　明趙文華撰　明抄本　六册　八行十八字無格　二八五四

周恭節公集一卷　明周怡撰　明周恪輯　明吳達可編　明沈懋學校　周恭節公年譜一卷明史本傳一卷　明吳達可輯　清周登瀛增　清乾隆元年燕翼堂刻本　二册　十行二十字白口四周雙邊　下書口鐫燕翼堂　封面鐫乾隆元年孟春重鐫　燕翼堂藏板　五五四六

表忠錄一卷　明楊繼盛撰　清順治十三年內府刻本　一册　九行十八字白口四周單邊　四九九四

表忠錄一卷　明楊繼盛撰　清順治十三年內府刻本　一册　四九八二

太僕奏議四卷　明張輔之撰　明天啓張洪、張灝等校刻本　八册　九行十八字白口四周單邊　有刻工　〇五四四

楊全甫諫草四卷　明楊天民撰　明天啓元年刻本　四册　九行十六字白口四周單邊　〇五三七

朱少師奏疏鈔八卷　明朱燮元撰　清雍正十二年刻本　六册　九行二十一字白口四周雙邊　五五三五
存七卷　一　三至八

按遼疏稿六卷　明熊廷弼撰　明刻本　六册　九行二十字白口四周雙邊　〇五四五

未焚草二卷　明王元翰撰　明萬曆三十九年刻本　二册　九行二十字白口四周單邊　〇五三六

疏草三卷附錄一卷　明黄宗昌撰　清初刻本　四册　八行十八字白口四周單邊　〇五三九

黄徽胤奏摺　清黄徽胤撰　清順治二年抄本　二册　六行十八字、二十二字不等白口無格　三八七二

于清端公政書八卷外集一卷　清于成龍撰　清康熙刻本　九册　八行二十字白口四周單邊　鈐希鄭軒蔡虎臣藏書印朱文方印　四五五七

于山奏牘八卷　清于成龍撰　清康熙二十二年刻本　四册　九行二十二字白口左右雙邊　七五九三

大觀堂文集三卷首一卷　清余縉撰　清康熙二十七年刻本　二册　九行二十字白口左右雙邊　五五五五

李文襄公奏議二卷奏疏十卷別錄六卷　清李之芳撰　李文襄公年譜一卷　清程光裋撰　清康熙四十二年刻本　十册　十行二十二字白口四周雙邊　六六一六

河防疏畧二十卷附崇祀錄一卷墓志銘一卷　清朱之錫撰　清康熙七年寒香館刻本　六册　九行二十一字白口四周單邊　下書口鐫寒香館　鈐夢選樓胡氏宗楙藏朱文長方印　四五五六

中山奏議四卷　清郝浴撰　清康熙刻本　二册　十行二十字白口左右雙邊　七〇九三

郭華野先生疏稿五卷　清郭琇撰　清雍正十三年刻本　二册　九行二十字白口左右雙邊　存二卷　一至二　五五四九

撫豫宣化錄奏疏四卷　清田文鏡撰　清雍正五年刻本　九册　九行二十二字白口左右雙邊　七四〇八

安南國王黎維祹奏表　越南黎維祹撰　清雍正六年抄呈本　一册　七行字數不等無格　鈐安南國王之印滿漢文朱文大方印　三九三四

王柔奏稿不分卷　清王柔撰　附王顯緒奏稿　清王顯緒撰　稿本　五册　六行字數不等無格　二八七四

心政錄奏疏三卷檄示七卷　清雅爾圖撰　清趙城等輯　清抄本　六册　十行三十二字無格　三五〇五

吳菘圃先生奏疏不分卷　清吳璥撰　清抄本　二册　六行二十字紅格白口四周雙邊　二八七六

德楞泰奏稿不分卷　清德楞泰撰　清壺峰草堂抄本　四册　九行二十五字藍格白口左右雙邊　下書口鐫壺峰草堂藏書　二八六四

李鶴年奏稿不分卷　清李鶴年撰　清抄本　一册　六行二十字無格　三三五〇

李勤恪公奏議不分卷　清李興鋭撰　清抄本　五册　十行二十四字紅格白口四周雙邊　三八二〇

馬玉崑等奏稿　清馬玉崑等撰　稿本　一册　二八六六

以上奏議

傳記類

春秋列傳五卷 明劉節撰 明周鄖校 明刻本 四冊 十行二十字至二十一不等白口四周單邊 有刻工 鈐靈石梁子久藏書印朱文方印 〇四二八

古列女傳七卷 漢劉向撰 **續一卷考證一卷** 清顧廣圻撰 清嘉慶元年顧之逵小讀書堆刻本 清姚尹題識 四冊 十一行十八字小字雙行二十七字黑口左右雙邊 五六〇一

列女傳十六卷 漢劉向撰 明汪道昆輯 明仇英繪圖 明萬曆刻清乾隆四十四年知不足齋印本 十六冊 十行二十一字白口四周單邊 封面鐫知不足齋藏版 鈐尚友山房朱文方印 木齋珍藏朱文方印 渝水劉氏木齋珍藏書籍之印朱文橢圓印 一一〇五

列女傳十六卷 漢劉向撰 明汪道昆輯 明仇英繪圖 明萬曆刻清乾隆四十四年知不足齋印本 十六冊 一五五二

列女傳十六卷 漢劉向撰 明汪道昆輯 明仇英繪圖 明萬曆刻清乾隆四十四年知不足齋印本 十六冊 鈐安吳朱氏藏書之印白文方印 植清朱文方印 蓮蓀白文方印 希鄭軒蔡虎臣藏書印朱文方印 〇六九六

古今貞烈維風什四卷 明許有穀撰 清初刻本 四冊 八行二十二字白口四周單邊 五一九六

孝順事實十卷　明成祖朱棣撰　明永樂十八年内府刻本　五册　十行十九字黑口四周雙邊　鈐安樂堂藏書記朱文長方印　明善堂覽書畫印記白文長方印　〇五八二

歷代臣鑒三十七卷　明宣宗朱瞻基撰　明宣德元年内府刻本　二十册　十行二十字黑口四周雙邊　鈐廣運之寶朱文方印　〇一六二

歷代君鑒五十卷　明景帝朱祁鈺撰　明景泰四年内府刻本　十册　十行二十字黑口四周雙邊　鈐廣運之寶朱文方印　〇一六一

歷代君鑒五十卷　明景帝朱祁鈺撰　明景泰四年内府刻本　十册　一六三一

帝鑑圖説前卷四卷後卷二卷　明張居正等撰　明天啓二年司禮監重刻本　六册　附圖　九行十九字白口四周雙邊　一六四〇

古今宗藩懿行考十卷　明朱常淓輯　明崇禎九年潞府刻本　十册　九行十八字白口四周雙邊　〇五八〇

歷代相臣傳一百六十八卷　明魏顯國撰　明魏一鵬編　明胡以良考證　明張啓焯、鄧履古校　明萬曆三十四年鄧以詰刻本　三十册　十行二十字白口四周單邊　〇五八一

存八十卷　黄虞至隋

宰相守令合宙二十四卷　明吳伯與撰　明崇禎刻本　二十四册　九行十九字白口四周單邊　Z〇〇九二

存守令十一卷

貂璫史鑑四卷　明張世則撰　明萬曆刻本　一册　九行二十一字小字雙行字同下黑口四周雙邊　鈐翰林院印朱文方印　封面鈐乾隆三十八年十一月浙江巡撫三寶送到　〇三九三

汪啓淑家藏貂璫史鑑壹部計書肆本朱文長方印

存一卷 一

人物通考一百五十二卷 清陶煒輯 清稿本 二十七册 十行字數不等無格 二八二九

存一百三十七卷 一至五 十六至四十 四十六至一百五十二

西湖六一泉崇祀錄一卷 清柴本撰 清抄本 清譚獻校並跋 一册 十行十七字 無格 鈐錢塘丁氏正修堂藏書朱文方印 二九〇七

歷朝忠義彙編二十二卷 明郭良翰輯 明萬曆三十九年刻本 八册 九行二十字 白口四周單邊 封面鐫萬曆辛亥新刻 〇五七三

歷代名儒名臣循吏傳五十六卷首一卷 清朱軾撰 清雍正五年刻本 二十六册 九行二十二字白口左右雙邊 封面鐫鄒氏家藏 鈐蟫香館藏書印朱文方印 六六二九

歷代名臣傳三十五卷續編五卷

名儒傳八卷

循吏傳八卷

歷代名儒名臣循吏傳五十六卷首一卷 清朱軾撰 清雍正五年刻本 十二册 六六三〇

歷代名臣傳三十五卷續編五卷

名儒傳八卷

循吏傳八卷

衡門晤語六卷　明潘京南撰　明刻本　六册　十行二十字白口四周單邊　○五八五

註釋評點古今名將傳十七卷　明陳元素撰　明天啓刻本　二十四册　九行十八字白口四周單邊　鈐橘蔭主人收藏朱文方印　吳縣彭叔華家藏朱文長方印　一六二九

新鐫繡像旁批詳註總斷廣百將傳二十卷　明陳元素撰　明黃道周注　明周亮輔增補　明崇禎十六年刻本　八册　九行二十字白口四周單邊　○五七一

三立堂新編閫外春秋三十二卷　明尹商撰　明崇禎刻本　十二册　九行十八字白口四周單邊　○五八三

大成通志十八卷　清楊慶輯　清康熙八年理齋刻本　二十册　九行二十四字白口四周雙邊　封面鐫康熙己酉歲捐俸刊　七七二五

刻漢唐宋名臣錄五卷　明李廷機編　明萬曆三十四年刻本　佚名批校　十六册　九行十八字白口左右雙邊　鈐弢齋藏書記朱文長方印　○五七四

漢名臣言行錄十二卷　清夏之芳輯　清乾隆十七年積翠軒刻本　六册　十行二十一字白口左右雙邊　封面鐫乾隆壬申年鐫　積翠軒藏板　五五九二

唐才子傳十卷　元辛文房撰　考異一卷　清陸芝榮撰　清嘉慶十年陸氏三間草堂刻本　二册　十行二十字小字雙行十九字黑口左右雙邊　下書口鐫三間草堂雕　封面鐫嘉慶乙丑春鐫　鈐娛園藏書朱文方印　五五九九

協忠錄一卷 明吳用衡輯 明許南全增訂 清初抄本 一册 十行二十字無格 二九一五

新刊名臣碑傳琬琰之集一百七卷目錄三卷 宋杜大珪輯 明抄本 十六册 十一行二十五字蘭格白口四周單邊 鈐子晉書印朱文方印 虞山毛氏朱文方印 文淵閣校理朱文方印 Z〇〇六
上集二十七卷
中集五十五卷
下集二十五卷

青樓集一卷 元夏庭芝撰 清抄本 佚名校 一册 九行二十字無格 鈐八千卷樓珍藏善本朱文方印 錢唐丁氏正修堂藏書朱文方印 古香樓朱文圓印 休寧汪季青家藏書籍朱文方印 三七五二

國朝列卿紀一百六十五卷 明雷禮輯 明雷濴校補 明抄本 八册 九行二十四字藍格白口四周雙邊 二八九七
存十八卷 三十一至四十六 一百二十七至一百二十八

國朝名世類苑四十六卷 明凌迪知輯 明萬曆四年刻本 二十四册 十行二十字白口左右雙邊 有刻工 〇五七八

皇明異姓諸侯傳□卷 明鄭曉撰 明鄭履準校 明刻本 二册 十行十九字白口左右雙邊 鈐李宗侗藏書朱文長方印 惜陰亭朱文長方印 〇五七七
存一卷 下

建文遜國臣記八卷 明鄭曉撰 明嘉靖四十五年刻本 二册 十行十九字白口左右雙邊 〇五七五

錢牧齋先生列朝詩集小傳十卷 清錢謙益撰　清錢陸燦輯　清康熙三十七年黄氏誦芬堂刻本　八册　十一行二十一字細黑口左右雙邊　下書口鐫誦芬堂　封面鐫誦芬堂藏板　五五九五

錢牧齋先生列朝詩集小傳十卷 清錢謙益撰　清錢陸燦輯　清康熙三十七年黄氏誦芬堂刻本　八册　封面鈐緣陰堂白文大方印　六九五五

列朝詩集小傳十卷 清錢謙益撰　清梭亭抄本　清孫原湘評點並跋　六册　十二行二十六字無格　鈐梭亭手鈔印記朱文方印　懷新書館載籍總記朱文長方印　存丁集第四至十六　閏集第一至六　三七〇三

學統五十六卷附録五卷 清熊賜履撰　清康熙二十四年刻本　十六册　九行二十字白口左右雙邊　封面鐫下學堂藏板　五四二五

明儒學案六十二卷師説一卷 清黄宗羲撰　清康熙三十二年賈樸刻本　十二册　十二行二十四字黑口左右雙邊　鈐八千卷樓收藏書籍朱文方印　五四四三

明名臣言行録九十五卷 清徐開任輯　清康熙二十年釆山堂刻本　三十二册　十行二十一字黑口左右雙邊　封面鐫釆山堂藏板　鈐環山樓藏書印朱文方印　四五七九

蛟川十八衛指揮攷一卷 清陳景沛撰　稿本　二册　十行二十二字紅格白口四周單邊　二九〇八

啓禎野乘二集八卷　清鄒漪撰　清康熙十八年書林存仁堂素政堂刻本　二册　九行二十字白口四周單邊　四五八一

節義錄二卷補遺一卷　明謝杲撰　稿本　一册　七行二十二字無格　Z〇〇八二

南忠記一卷　清錢肅潤輯　清抄本　一册　十行二十四字　三五二六

明末忠烈紀實二十卷　清徐秉義撰　清抄本　十二册　九行二十一字白口四周雙邊　鈐八千卷樓丁氏藏書朱文方印　知不足齋鮑以文藏書印朱文方印　二九〇五

貳臣傳不分卷　清抄本　清李放校並題識　四册　九行二十二字紅格白口四周雙邊　鈐義州李氏圖籍白文方印　李大狆印朱文方印　義州李放白文方印　義州李大狆石孫嗣藏白文方印　石孫讀過朱文方印　三三八七

續吳錄二卷　明劉鳳撰　清抄本　一册　十行二十二字紅格白口四周雙邊　鈐徐維則讀書記朱文長方印　會稽徐氏鑄學齋藏書印朱文方印　二九〇九

兩浙名賢錄五十四卷外錄八卷　明徐象梅撰　明天啓元年徐氏光碧堂刻本　六十三册　九行二十一字白口四周單邊下書口鐫光碧堂　鈐八千卷樓朱文方印　〇五八九

嘉禾徵獻錄三十卷外紀六卷　清盛楓撰　清抄本　佚名校　四册　十一行二十三字小字雙行字同無格　Z〇〇三五

婺書八卷　明吳之器撰　明崇禎十四年刻本　四册　九行十八字白口四周單邊　Z〇〇三七

南陵無雙譜一卷　清金古良撰並繪　清康熙刻本　一册　右圖左詩　五五九七

安鼎名臣七卷　明王都撰　明崇禎五年刻本　四冊　八行二十字白口四周單邊　一七三五

殉難錄殘稿　清于光琛撰　稿本　一冊　九行二十五字無格　二八六九

敬鄉筆述八卷　清徐士鑾撰　清稿本　高凌雯簽批　四冊　九行二十一字紅格紅口四周雙邊　三三九六

以上總傳

晏子春秋七卷　周晏嬰撰　清孫星衍校　**晏子春秋音義二卷**　清孫星衍撰　清乾隆五十三年陽湖孫氏刻本　二冊　十二行二十四字黑口左右雙邊　封面鐫乾隆戊申十月刊陽湖孫氏板　五五二二

晏子春秋六卷　明凌澄初輯評　明凌氏刻套印本　四冊　八行十八字白口四周單邊　鈐丁有斐讀白文方印　曾在丁松叡家朱文方印　丁尚有印朱文方印　吳興丁友恭堂珍藏朱文方印　一七六八

忠武誌八卷　清張鵬翮輯　清康熙五十一年冰雪堂刻本　八冊　傳主三國諸葛亮　九行十九字黑口左右雙邊　封面鐫冰雪堂藏板　七七一〇

忠武誌八卷　清張鵬翮輯　清康熙五十一年冰雪堂刻本　十冊　傳主三國諸葛亮　五一八四

道國元公濂溪周夫子志十二卷首一卷　清吳大鎔撰　清康熙二十五年刻本　五冊　傳主宋周惇頤　八行二十字白口四周雙邊　封面鐫凝翠軒藏板　七三七四

岳鄂王金陀粹編二十卷續編八卷首一卷末一卷 宋岳珂撰 五六二〇

岳鄂王金陀續編二卷 清岳士景撰 清乾隆四年刻本 六册 傳主宋岳飛 九行二十二字白口四周雙邊

垂休錄不分卷 明陶登輯 明萬曆刻清乾隆四十五年補刻本 二册 傳主明陶琰 十行二十六字黑口四周雙邊 序後鐫乾隆四十五年五月上浣陶瀟裕中陶景侃晉彦陶枋疊友補刻 〇九九八

王道增行狀一卷 清王騭撰 清順治刻本 一册 八行二十字白口四周單邊 四五八九

沈華陽傳一卷附蜀難敘略一卷 清范文茨撰 諸先生跋一卷 清抄本 一册 傳主清沈雲祚 九行二十一字無格 鈐拜經樓吳氏藏書印朱文方印 千元十駕人家藏本白文長方印 二九一二

衍慶錄十卷 清愛必達撰 清乾隆十一年刻本 二册 傳主清額宜都巴圖魯 十一行二十二字白口半頁四周雙邊 四五八三

王公治績紀略一卷 清樊澤達等撰 清康熙刻本 一册 傳主清王騭 八行二十字白口四周雙邊 四五八四

以上別傳

馮損菴行述一卷 清馮祁等撰 清乾隆刻藍印本 一册 傳主清馮光裕 八行二十字白口四周雙邊 鈐王崇煥朱文方印 漢章讀過白文方印 四五八八

成王年壽事蹟譜二卷 清王兆芳撰 清抄本 一册 譜主周成王 十行十九字無格 三五七二

韓柳二先生年譜八卷　清馬日琯輯　清雍正七年馬氏小玲瓏山館刻本　二册　譜主唐韓愈　唐柳宗元　十行十八字白口左右雙邊　封面鐫小玲瓏山館重雕　各卷末鐫雍正己酉八月小玲瓏山館仿宋本校刊牌記　有刻工　四五九二

韓文類譜七卷　宋呂大防等撰

柳先生年譜一卷　宋文安禮撰

東坡先生年譜一卷本傳一卷墓誌銘一卷　宋王宗稷等撰　明刻本　一册　譜主宋蘇軾　十行二十字大黑口四周雙邊　〇七〇七

朱子年譜四卷考異四卷附錄二卷　清王懋竑撰　清乾隆白田草堂刻本　六册　譜主宋朱熹　八行二十字小字雙行十九字白口左右雙邊　下書口鐫白田草堂　封面鐫白田草堂藏板　五六〇六

項襄毅公年譜五卷實紀四卷遺稿一卷　明項德楨輯　明萬曆二十四年項皋謨刻本　四册　譜主明項忠　九行十九字白口左右雙邊　卷末鐫六世孫皋謨校刻　有刻工　〇五八七

先君子忠正公年譜二卷錄遺一卷行狀一卷　清劉汋撰　清抄本　二册　譜主明劉宗周　十行二十一字無格　二九二四

王考功年譜一卷　清王士禛撰　清康熙刻本　一册　譜主清王士祿　十行十九字白口四周單邊　四五九一

潛菴先生年譜一卷　清王廷燦輯　清康熙刻本　一册　譜主湯斌　十行十九字黑口左右雙邊　六六三二

介山自訂年譜一卷附實錄　清王又樸撰　清乾隆刻本　一册　譜主王又樸　九行二十字白口左右雙邊　六六三三

徵君孫先生年譜二卷　清湯斌等撰　清乾隆刻本　二册　譜主清孫奇逢　九行二十字小字雙行十八字白口左右雙邊　六六三一

陸稼書先生年譜定本二卷附錄一卷　清吳光酉輯　清雍正三年清風堂刻乾隆六年增刻本　二册　譜主清陸隴其　十行二十三字小字雙行字同黑口左右雙邊　封面鐫雍正三年重輯　清風堂藏版　七五一二

顏習齋先生年譜二卷傳一卷　清李塨撰　清康熙四十六年刻本　二册　譜主清顏元　十一行二十二字白口左右雙邊　七七一三

阿文成公年譜三十四卷　清那彥成撰　清嘉慶十八年刻本　三十二册　譜主清阿桂章佳氏　十行二十二字白口四周雙邊　封面鐫嘉慶癸酉年鐫　五六二四

以上年譜

雲山日記　元郭天錫撰　清抄本　二册　八行二十字無格　元至大元年至二年　二九一〇

行間日記不分卷　清李之芳撰　清抄本　清范公勉、齊望愚題識　二册　九行十八字無格　鈐齊山珍藏金石書畫章朱文方印　桐城齊氏朱文方印　三四九二

清康熙十至二十二年

潘散廷先生日記　清潘曾綬撰　稿本　梁鴻志、王式通、唐晏等題識　四册　九行二十五字紅格白口四周雙邊　二九一六

清道光十四至十六年　二十四至二十五年　咸豐八至十年

越縵堂日記不分卷　清李慈銘撰　清抄本　清吳重熹校並跋　四册　十行三十一字無格　鈐中懌朱文方印　海豐吳氏藏書朱文方印　直隸等處承宣布政使司之印滿漢文朱文方印　仲懌手校朱文方印　二九一三

清咸豐十年三月至同治四年正月

李興鋭日記不分卷附畿南賬次稟稿一卷　清李興鋭撰　稿本　七册　二八七三

清同治八至九年　光緒十一年十月至十三年五月

滬上從戎日記　清顧仲迂撰　稿本　一册　六行二十字無格　二八七〇

清咸豐四年十一月至五年三月

顧森書日記不分卷　清顧森書撰　稿本　十五册　十一行二十九字無格　二九一七

清光緒六至三十年

番禺梁文忠公日記眞蹟 梁啓超撰 稿本 二册 鈐徐良珍藏朱文方印 三水徐氏朱文方印 逍遙齋白文方印
清宣統元年 三一八二

以上日記

程氏人物志八卷 清程之康輯 清康熙三十四年延慶堂刻本 王祖成、程傳裕、程祖慶識語 十册 八行大字不等小字雙行二十字細黑口四周雙邊 下書口鐫延慶堂藏板 鈐杭州王氏九峰舊廬藏書之章朱文方印 程傳裕朱文方印 程伊耕朱文方印 六六三六

濟美錄九卷 明陳杲等輯 明陳氏榮養堂刻清補刻本 五册 十一行二十二字白口左右雙邊 各卷末鐫榮養堂藏板 鈐明善堂珍藏書畫印記朱文長方印 安樂堂藏書記朱文長方印 〇八五六

四世恩綸不分卷 明畢自嚴輯 明末刻朱印本 二册 五行十字白口四周單邊 〇五八六

嘉善錢氏家傳四卷恩綸二卷 清錢以塏撰 清康熙五十八年研雲堂刻本 二册 十一行二十一字黑口左右雙邊 封面鐫研雲堂藏板 五六〇二

李氏傳家錄不分卷 清李褎齡輯 清康熙四十八年刻本 一册 九行二十二字白口左右雙邊 六六三四

以上家傳

八旗滿州氏族通譜八十卷目錄二卷 清乾隆九年內府刻本 二十册 十行十八字小字雙行字同白口四 五六〇五

周雙邊　鈐侯官劉筠川藏書印朱文長方印

八旗滿洲氏族通譜八十卷　清乾隆九年内府刻本　二十四册　七三一三

趙氏家譜四卷首一卷　清趙峰纂修　清趙氏七寶堂抄本　二册　四周雙邊　下書口鐫七寶堂　三五三七

王氏家譜一卷　清王溶纂修　清雍正十二年刻本　一册　九行二十字白口四周雙邊　四五九〇

田氏家譜不分卷　清田同之纂修　清乾隆五年刻道咸間增修本　四册　十二行二十四字黑口左右雙邊　五四八五

史氏譜錄合編八卷　清史在鑛纂修　清康熙三十二年八行堂刻本　十二册　十行二十字白口左右雙邊　封面鐫大清康熙三十年輯成　八行堂藏版　四五九四

嚴氏家譜不分卷　清嚴鵬纂修　清乾隆四年稿本　一册　三五四八

休邑黃氏思本圖一卷　明黃顯仁等纂修　明洪武二十二年刻本　一册　十行二十四字大黑口四周單邊　一五五五

休寧戴氏族譜十五卷　明戴堯天纂修　明崇禎五年刻本　十册　九行二十二字白口四周單邊　鈐戴堯天印白文方印　儀甸氏白文方印　一六三三

以上宗譜

東野誌二卷　明呂化舜原輯　孔衍治增輯　清康熙元年刻乾隆增刻本　四册　十行十九字白口左右雙邊　五四九六

氏族博考十四卷　明淩迪知輯　明萬曆刻明補刻古今萬姓統譜本　四册　九行二十字白口四周單邊　有刻工　〇四七〇

明狀元圖考五卷 明顧鼎臣編 明萬曆三十五年吴承恩、黄文德刻本 五册 附圖 九行二十字白口四周單邊 有刻工 一三六七

以上雜録

題名碑録不分卷 清錢維城等輯 清乾隆刻本 十册 十行黑口左右雙邊 五六〇四

國朝歷科館選録不分卷特授改補館職一卷 清沈廷芳原輯 清等朱筆批校並跋 四册 八行字數不等 封面鐫翰林院藏板 翰林院刻本 徐沅 四六一二

［乾隆］己酉科各省拔貢齒録不分卷 清乾隆五十四年刻本 四册 二截板十二行字數不等白口四周單邊 六六三七

以上貢舉

國朝列卿年表一百四十五卷 明雷禮撰 明萬曆四十六年刻本 佚名批校 八册 九行二十字白口左右雙邊 有刻工 鈐胡氏臧書朱文方印 〇五一八

大清縉紳全書不分卷 題清寶名堂主人編 清乾隆五十七年京都寶名堂刻本 四册 十四行字數不等 四五五五

以上職官録

史抄類

十七史詳節二百七十四卷　宋呂祖謙輯　明正德十一年劉弘毅慎獨齋刻本　八十册　十三行二十六字細黑口四周雙邊　五代史卷末鎸皇明正德丙子慎獨齋新刊行雙行牌記　〇三八三

東萊先生史記詳節二十卷首一卷
東萊先生西漢書詳節三十卷
東萊先生東漢書詳節三十卷
東萊先生三國志詳節二十卷
東萊先生晉書詳節三十卷
東萊先生南史詳節二十五卷
東萊先生北史詳節二十八卷
東萊先生隋書詳節二十卷
東萊先生唐書詳節六十卷
東萊先生五代史詳節十卷

十七史詳節二百七十四卷　宋呂祖謙輯　明正德十一年劉弘毅慎獨齋刻本　三十五册　〇三八四

存一百十卷

東萊先生史記詳節二十卷
東萊先生西漢書詳節三十卷

東萊先生東漢書詳節三十卷
東萊先生三國志詳節二十卷
東萊先生五代史詳節十卷

十七史詳節二百七十三卷 宋呂祖謙輯 明嘉靖四十五年至隆慶四年陝西布政司刻本 三十册 十行二十二字白口四周單邊 有刻工 ○三九二

存七十七卷

東萊先生北史詳節二十八卷 存二十三卷 一至五 十一至二十八
東萊先生隋書詳節二十卷
東萊先生唐書詳節六十卷 存三十四卷 三至十五 二十四至四十四

諸史提要十五卷 宋錢端禮撰 清張英補 清康熙五十二年武英殿刻本 五册 十行二十二字小字雙行字同白口四周雙邊 鈐建德周氏藏書朱文方印 四五二四

諸史提要十五卷 宋錢端禮撰 清張英補 清康熙五十二年武英殿刻本 五册 四五二五

史學提要箋釋五卷 宋黄繼善撰 清楊錫祐釋 清康熙五十五年刻本 六册 八行小字雙行二十四字白口左右雙邊 七六八○

讀史備忘八卷 明范理撰 清雍正九年繼志堂刻本 三册 十行二十四字小字雙行二十二字白口四周雙邊 下書口鐫繼志堂 封面鐫雍正辛亥重鐫 繼志堂藏板 五五一七

歷代史纂左編一百四十二卷 明唐順之編 明萬曆三十九年吳用先等刻本 八十册 十行二十字白口左右雙邊 ○三九四

史要編十卷 明梁夢龍編 明隆慶六年刻本 二册 十行二十字白口左右雙邊 ○三九五

東皋漫録八卷 明楊槚撰 明天啓六年刻本 四册 九行十八字白口左右雙邊 〇三九七

周玉繩先生家藏二十三史綺編十七卷 明周延儒輯 明雙峯堂余文台刻本 十一册 十行十八字白口四周雙邊 卷十七末鐫雙峯堂余文台梓行牌記 一六三九

讀史四集四卷 明楊以任輯 明崇禎間龔舜紹刻本 六册 八行十八字白口四周單邊 〇三七一

廿一史識餘三十七卷 明張墉撰 明崇禎十七年刻本 八册 九行二十字白口四周單邊 〇三九六

廿一史識餘三十七卷 明張墉撰 明崇禎十七年刻本 十册 一六三四

二十一史文鈔三百三十二卷 明戴羲編 明崇禎十一年刻本 四十册 九行十九字白口四周單邊 〇三九八

二十二史感應録二卷 清彭希涑輯 清乾隆五十六年刻本 十行二十一字白口左右雙邊 八一一二

一山老人史磐不分卷改元考一卷名臣略一卷 題清一山氏撰 清刻本 一册 六行字數不等白口四周雙邊 七〇七〇

通鑑總類二十卷 宋沈樞撰 明萬曆二十三年孫隆刻本 二十册 十一行二十三字白口左右雙邊 〇三六一

通鑑總類二十卷 宋沈樞撰 明萬曆二十三年孫隆刻本 二十册 〇三六二

通鑑總類二十卷 宋沈樞撰 明萬曆二十三年孫隆校刻本 十册 〇三六三

史記鈔九十一卷 明茅坤輯 明泰昌元年吳興閔振業刻套印本 佚名批校 二十一册 九行十九字白口左右雙邊 一七四九

史記鈔九十一卷 明茅坤輯 明泰昌元年吳興閔振業刻套印本 二十册 一七六九

新鍥葉先生傳家舉業要訣史記文髓二卷 明葉向高輯 明王錫爵校 明萬曆十九年書林劉大易刻本 四册 十二行二十四字小字雙行字同白口四周雙邊 鈐錢唐丁氏藏書白文方印 八千卷樓藏書記朱文方印 〇三五〇

兩漢博聞十二卷 宋楊侃編 明嘉靖三十七年黄魯曾刻本 十册 八行十六字白口左右雙邊 〇四四一

漢雋十卷 宋林鉞輯 明萬曆十二年吕元刻本 四册 八行十二字小字雙行二十四字白口左右雙邊 有刻工 一六三六

漢書鈔九十三卷 明茅坤輯 明萬曆十七年刻本 三十册 十行二十一字小字雙行字同白口左右雙邊 有刻工 〇四五四

三國纂略十一卷 明馬維銘撰 明沈自省等校 明末刻本 四册 九行二十字白口四周單邊 〇四六五

三國魏纂略五卷
三國蜀漢纂略三卷
三國吳纂略三卷

兩晉南北史合纂四十卷 明錢岱輯 明萬曆刻本 三十九册 十行二十字白口四周單邊 有刻工 一六三八

存三十九卷　一　三至四十

讀史舉要不分卷　清抄本　六冊　十行二十五字白口無格　鈐錢曾之印白文方印　遵王朱文方印　二八三八

歐陽文忠公新唐書抄二卷五代史抄二十卷　明茅坤輯　明茅著重訂　明末刻本　六冊　九行二十字白口四周單邊　〇三八二

時令類

日涉編十二卷　明陳堦撰　清白輝補輯　明萬曆三十九年徐養良刻清康熙六年白輝二十七年紀元遞修本　十二冊　九行十九字小字雙行字同白口四周單邊　五二七三

月令輯要二十四卷圖說一卷　清李光地、吳廷楨等撰　清康熙五十四年內府刻本　十二冊　七行小字雙行二十字白口四周雙邊　五三四〇

月令輯要二十四卷圖說一卷　清李光地、吳廷楨等撰　清康熙五十四年內府刻本　十二冊　五三四一

月令輯要二十四卷圖說一卷　清李光地、吳廷楨等撰　清康熙五十四年內府刻本　十二冊　五四一二

地理類

元和郡縣圖志四十卷 唐李吉甫撰 清嘉慶元年孫星衍校刻岱南閣叢書本 佚名批校 十二冊 十二行二十四字小字雙行字同白口左右雙邊 鈐楊守敬印朱文方印 F二九〇〇

存三十四卷 一至十八 二十一至二十二 二十五至三十四 三十七至四十

太平寰宇記二百卷 宋樂史纂 清樂之篪、樂蕤賓校刊 清乾隆五十八年刻本 五十冊 十行二十字白口左右雙邊 F二九〇一

存一百九十三卷 一至一百十二、一百二十至二百

寰宇通志一百十九卷 明陳循、彭時等纂修 明景泰七年刻本 四十冊 十行二十二字小字雙行字同黑口四周雙邊 N〇一四〇

大明一統志九十卷 明李賢、萬安等纂修 明天順五年內府刻本 四十冊 十行二十二字小字雙行字同大黑口周雙邊 鈐振采珍藏朱文方印 天春園圖書印朱文長方印 N〇一六二

大明一統志九十卷 明李賢、萬安等纂修 明萬壽堂刻本 三十二冊 十行二十二字小字雙行字同白口四周單邊 下書口鐫萬壽堂刊 封面鐫文林閣梓行 F二九〇四

皇明四夷考二卷　明鄭曉撰　明嘉靖至萬曆間刻鄭端簡公全集本　二册　十行十九字白口左右雙邊　有刻工　○三○七

方輿勝略十八卷　明程百二等輯　明萬曆三十八年程百二刻本　六册　十行二十字小字雙行字同白口四周雙邊　鈐十萬卷樓藏書朱文方印　賜書堂藏閱書朱文方印　秀水朱氏潛采堂圖書朱文方印　吳下沈顥印記朱文長方印　范陽鄒氏鑒賞白文長方印　F○五四六

天下山河兩戒考十四卷圖一卷　清徐文靖撰　清雍正元年刻本　二册　小字雙行二十字白口左右雙邊　封面鐫雍正元年鐫　F七四四八

廣輿記二十四卷圖一卷提要一卷　清陸應暘原纂　清蔡方炳輯　清康熙二十五年刻本　十二册　十行十九字小字雙行十八字白口左右雙邊　F二九○八

一統志案説十六卷　題清顧炎武撰　清泰州宮氏鈔本　六册　九行二十二字小字雙行字同白口四周單邊　下書口鐫泰州宮氏秘本　F二九○六

一統志案説十六卷　題清顧炎武撰　清道光七年張青選清芬閣活字印本　六册　九行二十字小字雙行字同白口左右雙邊　下書口鐫清芬閣　F二九○五

大清一統志不分卷　清蔣廷錫、王安國等纂修　清康熙内府鈔本　十三册　九行二十一字小字雙行字同紅格白口四周雙邊　鈐任氏振采朱文方印　存河南開封府屬五册　彰德府屬二册　湖北荆州府屬三册　襄陽府屬二册　鄖陽府屬一册　F二九○九

大清一統志不分卷　清蔣廷錫、王安國等纂修　清乾隆内府抄四庫全書本　一册　十行二十一字小字雙行十九字紅格白口左右雙邊　鈐任氏振采朱文方　F二九一○

印　三殘書屋朱文方印

存　甘肅涼州府

大清一統志三百五十六卷　清蔣廷錫、王安國等纂修　清乾隆九年内府刻本　二百二十册　十行二十一字小字雙行字同白口左右雙邊　鈐任氏振采朱文方印　F四五九二

大清一統志四百二十四卷目錄二卷　清和珅等纂修　清乾隆五十五年内府刻本　一百六十册　十行二十一字小字雙行字同白口左右雙邊　F四六三三

皇輿表十六卷　清喇沙里等纂修　清揆敘等增修　清康熙内府刻本　二十四册　五五六八

欽定方輿路程考略不分卷　清錢名世、汪士鋐等纂修　清康熙内府刻本　八册　十行二十一字白口四周雙邊　鈐三殘書屋朱文方印　莫繩孫白文方印　莫友芝圖書印朱文長方印　Z〇〇四九

欽定皇輿全覽□□卷　清揆敘等纂修　清康熙内府刻本　二十二册　九行二十二字小字雙行字同白口左右雙邊　有刻工　鈐曾臧汪閬源家朱文方印

存二十二卷　一至十　十四至十八　二十五至三十一　Z〇〇四六

皇輿全圖不分卷　清彩繪本　一册　F三九三三

皇朝府廳州縣全圖不分卷　清咸豐間繪本　一册　F三六三六

以上總志

[萬曆]順天府志六卷　明沈應文、譚希思修　明張元芳纂　明萬曆二十一年刻本　十册　九行十九字小字雙行十八字白口四周雙邊　鈐任振采所收方志之一朱文長方印　F二九三一

[康熙]昌平州志二十六卷　清吳都梁修　清潘問奇等纂　清康熙十二年澹然堂刻本　十册　九行二十字小字雙行十八字白口四周單邊　F二八二九

[康熙]房山縣志十卷　清佟有年修　清齊推纂　清羅在公續修　清康熙三十七年刻四十六年增修本　四册　八行二十字白口左右雙邊　F二九三四

[雍正]密雲縣志六卷圖一卷　清薛天培修　清陳弘謨纂　清雍正元年簣山堂刻本　四册　九行二十二字小字雙行二十字白口四周單邊　下書口鐫簣山堂　鈐任振采所收方志之一朱文長方印　F二九三六

[乾隆]平谷縣志三卷　清朱克閱修　清乾隆四十二年增修本　四册　九行二十字白口四周單邊　鈐任振采所收方志之一朱文方印　F〇六四

[乾隆]通州志十卷首一卷末一卷　清高天鳳修　清金梅纂　清乾隆四十八年刻本　八册　十行二十二字小字雙行十八字白口四周雙邊　鈐任振采所收方志之一朱文長方印　F二九二九

[康熙]懷柔縣新志八卷　清吳景果修　清潘其燦纂　清康熙六十年刻本　四册　九行二十字白口左右雙邊　鈐任振采所收方志之一朱文長方印　F二九三五

【乾隆】延慶州志十卷首一卷　清李鐘俾修　清穆元肇、方世熙纂　清乾隆七年刻本　六册　十行二十字白口左右雙邊　F二九三七

【康熙】松江府志五十四卷　清郭廷弼修　清周建鼎等纂　清康熙二年刻本　二十册　十行二十二字小字雙行二十一字白口四周單邊　鈐任振采所收方志之一朱文長方印　F三三六四

【乾隆】上海縣志十二卷首一卷　清范廷傑修　清皇甫樞等纂　清乾隆四十八年刻本　十六册　九行二十字小字雙行字同白口四周單邊　封面鐫乾隆四十八年續修　版藏縣庫　鈐任振采所收方志之一朱文長方印　F一二八八

【乾隆】婁縣志三十卷首二卷　清謝廷薰修　清陸錫熊纂　清乾隆五十三年刻本　六册　十一行二十一字小字雙行字同白口左右雙邊　鈐任振采所收方志之一朱文長方印　F三三七六

【乾隆】奉賢縣志十卷首一卷　清李治灝等修　清王應奎等纂　清乾隆二十三年刻本　四册　十一行二十一字白口四周單邊　鈐任振采所收方志之一朱文長方印　F三三七七

【康熙】青浦縣志十卷　清魏球修　清諸嗣郢、張有光纂　清康熙八年刻本　十册　九行二十字小字雙行字同白口左右雙邊　鈐任振采所收方志之一朱文長方印　F三三七九

【乾隆】青浦縣志四十卷　清孫鳳鳴等修　清王昶纂　清乾隆五十三年尊經閣刻本　十四册　十行二十二字小字雙行字同白口四周單邊　封面　F一三一八

鐫乾隆戊申鐫　尊經閣藏版　鈐任振采所收方志之一朱文長方印

【康熙】嘉定縣志二十四卷　清趙昕修　清蘇淵纂　清康熙十二年刻本　二册　九行二十字小字雙行字同白口左右雙邊　F三三七八

存三卷　二十至二十二

【乾隆】嘉定縣志十二卷首一卷　清程國棟修　清張陳典等纂　清乾隆七年刻本　八册　十一行二十一字小字雙行字同白口左右雙邊　鈐任振采所收方志之一朱文長方印　F一三一二

【乾隆】寶山縣志十卷首一卷　清趙酉修　清章鑰纂　清乾隆十一年刻本　五册　十一行二十一字小字雙行字同白口四周雙邊　鈐任振采所收方志之一朱文長方印　F一三二五

【乾隆】崇明縣志二十卷首一卷　清趙廷健修　清韓彥曾纂　清乾隆二十五年刻本　八册　十行二十一字小字雙行字同細黑口左右雙邊　鈐任振采所收方志之一朱文長方印　F三三八〇

【康熙】天津衛志四卷　清薛柱斗纂修　清康熙十七年刻本　八册　九行十九字小字雙行十八字白口左右雙邊　F二九四〇

【乾隆】天津府志四十卷　清程鳳文等修　清吳廷華纂　清乾隆四年刻本　十六册　十行二十一字小字雙行十九字白口四周雙邊　鈐任振采所收方志之一朱文長方印　F〇三六

[康熙]薊州志八卷　清張朝琮修　清鄔棠等纂　清康熙四十三年刻本　十册　九行二十四字白口四周雙邊　鈐任振采所收方志之一朱文長方印　F二九五六

[康熙]寶坻縣志八卷　清牛一象修　清范育蕃纂　清康熙十二年刻本　八册　九行二十字小字雙行字同白口四周雙邊　鈐任振采所收方志之一朱文長方印　F二九五二

[乾隆]寶坻縣志十八卷　清洪肇楙修　清蔡寅斗纂　清乾隆十年刻本　九行二十字小字雙行十八字白口四周雙邊　鈐任振采所收方志之一朱文長方印　F〇一三一

[乾隆]武清縣志十二卷首一卷末一卷　清吳翀纂修　清乾隆七年刻本　九行二十字小字雙行十七字白口四周雙邊　鈐任振采所收方志之一朱文長方印　F〇一二八

[康熙]靜海縣志四卷　清閻甲胤修　清馬方伸等纂　清康熙十二年刻本　四册　十行二十字白口四周雙邊　鈐任振采所收方志之一朱文長方印　F二九四二

[乾隆]寧河縣志十六卷　清關廷牧修　清徐以觀等纂　清乾隆四十四年刻本　六册　九行二十二字白口四周雙邊　鈐任振采所收方志之一朱文長方印　F〇四〇一

[康熙]畿輔通志四十六卷　清于成龍、格爾古德修　清郭棻纂　清康熙二十二年刻本　十六册　十行二十字小字雙行十九字白口四周雙邊　鈐任振采所收方志之一朱文長方印　F二九一五

[雍正]畿輔通志一百二十卷　清唐執玉等修　清陳儀纂　清雍正十三年刻本　七十二册　十行二十字白口四周雙邊　鈐任振采所收方志之一朱文長方印　F二九一六

四鎮三關誌十卷　明劉效祖修　明高懿厚等纂　清抄本　二十册　十行二十一字小字雙行十九字藍格白口四周雙邊　鈐任氏振采朱文方印　天春園圖書印朱文方印　F四六三七

[乾隆]正定府志五十卷首一卷　清鄭大進纂修　清乾隆二十七年刻本　十二册　十行二十二字小字雙行二十字白口左右雙邊　F〇〇四一

[順治]真定縣志十四卷　清陳謙纂修　清順治三年刻本　四册　九行十九字白口左右雙邊　F二九九四

[乾隆]獲鹿縣志十二卷　清韓國瓚修　清石光璽等纂　清乾隆元年刻本　四册　十行二十字小字雙行十八字白口四周雙邊　鈐任振采所收方志之一朱文長方印　F〇二五一

[乾隆]束鹿縣志十二卷首一卷　清李文耀修　清張鐘秀等纂　清乾隆二十七年刻本　四册　十行二十字小字雙行字同白口左右雙邊　鈐任振采所收方志之一朱文長方印　F〇二七七

[康熙]趙州志十卷　清祝萬祉修　清王懿等纂　清康熙十二年刻本　四册　九行二十一字白口四周單邊　鈐任振采所收方志之一朱文長方印　F三〇〇九

[雍正]深澤縣志十二卷首一卷　清趙憲修　清王植纂　清雍正十三年刻乾隆二十七年增修本　四册　九行二十字小字雙　F三〇〇六

行十八字白口左右雙邊　鈐任振采所收方志之一朱文長方印

[康熙]重修無極志二卷　清高必大修　清穆貞元等纂　清張天綬續修　清康熙元年刻十九年增修本　四册　九行十九字白口四周單邊間四周雙邊　F三〇〇〇

[乾隆]贊皇縣志十卷首一卷末一卷　清黄崗竹纂修　清乾隆十六年刻本　八册　八行二十一字小字雙行十九字白口四周雙邊　F〇二九九

[乾隆]元氏縣志八卷末一卷　清王人雄纂修　清乾隆二十三年刻本　六册　十行二十字小字雙行十八字白口左右雙邊　鈐任振采所收方志之一朱文長方印　F〇二九七

[康熙]平山縣志五卷　清湯聘修　清秦有容等纂　清康熙十二年刻本　五册　九行二十字小字雙行字同白口左右雙邊　F三〇一六

[乾隆]宣化府志四十二卷首一卷　清王芥園等修　清吴廷華纂　清乾隆八年刻本　十六册　十行二十二字小字雙行字同白口左右雙邊　F二九二三

[康熙]宣化縣志三十卷　清陳坦纂修　清康熙五十年刻本　八册　九行二十一字小字雙行十九字白口四周雙邊　F三〇四一

[康熙]懷來縣志十八卷首一卷　清許隆遠纂修　清康熙五十一年刻雍正增修本　六册　九行二十字小字雙行十九字黑口　F三〇四五

四周單邊　鈐任振采所收方志之一朱文長方印

【乾隆】蔚縣志三十一卷　清王育標修　清李舜臣等纂　清乾隆四年刻本　四册　十行二十二字小字雙行二十一字白口左右雙邊　鈐任振采所收方志之一朱文長方印　F〇三七三

【乾隆】蔚州志補十二卷首一卷　清楊世昌修　清吴廷華纂　清乾隆十年刻本　五册　十行二十二字小字雙行二十一字白口四周雙邊　鈐任振采所收方志之一朱文長方印　F〇三七四

【康熙】西寧縣志八卷首一卷　清張充國纂修　清康熙五十一年刻本　五册　八行十八字小字雙行十七字白口左右雙邊　鈐文瀾朱文圓印　任振采所收方志之一朱文長方印　F三〇四七

【乾隆】懷安縣志二十四卷　清楊大崑修　清錢戩曾纂　清乾隆六年刻本　四册　十行二十二字小字雙行二十字白口四周雙邊　鈐任振采所收方志之一朱文長方印　F〇三七八

【乾隆】萬全縣志十卷首一卷　清左承業纂修　清乾隆七年刻本　四册　十行二十一字小字雙行十九字白口四周雙邊　F三〇四八

【乾隆】欽定熱河志一百二十卷　清和珅、梁國治纂修　清内府抄本　四十九册　九行二十字紅格白口四周雙邊　Z〇〇五五

【乾隆】欽定熱河志一百二十卷　清和珅、梁國治纂修　清乾隆四十六年武英殿刻本　四十八册　九行二十字小字雙行字　F二九一九

同白口四周雙邊　鈐任氏振采朱文方印　三殘書屋朱文方印

【萬曆】永平府志十卷　明徐準、涂國柱纂修　明萬曆刻本　一册　九行十九字白口四周雙邊
存一卷　四　F二九二一

【乾隆】永平府志二十四卷首一卷末一卷　清李奉翰修　清王金英纂　清乾隆三十九年刻本　十六册　十行二十二字小字雙行二十一字白口四周雙邊　鈐任振采所收方志之一朱文長方印　F〇〇三〇

【康熙】昌黎縣志八卷　清王日翼修　清高培等纂　清康熙十三刻乾隆二十八年增修本　二册　十一行十九字小字雙行字同白口四周單邊　鈐任振采所收方志之一朱文長方印　F三〇五二

【順治】盧龍縣志六卷　清李士模修　清馬備纂　清順治十七年刻本　四册　九行二十二字小字雙行二十一字白口四周單邊　鈐任振采所收方志之一朱文長方印　F三〇五一

【乾隆】玉田縣志十卷　清謝客纂修　清乾隆二十一年刻本　五册　九行二十字小字雙行字同白口四周雙邊　F〇四〇八

【康熙】山海關誌十卷　清陳天植、陳名遠修　清陳廷謨等纂　清康熙九年刻本（卷四、五配抄本）　四册　十行二十字小字雙行字同白口四周雙邊　F三〇四九

【乾隆】直隸遵化州志十二卷　清劉靖修　清邊中寶纂　清乾隆二十一年刻本　四册　十行二十一字白口四周雙邊　F〇四一〇

【乾隆】樂亭縣志十四卷首一卷　清陳金駿纂修　清乾隆二十年刻本　六册　九行二十字小字雙行十九字白口四周雙邊　鈐任振采所收方志之一朱文長方印　F〇三九九

【光緒】灤州志十八卷　清楊文鼎修　清王大本、吳寶善纂　清光緒二十二年修稿本　十三册　十行二十二字紅格白口上下雙邊左右單邊　F三〇五〇

【康熙】豐潤縣志八卷　清羅景泐修　清曹鼎望纂　清康熙三十一年刻本　四册　九行十九字小字雙行二十字白口四周雙邊　F三〇五六

【康熙】香河縣志十一卷　清劉深纂修　清康熙十四年刻本　四册　九行二十字白口四周雙邊　鈐任振采所收方志之一朱文長方印　F二九五四

【康熙】霸州志十卷　清朱廷梅修　清孫振宗等纂　清康熙十三年刻本　四册　九行二十字小字雙行十九字白口四周單邊　鈐任振采所收方志之一朱文長方印　F二九四九

【康熙】大城縣志八卷　清張象燦、徐申修　清馬恂等纂　清康熙十二年刻本　二册　九行二十字小字雙行十八字白口四周單邊　鈐任振采所收方志之一朱文長方印　F二九四八

【康熙】文安縣志八卷　清楊朝麟修　清胡湧等纂　清康熙四十二年刻本　八册　九行二十字小字雙行十九字白口四周雙邊　鈐任振采所收方志之一朱文長方印　F二九四七

【康熙】保定府志二十九卷　清紀宏謨修　清郭棻纂　清康熙十九年刻本　十四册　十行十九字小字雙行十八字白口四周雙邊　F二九二〇

【康熙】清苑縣志十二卷首一卷　清時來敏修　清郭棻等纂　清康熙十六年刻二十七年增刻本　四册　九行二十二字小字　F四三五四

雙行十八字白口四周雙邊

【乾隆】淶水縣志八卷首一卷末一卷 清方立經纂修 清乾隆二十七年刻本 四册 十行二十二字白口四周雙邊 鈐任振采所收方志之一朱文長方印 F三〇一九

【乾隆】定興縣志十二卷 清王錫璁纂修 清乾隆四十四年刻本 十册 十行二十二字小字雙行二十字白口四周雙邊 鈐任振采所收方志之一朱文長方印 F〇三一五

【崇禎】蠡縣志十卷續志四卷 明錢天錫原修 清祖建明續修 明崇禎十四年刻清順治八年增修本 四册 九行十八字小字雙行十七字白口四周單邊 鈐任振采所收方志之一朱文長方印 F三〇二五

【康熙】蠡縣續志一卷 清耿文岱纂修 清康熙十九年刻本 一册 九行十八字白口四周雙邊 F三〇二六

【乾隆】博野縣志八卷首一卷末一卷 清吳鏊修 清朱基等纂 清乾隆三十二年刻本 六册 九行二十字小字雙行字同白口左右雙邊 F〇三三八

【雍正】定州志十卷 清王大年修 清申重熙等纂 清雍正十一年刻本 六册 十行二十字小字雙行字同白口四周雙邊 鈐東光于子雨藏書之印朱文方印 任振采所收方志之一朱文長方印 F三〇二八

[康熙]唐縣志十八卷　清王政修　清張珽、陳瑞纂　清康熙十二年刻本　四册　九行二十二字小字雙行二十字白口四周雙邊　鈐任振采所收方志之一朱文長方印　F三〇三一

[乾隆]廣昌縣志八卷首一卷　清趙由仁纂修　清乾隆二十五年刻本　四册　九行二十字白口左右雙邊　鈐東光于子雨藏書之印朱文方印　任振采所收方志之一朱方長方印　F〇三五六

[康熙]新城縣志八卷首一卷　清高基重修　清馬之驦等纂　清康熙十四年刻本　孔昭熹朱墨筆批校評點　六册　十行二十字小字雙行字同白口左右雙邊　鈐任振采所收方志之一朱文長方印　F三〇一八

[康熙]雄乘三卷　清姚文燮纂修　清康熙九年刻本　三册　十行二十字小字雙行字同白口四周雙邊　鈐任振采所收方志之一朱文長方印　F三〇二〇

[雍正]高陽縣志六卷　清嚴宗嘉修　清李其旋等纂　清雍正八年刻本　六册　九行二十字小字雙行十九字白口四周雙邊　F三〇二三

[康熙]慶都縣志六卷　清李天璣纂修　清康熙十七年刻本　六册　八行二十字小字雙行十九字白口四周雙邊　F三〇三二

[康熙]慶都縣志六卷　清李天璣纂修　清康熙十七年刻本　六册　F三〇三三

[雍正]完縣志十卷　清朱懋德修　清田瑗、田錫祜纂　清雍正十年刻本　六册　九行二十字小字雙行十九字白口周雙邊　鈐任振采所收方志之一朱文長方印　F三〇三七

[康熙]河間府志二十二卷　清徐可先纂修　清康熙十七年刻本　十二册　九行二十一字小字雙行十九字白口四周雙邊　鈐任振采所收　F二九二一

方志之一朱文長方印

【乾隆】河間縣志六卷 清吴山鳳修 清黄文蓮、梁志恪纂 清乾隆二十五年刻本 六册 十行二十字白口左右雙邊 鈐任振采所收方志之一朱文長方印 F二九六三

【康熙】滄州新志十五卷 清祖澤潛、王耀祖等纂修 清閔三元續修 清康熙十三年刻十九年增修本 六册 九行二十一字小字雙行十八字白口四周單邊 鈐任振采所收方志之一朱文長方印 F二九五七

【咸豐】重修滄州志稿 清咸豐間稿本 一册 十行或十一行二十四字白口四周單邊 Z一〇三

存人物志

【康熙】南皮縣志八卷 清馬士瓊修 清吴維哲等纂 清劉址增纂 清康熙十二年刻十九年增修本 三册 九行二十字小字雙行十八字白口四周單邊 鈐任振采所收方志之一朱文長方印 F二九五九

【乾隆】衡水縣志十四卷 清陶淑纂修 清乾隆三十二年刻本 六册 十行二十字小字雙行十八字白口四周單邊 鈐任振采所收方志之一朱文長方印 F〇二八二

【順治】饒陽縣後志六卷 清劉世祚、田敬宗等纂修 清順治三年刻本 四册 八行十八字小字雙行十六字白口四周單邊 鈐任振采所收方志之一朱文長方印 F二九六二

[乾隆]棗強縣志八卷首一卷末一卷　清單作哲纂修　清乾隆十七年刻本　六册　十行二十二字小字雙行二十一字白口四周雙邊　封面鐫乾隆壬申重修　縣庫藏板　鈐任振采所收方志之一朱文長方印　F三〇八

[康熙]深州志八卷　清李天培、段文華等纂修　清康熙三十六年刻本　六册　八行二十二字小字雙行二十字白口左右雙邊　鈐任振采所收方志之一朱文長方印　F三〇三

[萬曆]安平縣志六卷　明王訢、王三餘纂修　明何翌增修　明萬曆十七年刻二十四年增刻本　一册　九行十八字白口四周雙邊　F三〇一

存一卷　六

[康熙]安平縣志十卷　清陳宗石纂修　清康熙二十六年恚立堂刻三十一年增修本　五册　九行二十四字小字雙行字同白口左右雙邊　下書口鐫恚立堂　封面鐫康熙二十六年重修　恚立堂藏板　鈐任振采所收方志之一朱文長方印　F三〇二

[康熙]安平縣志十卷　清陳宗石纂修　清康熙二十六年恚立堂刻三十一年增修本　八册　F四二二九

[康熙]武邑縣志六卷　清許維梃纂修　清康熙三十三年刻本　六册　九行二十字白口四周雙邊　鈐任振采所收方志之一朱文長方印　F三〇七

[乾隆]冀州志二十卷續編一卷　清范清曠纂修　清乾隆十二年刻本（卷二至四配抄本）　十二册　十行二十二字小字雙行二十一字白口左右雙邊　鈐任氏藏書白文長方印　天春園印朱文方印　F〇二九〇

[乾隆]廣平府志二十四卷 清吳穀纂撰 清乾隆十年刻本 十册 十行二十三字小字雙行字同白口左右雙邊 封面鐫乾隆十年新鐫府署藏板 鈐任振采所收方志之一朱文長方印 F〇〇四六

[康熙]廣平縣志五卷 清夏顯煜修 清王俞巽纂 清康熙十五年刻本 五册 八行二十一字小字雙行字同白口四周雙邊 F二九六六

[康熙]永年縣志十九卷 清朱世緯纂修 清王玲等增修 清康熙十一年刻雍正十一年乾隆十年增修本 六册 八行二十一字小字雙行字同白口四周雙邊 鈐任振采所收方志之一朱文長方印 F〇一八八

[乾隆]永年縣志四十四卷首一卷 清孔廣棣纂修 清乾隆二十三年刻本 六册 十行二十二字白口四周雙邊 F〇一八九

[康熙]成安縣志十二卷 清王公楷修 清張桝纂 清康熙十二年刻本 六册 八行二十一字白口四周雙邊 F二九七〇

[康熙]大名縣志二十卷 清顧咸泰、王逢五纂修 清康熙十五年刻本 八册 九行二十字白口四周雙邊 F二九六九

[乾隆]雞澤縣志二十卷 清王光燮等修 清王錦林增訂 清乾隆二十年刻三十一年增修本 四册 九行二十二字小字雙行字同白口左右雙邊 封面鐫乾隆二十年新鐫 縣署藏板 鈐任振采所收方志之一朱文長方印 F〇一九六

[乾隆]雞澤縣志二十卷 清王光燮等修 清王錦林增訂 清乾隆二十年刻三十一年增修本 四册 F四三四一

[雍正]肥鄉縣志六卷 清王建中修 清宋錦、程囊錦纂 清雍正十年刻本 六册 九行二十字小字雙行十八字白口四周雙邊 鈐任振采所收方志之 F二九六八

一朱文長方印

【雍正】臨漳縣志六卷首一卷　清陶穎發纂修　清陳大玠增修　清康熙三十年刻雍正九年增修本　六册　九行二十一字小字雙行二十字白口左右雙邊　鈐任振釆所收方志之一朱文長方印　F二九七一

【康熙】磁州志十八卷圖一卷　清蔣擢修　清樂玉聲纂　清康熙三十九年刻四十八年增修本　六册　九行二十字小字雙行字同白口左右雙邊　F二九七二

【萬曆】順德府志四卷　明王守誠、張四箴纂修　清殷作霖等增修　明萬曆刻明清增修本　八册　九行二十一字小字雙行二十字白口四周雙邊　鈐任振釆所收方志之一朱文長方印　F〇〇四三

【乾隆】順德府志十六卷　清徐景曾纂修　清乾隆十五年刻本　十册　十行二十三字小字雙行二十二字白口左右雙邊　鈐任振釆所收方志之一朱文長方印　F〇〇四四

【康熙】威縣志十六卷　清李之棟纂修　清康熙十二年刻本　四册　八行十八字小字雙行十四字白口四周雙邊　F二九九三

【康熙】南宫縣志十二卷　清胡胤銓纂修　清康熙十二年刻雍正五年增修本　六册　十行二十字小字雙行十八字白口四周雙邊　鈐安平彭氏收藏金石書畫印朱文方印　F二九九〇

【嘉靖】山西通志三十二卷　明楊宗氣、周斯盛纂修　明嘉靖四十三年刻本　二十册　十行二十字白口四周雙邊　有刻工　鈐顧朝偘白文方印　侃如朱文方印　任氏振采朱文方印　Z〇一三六

【康熙】山西通志三十二卷　清穆爾賽等修　清江南齡等纂　清康熙二十一年刻本　六十册　九行二十二字小字雙行二十一字白口四周單邊　鈐明善堂覽書畫印記白文方印　任振采所收方志之一朱文長方印　F三一九七

存三十一卷　一至三十　三十二

【雍正】山西通志二百三十卷　清覺羅石麟修　清儲大文等纂　清雍正十二年刻本　二百册　十二行二十三字小字雙行二十二字白口四周雙邊　鈐任振采所收方志之一朱文長方印　F三一九八

【萬曆】太原府志二十六卷　明關廷訪修　明張慎言纂　明萬曆四十年刻清順治間補刻本　八册　九行十八字小字雙行十七字白口四周雙邊　F三一九九

【順治】太原府志四卷　清順治十二年刻本　二册　九行十八字小字雙行十七字白口四周雙邊　F三二〇〇

【乾隆】太原府志六十卷　清沈樹聲等纂修　清乾隆四十八年刻本　二十四册　十二行二十二字小字雙行字同白口四周雙邊　鈐任振采所收方志之一朱文長方印　F〇八五四

【雍正】重修太原縣志十六卷　清龔新、沈繼賢修　清高若岐等纂　清雍正九年刻本　四册　九行二十字小字雙行十九字白口四周雙邊　封面鐫雍正九年重修　鈐任振采所收方志之一朱文長方印　F三二〇七

【康熙】陽曲縣志十四卷首一卷　清戴夢熊修　清李方蓁等纂　清康熙二十一年刻本　八册　九行二十字小字雙行十九字白口四周雙邊　鈐任振采所收方志之一朱文長方印　F三二〇八

【康熙】徐溝縣志四卷　清王嘉謨纂修　清康熙五十一年刻乾隆二十四年增修本　四册　九行二十二小字雙行十八字白口四周雙邊　鈐任振采所收方志之一朱文長方印　F三二一〇

【順治】清源縣志二卷　清和羹修　清王灝儒纂　清順治十八年刻康熙五年增修本　二册　九行二十一字小字雙行十九字白口四周雙邊　鈐任振采所收方志之一朱文長方印　F三二〇九

【順治】雲中郡誌十四卷　清胡文燁纂修　清順治九年刻本　十六册　十行二十一字小字雙行十七字白口左右雙邊　鈐任振采所收方志之一朱文長方印　F三二〇三

【乾隆】天鎮縣志八卷　清張坊纂修　清乾隆十九年刻道光重印本　【道光】天鎮縣志續錄一卷　清顧穗林輯　清道光刻本　四册　九行二十二字小字雙行二十一字白口四周雙邊　鈐任振采所收方志之一朱文長方印　F三二一四

[康熙]靈邱縣誌四卷　清岳宏譽纂修　清康熙二十三年刻本　四册　九行二十字小字雙行字同白口左右雙邊　鈐任振采所收方志之一朱文長方印　F三二一五

[萬曆]懷仁縣志二卷　明楊守介等纂修　明萬曆二十九年刻清康熙二十年補刻本　二册　十行二十一字小字雙行二十字黑口四周雙邊　鈐任振采所收方志之一朱文長方印　F三二一二

[崇禎]山陰縣志六卷　明劉以守纂修　明崇禎三年刻本　四册　九行二十字小字雙行十九字白口四周雙邊　鈐任振采所收方志之一朱文長方印　F三二二〇

[雍正]陽高縣志六卷　清房裔蘭修　清蘇之芬纂　清雍正七年刻本　四册　九行二十一字小字雙行二十字白口四周單邊　鈐任振采所收方志之一朱文長方印　F三二一三

[順治]渾源州志二卷附恒嶽志二卷　清張崇德纂修　清順治十八年刻本　四册　十行二十四字小字雙行二十三字白口四周單邊　鈐任振采所收方志之一朱文長方印　F三二一六

[萬曆]應州志六卷　明王有容、田蕙纂修　明萬曆二十七年刻本　二册　九行二十字白口四周單邊　F三二一七

[乾隆]應州續志十卷首一卷　清吳炳纂修　清乾隆三十四年刻本　四册　九行二十一字小字雙行二十字白口四周雙邊　鈐任振采所收方志之一朱文長方印　F三二一九

[雍正]朔平府志十二卷　清劉士銘修　清王霷纂　清雍正十一年刻本　十册　九行二十一字小字雙行二十二字白口四周雙邊　鈐任振采所收

方志之一　朱文長方印

[雍正]朔平府志十二卷　清劉士銘修　清王霷纂　清雍正十一年刻本　十冊　F三二〇六

[雍正]朔州志十二卷　清汪嗣聖修　清王霷等纂　清雍正十三年刻本　十冊　九行二十一字小字雙行二十字白口四周雙邊　鈐任振采所收方志之一朱文長方印　F三二二一

[康熙]馬邑縣誌五卷　清秦擴修　清霍熼纂　清康熙四十四年刻雍正乾隆嘉慶二十四年刻道光十六年遞修本　五冊　十行二十二字小字雙行二十一字白口四周單邊　封面鐫嘉慶己卯新鐫　F〇八八一

[雍正]定襄縣志八卷　清王時炯原修　清王會隆增修　清康熙五十一年刻雍正五年增修本　八行二十字小字雙行字同白口四周雙邊　封面鐫雍正五年重續　F〇八九三

[康熙]續静樂縣志十卷　清黄圖昌原修　清梅廷謨續修　清俎夏鼎續纂　清康熙三十九年刻雍正十二年增修本　四冊　九行二十二字小字雙行二十字白口四周雙邊　鈐任振采所收方志之一朱文長方印　F三二一六

[康熙]五臺縣志八卷　清周三進修　清閻襄等纂　清康熙二十六年刻本　三冊　九行二十字白口四周雙邊　F三二一五

存四卷　三　六至八

[康熙]保德州志十二卷 清王克昌修 清白君琳、殷夢高纂 清康熙四十九年刻本 十冊 十行二十二字白口四周雙邊 鈐任振采所收方志之一朱文長方印 F三三一八

[萬曆]榆次縣志十卷 明張鶴騰修 明褚鐵、張國儒纂 明萬曆三十七年刻本 三冊 九行十九字小字雙行字同白口四周雙邊 F三三二〇

[萬曆]榆次縣續志十四卷首一卷 清劉星修 清王介石、齊世恩纂 清康熙二十三年刻本 二冊 九行十九字小字雙行十七字白口四周雙邊 F三三二一

[乾隆]榆次縣志十四卷首一卷續編二卷 清錢之青修 清張天澤、王系纂 清乾隆十三年刻本 十冊 九行十九字白口四周雙邊 鈐任振采所收方志之一朱文長方印 F三三二二

[雍正]遼州志八卷 清徐三俊修 清孟濤等纂 清雍正十一年刻本 四冊 九行二十二字白口四周雙邊 鈐任振采所收方志之一朱文長方印 F三三二四

[康熙]和順縣志四卷 清鄧憲璋修 清王協慶纂 清康熙十四年刻本 一冊 十行二十字白口四周雙邊 F三三二三

存一卷 四

[乾隆]重修和順縣志八卷首一卷 清黃玉衡修 清賈訒纂 清乾隆三十三年學斯樓刻本 四冊 九行二十二字白口四周雙邊 F〇九一三

[康熙]榆社縣志十卷　清佟國弘修　清王鳳翔等纂　清康熙十三年刻本　一册　十行二十字小字雙行十七字白口四周雙邊　F三一三五

[乾隆]榆社縣志十二卷　清費映奎修　清孟濤等纂　清乾隆八年刻本　十二册　九行二十字白口四周雙邊　鈐任振采所收方志之一朱文長方印　存四卷　二至五　F〇九一五

[萬曆]太谷縣志十卷　明喬允升、寇嘉會纂修　清順治九年刻本　[順治]續太谷縣志二卷　清郝應第纂修　清順治十二年刻本　四册　九行二十字白口四周雙邊　萬曆志存五卷　一至二　八至十　F三一三六

[康熙]平遥縣志八卷　清王綬修　清康乃心纂　清康熙四十五年刻本　四册　九行二十字白口左右雙邊　鈐任振采所收方志之一朱文長方印　F〇九二三

[康熙]靈石縣志四卷　清侯榮圭修　清張尊美纂　清康熙十一年刻本　二册　十行二十字白口四周雙邊　鈐任振采所收方志之一朱文長方印　F三一三七

[乾隆]盂縣志十卷首一卷末一卷　清馬廷俊等修　清吳森等纂　清乾隆四十九年刻本　八册　十行二十三字白口四周雙邊　鈐任振采所收方志之一朱文長方印　F〇九〇八

[康熙]壽陽縣志十卷首一卷　清龔導江纂修　清乾隆三十四年刻本　四册　十行二十一字白口四周雙邊　鈐任振采所收方志之一朱文長方印　F〇九〇六

[乾隆]祁縣志十六卷 清陳時纂 清乾隆四十三年刻本 八册 九行二十一字小字雙行二十字白口四周雙邊 F〇九二一

[康熙]介休縣志八卷 清王埴修 清王之舟、降緯纂 清康熙三十五年刻本 四册 九行二十一字小字雙行二十字白口四周單邊 鈐任振采所收方志之一朱文長方印 F〇九二五

[乾隆]介休縣志十四卷 清王謀文纂修 清乾隆三十五年刻本 八册 十行二十一字白口四周雙邊 鈐任振采所收方志之一朱文長方印 F〇九二六

[康熙]永寧州誌八卷 清謝汝霖修 清朱鈐等纂 清康熙四十一年刻本 四册 九行二十字小字雙行十九字白口四周雙邊 F三二四二

[雍正]重修嵐縣志十六卷 清沈繼賢修 清常大昇等纂 清雍正八年刻本 二册 九行十八字白口四周雙邊 鈐任振采所收方志之一朱文長方印 F三二一七

[康熙]交城縣志十八卷首一卷 清洪璟纂修 清康熙四十八年刻本 六册 九行二十字小字雙行十八字細黑口四周雙邊 鈐任振采所收方志之一朱文長方印 F三二四〇

[康熙]文水縣志十卷首一卷 清傅星修 清鄭立功等纂 清康熙二十年刻本 四册 九行二十字小字雙行十八字白口四周雙邊 鈐任振采所收方志之一朱文長方印 F三二三九

[萬曆]汾州府志十六卷 明王道一修 明王景符等纂 明萬曆三十七年刻本 十六册 九行十八字小字雙行十七字白口四周雙邊 F三二〇二

[康熙]汾陽縣志八卷首一卷　清周超修　清邢秉誠等纂　清康熙五十八年刻本　十册　九行二十二字小字雙行二十字白口四周單邊　鈐任振采所收方志之一朱文長方印　F三二三八

[雍正]孝義縣志十八卷首一卷　清方士模纂修　清雍正四年刻本　六册　九行二十字小字雙行十八字白口四周雙邊　鈐任振采所收方志之一朱文長方印　F〇九三四

[康熙]寧鄉縣志十卷首一卷　清呂履恆纂修　清康熙四十一年刻本　二册　九行二十一字小字雙行字同白口四周單邊　鈐任振采所收方志之一朱文長方印　F三二四一

[雍正]石樓縣志八卷首一卷　清袁學謨修　清秦燮、鄭炯等纂　清雍正八年刻嘉慶二十一年增修本　八册　九行二十字小字雙行字數不等白口周雙邊　F三二八二

[順治]潞安府志二十卷　清楊晙修　清周再勳、李中白纂　清順治十六年刻本　十册　九行二十字小字雙行十九字白口四周單邊　鈐任振采所收方志之一朱文長方印　F三二〇一

[康熙]壺關縣志四卷　清章經纂修　清康熙二十年刻本　二册　九行二十字小字雙行十九字白口四周單邊　F三二四七

存二卷　二　四

[乾隆]壺關縣志十八卷　清楊宸等修　清馮文止等纂　清乾隆三十五年刻本　四册　十行二十一字小字雙行二十字白口四周雙邊　封面鐫乾隆庚寅年鐫　官衙藏板　鈐任振采所收方志之一朱文長方印　F〇九五三

[康熙]澤州志三十卷　清陶自悅、孫如琮纂修　清康熙四十五年刻本　十六册　九行二十二字小字雙行二十字白口四周雙邊　封面鐫康熙四十五年重修　板藏州署　鈐任振采所收方志之一朱文長方印　F三二四九

[雍正]澤州府志五十二卷　清朱樟修　清田嘉穀等纂　清雍正十三年刻本　十六册　十二行二十三字小字雙行二十二字白口四周雙邊　鈐任振采所收方志之一朱文長方印　F〇八六二

[順治]高平縣志十卷　清范繩祖、龐太樸纂修　清順治十五年刻康熙五年增修本　一册　八行二十字小字雙行十九字白口四周雙邊　存四卷　三至六　F三二四八

[康熙]長子縣志六卷　清徐颷廷修　清徐介纂　清康熙四十四年刻本　二册　八行二十字小字雙行字同白口四周單邊　存二卷　三　六　F三二五二

[康熙]陽城縣志八卷　清項龍章修　清田六善纂　清康熙二十六年刻本　五册　九行二十二字小字雙行二十字白口四周雙邊　存四卷　二至三　七至八　F三二五〇

[康熙]山西直隸沁州志八卷首一卷 清汪宗魯等纂修 清康熙十三年刻本 六册 九行二十字小字雙行十八字白口四周雙邊 F三二五六

存六卷 一至五 七

[康熙]武鄉縣志六卷 清高鉷纂修 清康熙三十一年刻本 六册 九行二十字小字雙行字同白口四周雙邊 F三二四五

[康熙]潞城縣志八卷 清張士浩修 清申伯等纂 清康熙四十五年刻本 四册 十行二十二字小字雙行二十一字白口左右雙邊 鈐任振采所收方志之一朱文長方印 F三二四四

[乾隆]陵川縣志三十卷首一卷 清程德炯修 清項炳等纂 清乾隆四十四年刻本 十册 九行二十字白口四周雙邊 封面鐫乾隆己亥新修 鈐任振采所收方志之一朱文長方印 F〇九五七

[康熙]沁水縣志十卷 清趙鳳詔纂修 清康熙三十六年刻本 六册 十行二十一字小字雙行二十字白口左右雙邊 F三二五一

[雍正]屯留縣志四卷 清甄爾節修 清孫肯穫等纂 清雍正八年刻本 四册 九行二十一字小字雙行十九字白口四周雙邊 鈐任振采所收方志之一朱文長方印 F三二五三

[萬曆]臨汾縣志九卷 明邢雲路纂修 清林弘化、彭希孔增修 明萬曆十九年刻清康熙十二年至三十四年增修本 一册 九行二十字白口四周雙邊 F三二六〇

間四周單邊

存三卷 六至八

【康熙】汾西縣志八卷首一卷 清蔣鳴龍纂修 清康熙十三年刻本 一册 九行二十一字小字雙行十九字白口四周單邊 F三二六四

存四卷 一至四

【雍正】岳陽縣誌十卷 清趙溫修 清常遜等纂 清雍正十二年刻本 四册 九行二十二字小字雙行二十字白口四周單邊 鈐任振采所收方志之一朱文長方印 F○九八九

【乾隆】翼城縣志二十八卷 清李居頤纂修 清乾隆二年刻十三年補刻本 十二册 九行二十二字小字雙行二十字白口四周雙邊 F三二六六

【萬曆】沃史二十六卷 明趙彥復纂修 明萬曆四十年刻本 八册 十行二十一字白口左右雙邊 F○一三四

【萬曆】沃史二十六卷 明趙彥復纂修 明萬曆四十年刻本 四册 F三二五八

【康熙】曲沃縣志三十卷 清潘錦修 清仇翊道等纂 清康熙四十五年刻本 四册 九行二十一字小字單行十九字白口四周單邊 F三二五九

【乾隆】新修曲沃縣志四十卷 清張坊修 清胡元琢、徐儲纂 清乾隆二十三年刻本 八册 十四行二十五字小字雙行二十四字白口四周單邊 鈐任振采所收方志之一朱文長方印 F○九七六

［乾隆］吉州全誌八卷　清甘士瑛纂修　清乾隆元年刻本　八册　九行二十字白口四周雙邊　F三二七七

［康熙］隰州志二十四卷　清錢以塏修　清高孝本等纂　清康熙四十八年刻本　六册　九行二十一字小字雙行十九字白口四周雙邊　F三二八〇

［康熙］永和縣志二十四卷　清王士儀纂修　清康熙四十九年刻本　四册　九行二十字小字雙行十八字白口四周雙邊　鈐任振采所收方志之一朱文長方印　F三二八一

［康熙］蒲縣新志八卷　清胡必藩增修　清賀友范纂　清康熙十二年刻本　一册　九行二十字白口四周雙邊　F三二七九

［萬曆］洪洞縣志八卷　明喬因羽、晉朝臣纂修　明萬曆十九年刻本　三册　九行二十字小字雙行字同白口四周雙邊　存五卷　四至八　F三二六一

［順治］洪洞縣續志不分卷　清趙三長修　清晉承柱纂　清順治十六年刻本　一册　九行二十字小字雙行十九字白口四周雙邊　F三二六二

［順治］趙城縣志八卷　清安錫祚、劉復鼎纂修　清順治十六年刻本　一册　九行十八至二十三字不等小字雙行十四小字白口四周雙邊　存五卷　一至五　F三二六三

［乾隆］趙城縣志二十四卷首一卷　清李升階纂修　清乾隆二十五年刻本　八册　九行二十二字小字雙行二十字白口四周雙邊　鈐任振采所收方志之一朱文長方印　F〇九八五

【康熙】鼎修霍州志十卷　清黄復生纂修　清康熙十二年刻本　八册　九行二十一字小字雙行十九字白口四周單邊　鈐任振采所收方志之一朱文長方印　F三二六五

【康熙】太平縣志八卷　清吴軫修　清張枚、王燮曾纂　清康熙二十一年刻本　一册　九行二十字小字雙行十九字白口四周雙邊
存二卷　五至六　F三二六九

【雍正】太平縣志八卷　清劉崇元修　清張枚等纂　清雍正三年刻本　八册　九行二十二字小字雙行十九字白口四周雙邊　F三二七〇

【乾隆】太平縣志十卷　清張鐘秀纂修　清乾隆四十年刻本　四册　十行二十三字小字雙行二十一字白口四周單邊　鈐任振采所收方志之一朱文長方印　F一〇〇六

【康熙】襄陵縣志八卷　清謝國傑修　清崔瀛纂　清康熙十五年刻本　四册　九行二十二字小字雙行二十字白口四周雙邊　鈐任振采所收方志之一朱文長方印　F三二六八

【雍正】襄陵縣志二十四卷　清趙懋本修　清盧秉純等纂　清雍正十年刻本　四册　九行二十二字小字雙行二十字白口四周雙邊　鈐任振采所收方志之一朱文長方印
存七卷　一至六　八　F一〇〇三

【康熙】解州志二十二卷首一卷　清陳時修　清介孝瑨纂　清康熙五十六年刻本　十二册　九行二十字小字雙行字同白口　F三二七二

四周雙邊　鈐任振采所收方志之一 朱文長方印

[康熙]安邑縣志十一卷　清趙增纂修　清康熙十年刻本　四册　九行十九字小字雙行字同白口四周雙邊　F三二七一

存八卷　四至十一

[乾隆]垣曲縣志十四卷　清湯登泗修　清張嶽拱、安清翰纂　清乾隆三十年刻本　六册　九行二十字白口左右雙邊　封面鐫乾隆丙戌年鐫　官衙藏板　鈐任振采所收方志之一 朱文長方印　F〇九九六

[乾隆]絳縣志十四卷　清拉昌阿修　清王本智等纂　清乾隆三十年刻本　四册　九行二十字小字雙行十六字白口左右雙邊　鈐任振采所收方志之一 朱文長方印　F三二六七

[乾隆]稷山縣志十卷　清韋之瑗修　清郭珮等纂　清乾隆三十年刻本　八册　九行二十字小字雙行十八字白口左右雙邊　封面鐫乾隆乙酉年鐫　官衙藏板　鈐任振采所收方志之一 朱文長方印　F三二七六

[康熙]芮城縣志四卷首一卷　清畢盛讃修　清王舜民等纂　清康熙十一年刻本　八册　九行二十四字小字雙行二十二字白口四周雙邊　鈐任振采所收方志之一 朱文長方印　F三二七三

[乾隆]芮城縣志十六卷　清莫溥等纂修　清乾隆二十九年刻本　八册　十行二十一字小字雙行十九字白口左右雙邊　封面鐫乾隆甲申年鐫　F三二七三

官衙藏板

【康熙】蒲州志十二卷 清侯康民、賈深纂修 清康熙九年刻本 八册 九行二十字小字雙行十九字白口四周單邊 鈐任振采所收方志之一朱文長方印 F三二七八

【乾隆】河套志六卷 清陳履中纂修 清乾隆七年刻本 二册 九行二十字小字雙行十九字白口四周雙邊 封面鐫寓園藏板 F三七四二

【嘉靖】遼東志九卷 明任洛等纂修 明嘉靖十六年刻本 六册 九行十八字大黑口四周雙邊 Z〇一三五

【乾隆】盛京通志四十八卷 清呂耀曾等修 清魏樞纂 清乾隆元年刻本 佚名批校 二十册 十行二十一字小字雙行二十字白口四周雙邊 F三七三五

【康熙】鐵嶺縣志二卷 清賈宏文修 清董國祥纂 清康熙十六年刻本 二册 九行二十字小字雙行十八字白口左右雙邊 鈐任振采所收方志之一朱文長方印 F三七三七

【嘉靖】陝西通志四十卷 明趙廷瑞、馬理等纂修 明嘉靖二十一年刻二十六年增修本 十七册 十行二十字小字雙行字同白口四周單邊 鈐任氏振采朱文方印 鳳苞白文方印 Z〇一一六

【康熙】長安縣志八卷 清梁禹甸纂修 清康熙七年刻本 四册 九行二十字小字雙行十九字白口四周單邊 鈐任振采所收方志之一朱文長方印 F三二八六

【康熙】咸寧縣志八卷 清黃家鼎修 清陳大經、楊生芝纂 清康熙七年刻本 四册 九行二十三字小字雙行字同白口四周雙邊 鈐任振采所收方志 F三二八七

之一 朱文長方印

【嘉靖】高陵縣志七卷　明呂柟纂　明嘉靖二十年刻本　四册　九行二十二字小字雙行字同白口左右雙邊　F三一九三

【乾隆】涇陽縣志十卷　清葛晨纂修　清乾隆四十三年刻本　八册　十二行二十四字小字雙行字同白口四周單邊　F三一九二

【雍正】重修陝西乾州志六卷　清拜斯呼朗纂修　清雍正四年刻本　三册　十行二十一字白口左右雙邊　鈐任振采所收方志之一朱文長方印　F三一九一

【萬曆】富平縣志十卷　明劉兌修　明孫丕揚纂　明萬曆十二年刻本　二册　十行二十字白口左右雙邊　F三一九五

【乾隆】同州府志二十卷首一卷　清張奎祥修　清李之蘭等纂　清乾隆六年刻本　二十册　十二行二十六字小字雙行二十四字白口四周雙邊　鈐任振采所收方志之一 朱文長方印　F三一八五

【乾隆】大荔縣志二十六卷首一卷　清賀雲鴻纂修　清乾隆五十一年刻本　八册　十行二十字小字雙行字同白口左右雙邊　鈐任振采所收方志之一 朱文長方印　F一一二一

【萬曆】續朝邑縣志八卷　明郭實修　明王學謨纂　明萬曆十二年刻清康熙五十一年增修本　二册　九行二十二字小字雙行二十一字白口左右雙邊　F三三〇四

【康熙】朝邑縣後志八卷　清王兆鰲修　清王鵬翼纂　清康熙五十一年刻本　三册　九行二十二字小字雙行二十一字白口左右雙邊　F三三〇五

【康熙】韓城縣續志八卷　清康行僴、康乃心纂修　清康熙四十二年刻本　六册　九行二十三字小字雙行二十字白口四周單邊　F三三〇二

【萬曆】華陰縣志九卷　明王九疇修　明張毓翰纂　明萬曆四十二年刻清康熙四十二年增修本　四册　九行二十字小字雙行十九字白口四周單邊　F三三〇六

【萬曆】華陰縣志九卷　明王九疇修　明張毓翰纂　明萬曆四十二年刻清康熙四十二年增修本　四册　F三三〇七

【康熙】蒲城志四卷　清鄧永芳修　清李馥蒸纂　清康熙五年刻本　四册　九行二十二字白口四周單邊　鈐任振采所收方志之一朱文長方印　F三二九八

【康熙】蒲城縣續志四卷　清汪元仕、何芬纂修　清康熙五十三年刻本　二册　九行二十二字白口四周單邊　鈐任振采所收方志之一朱文長方印　F三二九九

【乾隆】白水縣志四卷首一卷　清梁善長纂修　清乾隆十九年刻本　四册　九行二十二字小字雙行字同白口上下雙邊左右單邊　F三三〇一

【雍正】鳳翔縣志十卷　清韓鏞纂修　清雍正十一年刻本　十册　九行二十三字小字雙行二十字白口四周雙邊　鈐任振采所收方志之一朱文長方印　F一一九〇

【乾隆】鎮安縣志十卷首一卷末一卷　清聶燾纂修　清乾隆二十年即學齋刻本　三册　十行二十二字小字雙行字同白口左右雙邊　鈐任振采所收方志之一朱文長方印　F三三二〇

【乾隆】扶風縣志十八卷首一卷　清熊家振修　清張塤纂　清乾隆四十六年刻本　四册　十二行二十四字小字雙行二十三字黑口四周單邊　鈐任振采所收方志之一朱文長方印　F三三二八

[康熙]隴州志八卷首一卷　清羅彰彝纂修　清康熙五十二年刻本　四册　九行二十一字小字雙行二十字白口四周單邊　F三三一五

[乾隆]府谷縣志四卷　清鄭居中修　清麟書纂　清乾隆四十八年刻本　四册　九行二十二字小字雙行二十一字白口四周雙邊　鈐任振采所收方志之一朱文長方印　F一一五三

[咸豐]保安縣志八卷　清彭瑞麟等纂修　清咸豐六年刻本　二册　九行二十三字小字雙行二十二字白口四周雙邊　鈐任振采所收方志之一朱文長方印　F一一五一

[乾隆]宜川縣志八卷首一卷末一卷　清吳炳纂修　清乾隆十八年刻本　六册　十行二十三字小字雙行二十一字白口四周雙邊　鈐任振采所收方志之一朱文長方印　F三三一二

[康熙]鄜州志八卷　清顧耿臣修　清任于嶠纂　清康熙五年刻二十四年增修本　五册　九行十八字小字雙行字同白口四周雙邊　鈐任振采所收方志之一朱文長方印　F三三一五

[康熙]沔縣志四卷　清錢兆沆纂修　清康熙四十九年刻本　一册　九行二十字白口四周雙邊　鈐任振采所收方志之一朱文長方印　F三三二九

[乾隆]平利縣志四卷　清黃寬纂修　清乾隆二十一年刻本　二册　八行二十字小字雙行十八字白口四周雙邊　鈐任振采所收方志之一朱文長方印　F一一七三

[乾隆]甘肅通志五十卷首一卷　清許容等修　清李迪等纂　清乾隆元年刻本　三十六册　九行二十一字小字雙行十七字白口四周雙邊　鈐薛崇勳印白文方印　F一二一四

[康熙]臨洮府志二十二卷　清高錫爵修　清郭巍等纂　清康熙二十六年刻本　八册　九行十八字小字雙行十七字白口四周雙邊　鈐任氏振采朱文方印　三殘書屋朱文方印　F三三三〇

[康熙]蘭州志四卷　清陳如稷纂修　清康熙二十五年刻五十四年補刻本　一册　九行十九字白口四周雙邊　F三三三五

存一卷　四

[康熙]安定縣志八卷　清張爾介纂修　清康熙十九年刻本　二册　九行二十字白口四周單邊　鈐任振采所收方志之一朱文長方印　F三三三六

[道光]會寧縣志十二卷首一卷　清畢光堯纂修　清道光十一年尊經閣刻本　四册　九行二十三字小字雙行二十一字白口四周雙邊　封面鐫道光辛卯仲春鐫　板藏尊經閣　F三三三八

[乾隆]通渭縣志十卷首一卷　清何大璋纂修　清抄本　十册　九行十九字小字雙行字數不等無格　F三三三九

[康熙]重纂靖遠衛志六卷首一卷　清馬文麟等修　清李一鵬、鄒吉方纂　清康熙四十八年刻本　六册　九行二十字白口四周雙邊　鈐任振采所收方志之一朱文長方印　F三三三三

[乾隆]續增靖遠縣志不分卷　清那禮善修　清潘紹堯等纂　清乾隆四十年刻本　一册　九行二十一字小字雙行字數不等白口四周雙邊　鈐任振采所收方志之一朱文長方印　F三三三四

[乾隆]莊浪志略二十卷　清邵陸纂修　清耿光文增修　清乾隆三十四年刻五十五年增刻本　四册　九行二十二字小字雙行二十字白口四周單邊　鈐任振采所收方志之一朱文長方印　F一二二九

[乾隆]涇州誌二卷　清張延福修　清李瑾纂　清乾隆十八年刻本　二册　九行二十三字小字雙行二十一字白口四周雙邊　鈐任振采所收方志之一朱文長方印　F三三四一

[乾隆]新修慶陽府志四十二卷末一卷　清趙本植纂修　清乾隆二十六年刻本　八册　九行二十一字小字雙行二十字白口四周雙邊　鈐任振采所收方志之一朱文長方印　F一二一九

[乾隆]合水縣誌二卷　清陶奕曾纂修　清史翊續增　清乾隆二十六年刻道光二十二年增修本　二册　九行二十字小字雙行字同白口四周雙邊　F一二三〇

[乾隆]直隸秦州新志十二卷首一卷末一卷　清費廷珍修　清胡釴纂　清乾隆二十九年刻本　十六册　九行二十字小字雙行字同白口四周雙邊　鈐任振采所收方志之一朱文長方印　F一二三三

[嘉靖]秦安志九卷　明胡纘宗纂修　明嘉靖十四年刻清順治間增修本　三册　九行十八字小字雙行字同白口四周單邊　F三三四六

[乾隆]禮縣志十九卷首一卷　清方嘉發纂修　清唐正邦補輯　清乾隆二十一年刻二十五年補刻本　二册　九行二十三字小字雙行十九字白口四周雙邊　鈐任振采所收方志之一朱文長方印　F三三四五

[康熙]岷州志二十卷　清汪元絅修　清田而穟、郭京範纂　清康熙四十一年刻本　十二册　九行二十字小字雙行十八字白口四周單邊　F三三四八

【乾隆】兩當縣志四卷補一卷　清秦武域纂修　清乾隆三十二年刻本　二册　十行二十三字小字雙行字同白口四周單邊　鈐任振采所收方志之一朱文長方印　F三三四七

【康熙】河州誌六卷　清王全臣纂修　清康熙四十六年刻本　五册　九行十八字小字雙行十七字白口四周單邊　鈐任振采所收方志之一朱文長方印　F三三五三

【嘉慶】玉門縣志一卷　清抄本　一册　八行二十字無格　F三三四九

【乾隆】重修肅州新志三十卷　清黃文煒、沈青崖纂修　清乾隆二年刻二十七年增修本　二十四册　十行二十四字白口左右雙邊　F一二五八

【乾隆】寧夏府志二十二卷首一卷　清張金城修　清楊浣雨等纂　清乾隆四十五年刻本　十六册　九行二十一字小字雙行十九字白口四周雙邊　鈐任振采所收方志之一朱文長方印　F三三五六

【萬曆】固原州志二卷　明劉敏寬、董國光纂修　明萬曆四十四年劉汝桂刻本　四册　十行二十字白口四周雙邊　鈐任振采所收方志之一朱文長方印　F三三五八

【順治】丁酉重刊西鎮志不分卷　清蘇銑纂修　清順治十四年刻本　四册　八行十九字白口四周雙邊　鈐任振采所收方志之一朱文長方印　Z〇一〇四

【乾隆】西寧府新志四十卷　清楊應琚纂修　清乾隆二十七年刻本　十二册　九行二十一字小字雙行十九字白口四周雙邊　鈐任振采所　F三三五四

收方志之一朱文長方印

【嘉慶】回疆通志十二卷　清和寧纂修　清抄本　四册　八行二十字小字雙行字同無格　鈐石蓮闇所藏書朱文方印　吳氏藏書朱文方印　雟安校勘秘籍朱文方印　任氏振采朱文方印　F三七五〇

三州輯略九卷　清和瑛纂　清嘉慶十年刻本　九册　八行二十一字小字雙行十九字白口四周雙邊　F三七五一

【嘉靖】山東通志四十卷　明陸釴纂修　明呂元善續修　明嘉靖刻萬曆增修本　十二册　十行二十字白口四周雙邊　有刻工　鈐任氏振采朱文方印　Z〇一三七

【康熙】山東通志六十四卷　清趙祥星修　清錢江等纂　清康熙十七年刻本　五十册　十行二十字小字雙行字同白口四周雙邊　F三〇五七

【崇禎】歷城縣志十六卷　明宋祖法修　明葉承宗纂　明崇禎十三年友聲堂刻本　八册　九行二十字小字雙行十八字白口左右雙邊　鈐任振采所收方志之一朱文長方印　F三〇六三

【乾隆】淄川縣志八卷首一卷　清王康修　清臧岳纂　清乾隆八年刻本　八册　十行二十字小字雙行字同白口左右雙邊　鈐任振采所收方志之一朱文長方印　F三〇六五

【康熙】臨淄縣志十六卷　清鄧性修　清李煥章纂　清康熙十一年刻本　四册　九行十九字白口四周單邊　F三〇九〇

存十五卷　一至十五

長河志籍考十卷 清田雯纂 清康熙三十七年古歡堂刻本 二册 十二行二十四字小字雙行二十三字黑口左右雙邊 F三一三一

［乾隆］德州新志考誤十二卷首一卷 清李有基撰 清乾隆五十九年刻本 二册 八行二十二字小字雙行二十一字白口四周雙邊 鈐任振采所收方志之一朱文長方印 F○六二○

［乾隆］武城縣志十四卷首一卷 清駱大俊纂修 清乾隆十五年刻本 四册 十行二十字小字雙行十八字白口四周雙邊 封面鎸乾隆庚午重修 縣庫藏板 鈐任振采所收方志之一朱文長方印 F三一三五

［萬曆］恩縣志六卷 明孫居相修 清雷金聲纂 明萬曆刻清雍正元年補刻本 三册 十行二十二字小字雙行字同白口四周雙邊 鈐任振采所收方志之一朱文長方印 F三一三三

［雍正］恩縣續志五卷 清陳學海修 清韓天篤等纂 清雍正元年刻本 一册 十行二十二字白口四周雙邊 F三一三四

［乾隆］武定府志三十八卷首一卷 清赫達色等修 清莊肇奎、沈中行纂 清乾隆二十四年刻本 二十册 十行二十一字白口左右雙邊 鈐任振采所收方志之一朱文長方印 F○四一九

［乾隆］惠民縣志十卷首一卷 清倭什布修 清劉長靈、周中規纂 清乾隆四十七年刻本 六册 九行二十一字白口四周雙邊 鈐任振采所收方志之一朱文長方印 F○四四二

[康熙]海豐縣誌十二卷首一卷　清胡公著修　清張克家纂　清康熙九年刻本　四册　九行二十字白口四周單邊　鈐任振采所收方志之一朱文長方印　F三〇六六

[康熙]利津縣新誌十卷　清韓文焜纂修　清乾隆二十三年李嘉言重刻本　二册　九行二十字白口四周雙邊　鈐任振采所收方志之一朱文長方印　存十卷　一至八　十至十一　F三〇六八

[乾隆]利津縣志補六卷　清程士範纂修　清乾隆三十五年刻本　一册　九行二十字白口左右雙邊　鈐任振采所收方志之一朱文長方印　F三〇七〇

[康熙]鄒平縣志八卷　清程素期修　清程之芳等纂　清康熙三十四年刻本　四册　十行二十字小字雙行十八字白口四周單邊　F三〇七五

[康熙]鄒平縣志八卷　清程素期修　清程之芳等纂　清康熙三十四年刻本　四册　F三〇七六

[康熙]長山縣志十卷首一卷　清孫衍纂修　清康熙五十四年刻本　四册　十行二十二字白口左右雙邊　鈐任振采所收方志之一朱文長方印　F三〇七七

[康熙]重修蒲臺縣志十卷　清嚴曾業修　清李枏纂　清康熙三十二年刻本　二册　十行二十字白口四周單邊　鈐任振采所收方志之一朱文長方印　F三〇七二

[康熙]高苑縣誌八卷　清宋弼纂修　清康熙十一年刻雍正八年重印本　三册　九行二十字小字雙行字同白口左右雙邊　F三〇八〇

【康熙】高苑縣續志十卷　清古今譽修　清劉大量纂　清康熙五十五年刻雍正八年補刻本　三册　九行二十字小字雙行字同白口左右雙邊　F三〇八一

【康熙】青州府志二十卷　清張連登、張貞等纂修　清康熙四十八年刻本　十六册　九行二十字小字雙行十九字白口四周單邊　鈐任振采所收方志之一朱文長方印　F三〇五九

【康熙】青州府志二十二卷　清陶錦修　清王昌學等纂　清康熙六十年刻本　八册　十行二十二字小字雙行二十一字白口四周雙邊　鈐任振采所收方志之一朱文長方印　F三〇六〇

【康熙】益都縣志十四卷首一卷補遺一卷　清陳食花修　清鍾諤等纂　清康熙十一年刻本　十册　九行二十一字小字雙行字同白口四周單邊　鈐任振采所收方志之一朱文長方印　F三〇八八

【萬曆】安丘縣志二十八卷　明熊元修　明馬文煒纂　明萬曆十七年刻本　六册　九行十八字小字雙行字同白口左右雙邊　F三〇八四

【萬曆】安丘縣志二十八卷　明熊元修　明馬文煒纂　明萬曆十七年刻清康熙二十一年重印本　四册　九行十八字小字雙行字同白口左右雙邊　鈐任振采所收方志之一朱文長方印　F三〇八五

【康熙】續安丘縣志二十五卷　清任周鼎修　清王訓纂　清康熙刻本　二册　九行十八字小字雙行字同白口左右雙邊　F三〇八六

【康熙】諸城縣志十二卷　清卞穎修　清王勸等纂　清康熙十二年刻本　六册　九行二十字小字雙行十八字白口左右雙邊　鈐任振采所收方志

F三〇八七

之一朱文長方印

【乾隆】膠州志八卷首一卷　清周於智、宋文錦修　清劉恬纂　清乾隆十七年刻本　清王玉泉朱墨批校　八册　九行二十一字小字雙行十七字白口左右雙邊　F三〇三八

【乾隆】高密縣志十卷首一卷末一卷　清錢廷熊、張乃史纂修　清乾隆十九年刻本　四册　九行二十一字白口左右雙邊　鈐任振采所收方志之一朱文長方印　F〇四七四

【康熙】平度州志十二卷　清李世昌纂修　清康熙五年刻九年補刻本　四册　九行十九字白口四周單邊　鈐任振采所收方志之一朱文長方印　F三〇八二

【乾隆】即墨縣志十二卷首一卷　清尤淑孝修　清李元正纂　清乾隆二十八年刻五十二年補刻本　六册　十行二十三字白口左右雙邊　封面鐫乾隆甲申年鐫　鈐任振采所收方志之一朱文長方印　F〇五〇三

【順治】登州府志二十二卷　清施閏章原修、任璿續修　清順治十七年刻康熙三十三年增修本　八册　九行二十字小字雙行字同白口四周雙邊　鈐任振采所收方志之一朱文長方印　F三〇六一

【乾隆】續登州府志十二卷　清永泰纂修　清乾隆七年刻本　四册　九行二十字白口四周雙邊　F三〇六二

【乾隆】黄縣志十二卷　清袁中立、苑天位修　清毛贄纂　清乾隆二十年敬慎堂刻本　四册　九行二十一字小字雙行十九字白口左右雙邊　鈐任振采　F〇五一二

所收方志之一朱文長方印

［康熙］萊陽縣志十卷　清萬邦維、衛元爵修　清張重潤等纂　清康熙十七年刻雍正元年補刻本　四册　九行十九字小字雙行字同白口四周單邊　鈐任振采所收方志之一朱文長方印　F三〇九二

［康熙］寧海州志十卷　清楊引祚、齊文英纂修　清康熙十一年刻本　二册　九行十九字小字雙行十七字白口四周雙邊　F三〇九一

［康熙］沂州志八卷　清邵士修　清王燻等纂　清康熙十三年刻本　八册　十行二十字白口四周雙邊　鈐任振采所收方志之一朱文長方印　F三〇九三

［乾隆］沂州府志三十六卷首一卷　清李希賢修　清潘遇華、丁愷曾纂　清乾隆二十五年刻本　十二册　十行二十四字小字雙行二十三字白口左右雙邊　鈐任振采所收方志之一朱文長方印　F〇四二三

［乾隆］郯城縣志十二卷首一卷　清王植纂修　清張金城續修　清王恒續纂　清乾隆二十八年刻本　六册　九行十九字小字雙行十六字白口四周雙邊　鈐任振采所收方志之一朱文長方印　F三〇九六

［康熙］莒州志二卷　清張文範、段章等纂修　清康熙刻本　六册　九行十八字小字雙行字同白口四周雙邊　F三〇九四

［康熙］蒙陰縣志八卷　清劉德芳纂修　清康熙二十四年刻本　四册　九行二十字小字雙行十九字白口四周雙邊　鈐任振采所收方志之一朱文長方印　F三〇九九

［康熙］日照縣志十二卷　清楊士雄修　清丁旹、李暶纂　清成永健增修　清康熙十二年刻五十四年增修本　五册　八行十九字小字雙行十七　F三〇九五

字白口四周雙邊　鈐任振采所收方志之一朱文長方印

【康熙】新修萊蕪縣志十卷　清鍾國義等纂修　清康熙十二年刻本　二册　九行二十二字小字雙行二十字白口四周單邊　鈐任振采所收方志之一朱文長方印　F三一〇二

【乾隆】章邱縣志十三卷首一卷　清張萬青纂修　清乾隆二十年刻本　六册　十行二十字白口左右雙邊　鈐任振采所收方志之一朱文長方印　F三一〇一

【康熙】東平州志六卷　清張聰修　清單民功纂　清康熙十九年刻本　六册　十行二十字白口四周單邊　鈐任振采所收方志之一朱文長方印　F三一〇三

【康熙】東平州續志八卷　清李繼唐修　清陳鳴崗、鄭斐然纂　清康熙五十九年刻本　一册　十行二十字白口四周單邊　鈐任振采所收方志之一朱文長方印　F三一〇四

【乾隆】東平州志二十卷首一卷附補遺一卷　清沈維基修　清胡彦昇等纂　清乾隆三十六年刻本　十册　十行二十一字小字雙行二十三字白口左右雙邊　鈐任振采所收方志之一朱文長方印　F〇五四三

【康熙】兖州府志四十卷首一卷　清張鵬翮纂修　清康熙二十五年刻本　十四册　十行十九字小字雙行字同白口左右雙邊　鈐任振采所收方志之一朱文長方印　F三〇五八

【萬曆】鄒誌四卷 明胡繼先纂修 明萬曆三十九年刻本 四册 九行二十一字小字雙行字同白口四周單邊 鈐三殘書屋朱文方印 任氏振采朱文方印 梁氏季子朱文長方印 吳興梁氏收藏朱文方印　Z〇一一九

【順治】泗水縣誌十二卷 明尤應魯纂修 清劉桓續修 清康熙元年刻三十八年補刻本 二册 十行二十字小字雙行字同白口四周雙邊 鈐任振采所收方志之一朱文長方印　F三一〇八

【順治】泗水縣誌十二卷 明尤應魯纂修 清劉桓續修 清康熙元年刻三十八年補刻本 四册　F三一〇九

【康熙】滕縣志十卷 清黃浚修 清陳際昌等纂 清康熙五十五年刻本 六册 十行二十一字小字雙行字同白口四周雙邊 鈐任振采所收方志之一朱文長方印　F三一一一

【乾隆】濟寧直隸州志三十四卷首一卷 清胡德琳等修 清周永年等纂 清乾隆四十三年刻本 二十册 十行十九字白口左右雙邊　F〇五五四

【乾隆】金鄉縣志二十卷 清王天秀修 清孫巽纂 清乾隆三十三年刻本 四册 十行二十一字白口左右雙邊 鈐任振采所收方志之一朱文長方印　F〇五七〇

【乾隆】魚臺縣志十三卷首一卷末一卷 清馮振鴻纂修 清乾隆二十九年刻本 四册 十行二十一字白口四周雙邊　F〇五七二

【康熙】曹州志二十卷 清佟企聖修 清蘇毓眉等纂 清康熙十三年刻本 十册 十行二十字小字雙行十八字白口四周單邊 鈐任振采所收方志之一　F三一一四

朱文長方印

[康熙]城武縣志十卷　清趙嗣晉、王孫延等纂修　清康熙四十一年刻本　六册　九行十九字小字雙行字同白口四周雙邊　鈐任振采所收方志之一朱文長方印　F三一一三

[康熙]鉅野縣志十五卷首一卷　清章弘修　清陳克廣、張應平纂　清康熙四十七年刻本　五册　十行二十一字小字雙行二十字白口左右雙邊　鈐任振采所收方志之一朱文長方印　F三一一二

[康熙]莘縣志八卷　清劉蕭纂修　清康熙五十六年刻本　四册　九行二十字小字雙行十八字白口四周雙邊　鈐任振采所收方志之一朱文長方印　F三一二三

[康熙]茌平縣志五卷　清王世臣修　清孫克緒纂　清康熙四十九年刻本　五册　九行二十二字白口四周雙邊　鈐任振采所收方志之一朱文長方印　F三一一九

[康熙]觀城縣志五卷首一卷　清沈璣、張洞宸等纂修　清康熙十一年刻本　四册　九行二十字小字雙行字同白口四周雙邊　鈐任振采所收方志之一朱文長方印　F三一二九

[康熙]朝城縣志十卷　清祖植桐修　清趙昶等纂　清康熙十二年刻二十年補刻本　四册　九行二十字小字雙行十八字白口四周雙邊　鈐任振采所收方志之一朱文長方印　F三一二八

[康熙]陽谷縣志八卷首一卷　清王時來修、清杭雲龍纂　清康熙五十五年刻乾隆二十年增修本　四册　九行二十字白口四周雙　F三一二二

邊　鈐任振采所收方志之一朱文長方印

【康熙】壽張縣志八卷　清滕永禎修　清馬玠纂　清康熙五十六年刻本　四册　九行二十字白口四周單邊　鈐任振采所收方志之一朱文長方印　F三一二一

【康熙】江南通志七十六卷　清王新命等修　清張九徵、陳焯纂　清康熙二十三年刻本　三十六册　十行二十字小字雙行十九字白口四周雙邊　鈐三殘書屋朱文方印　F三七五五

【乾隆】江南通志二百卷首四卷　清尹繼善等修　清黃之雋等纂　清乾隆元年刻本　八十册　十行二十三字小字雙行二十一字白口左右雙邊　鈐任振采所收方志之一朱文長方印　宜興任氏天春園所有圖書朱文長方印　F三三六〇

【嘉靖】南畿志六十四卷　明聞人詮修　明陳沂纂　明嘉靖十三年刻本　二十册　九行十九字小字雙行十八字白口左右雙邊　有刻工　鈐任氏振采朱文方印　F三三五九

【康熙】江寧府志三十四卷　清陳開虞纂修　清康熙七年刻本　三十二册　十行二十一字小字雙行二十字細黑口左右雙邊　封面鐫康熙七年纂修　鈐任振采所收方志之一朱文長方印　F三三六一

【順治】六合縣志十二卷　清劉慶運修　清孫宗岱纂　清順治三年刻本　五册　十行二十一字小字雙行字同白口四周單邊　鈐任振采所收方志之一朱文長方印　F三三八一

[正德]姑蘇志六十卷　明林世遠修　明王鏊等纂　明正德元年刻十四年增修本　二十册　十行二十字小字雙行十九字白口左右雙邊　有刻工　鈐任振采所收方志之一朱文長方印　F三三六三

[康熙]蘇州府志八十二卷　清盧騰龍修　清甯雲鵬等纂　清康熙三十年刻本　三十一册　十行二十一字小字雙行二十字黑口左右雙邊　F三三六二

[崇禎]吳縣志五十四卷首一卷　明牛若麟修　明王煥如纂　明崇禎十五年刻本　十四册　九行二十三字白口左右雙邊　存三十一卷　一至十三　十九至二十七　二十九至四十二　四十四至四十七　五十至五十四　F三四〇六

乾隆吳縣志一百十二卷首一卷　清姜順蛟修　清施謙纂　清乾隆十年刻本　二十四册　十行二十二字小字雙行字同白口左右雙邊　鈐任振采所收方志之一朱文長方印　F一四六七

[康熙]長洲縣志摘要不分卷　清吳汝軺輯　清康熙二十九年吳汝軺抄本　五册　十行二十六字無格　鈐任振采所收方志之一朱文長方印　F三四〇九

[乾隆]長洲縣志三十四首一卷　清李光祚修　清顧詒祿等纂　清乾隆十八年刻本　十册　十行二十四字白口左右雙邊　鈐任振采所收方志之一朱文長方印　F三四一〇

[乾隆]元和縣志三十二卷首一卷　清江之煒修　清沈德潛、吳中衡纂　清乾隆五年刻本　十册　九行二十字白口　F一四七四

左右雙邊　鈐任振采所收方志之一朱文長方印

【萬曆】崑山縣志八卷　明申思科、周世昌纂　明萬曆四年刻本　八册　九行二十二字小字雙行字同白口左右雙邊　鈐任振采所收方志之一朱文長方印　光榻珍藏金石書畫印白文方印　F三四二二

【乾隆】崑山新陽合志三十八卷首一卷末一卷人物補編一卷　清張予介修　清王峻纂　清乾隆十六年刻本　十二册　十一行二十二字小字雙行二十一字白口左右雙邊　鈐任振采所收方志之一朱文長方印　F三四二三

【崇禎】太倉州志十五卷　明錢肅樂修　明張采纂　明崇禎十五年刻清康熙十七年增修本　六册　九行十九字小字雙行十八字白口左右雙邊　鈐任振采所收方志之一朱文長方印　F三四二四

【乾隆】鎮洋縣志十四卷首一卷末一卷　清金鴻修　清李鏻纂　清乾隆十年刻本　八册　十一行二十三字小字雙行二十二字白口左右雙邊　鈐任振采所收方志之一朱文長方印　F一五〇五

【嘉靖】常熟縣志十三卷　明馮汝弼修　明鄧韍纂　明嘉靖十八年刻本　十二册　九行十八字白口左右雙邊　鈐平原陸氏藏書印朱文長方印　棣華書屋朱文橢圓印　陸紹良印白文方印　Z〇一二五

【康熙】常熟縣志二十六卷首一卷　清高士鸃修　清錢陸燦纂　清康熙二十六年刻本　二十六册　十行二十一字小　F三四一七

字雙行二十字白口四周單邊　鈐任振采所收方志之一朱文長方印

【康熙】常熟縣志八卷　清章曾印修　清曾倬纂　清康熙五十一年刻本　八册　十行二十三字白口左右雙邊　F三四一八

【雍正】昭文縣志十卷首一卷　清勞必達修　清陳祖範纂　清雍正九年刻本　四册　十行二十三字小字雙行字同白口左右雙邊　鈐任振采所收方志之一朱文長方印　F三四二一

【乾隆】常昭合志十二卷首一卷　清王錦、楊繼熊修　清言如泗纂　清乾隆六十年博文齋刻本　十二册　十行二十四字小字雙行二十二字白口左右雙邊　鈐任振采所收方志之一朱文長方印　F一四九一

【嘉靖】吴江縣志二十八卷首一卷　明曹一麟修　明徐師曾纂　明嘉靖四十年刻本　十四册　八行十六字小字雙行字同白口左右雙邊　鈐任振采所收方志之一朱文長方印　Z〇一二一

【康熙】吴江縣志四十六卷首一卷　清郭琇修　清鈕應斗等纂　清康熙二十三年刻本　六册　九行十九字小字雙行字同白口四周雙邊　鈐任振采所收方志之一朱文長方印　F三四一一

【弘治】震澤編八卷　明王鏊修　清蔡昇纂　明萬曆四十五年重刻本　四册　八行二十字小字雙行字同白口四周單邊　封面鐫萬曆丁巳重刻　F三四一二

【乾隆】震澤縣志三十八卷首一卷　清陳和志修　清倪師孟、沈彤等纂　清乾隆十一年刻本　八册　十一行二十一　F三四一三

字小字雙行字同白口左右雙邊　鈐任振采所收方志之一朱文長方印

【康熙】無錫縣志四十二卷附補一卷　清徐永言修　清秦松齡、嚴繩孫纂　清康熙二十九年尺木堂刻本　二十册　九行二十字小字雙行十八字細黑口左右雙邊　封面鐫尺木堂藏板　鈐任振采所收方志之一朱文長方印　F三三八二

【乾隆】無錫縣志四十二卷首一卷　清王鎬修　清華希閔等纂　清乾隆十六年尺木堂刻本　十六册　九行二十二字小字雙行二十一字白口左右雙邊　封面鐫乾隆庚午季冬新鐫　尺木堂藏板　鈐任振采所收方志之一朱文長方印　F三三八三

【乾隆】金匱縣志二十卷　清王允謙修　清華希閔纂　清乾隆七年刻本　八册　十行二十三字小字雙行二十二字白口左右雙邊　鈐任振采所收方志之一朱文長方印　F三三八四

【萬曆】重修鎮江府志三十六卷　明王應麟修　明王樵等纂　明萬曆二十四年刻天啓五年增修本　十六册　十行二十一字小字雙行字同白口四周雙邊　鈐三殘書屋朱文方印　任氏振采朱文方印　Z〇一二四

【乾隆】鎮江府志五十五卷首一卷　清高龍光纂修　清朱霖續修　清康熙二十四年刻乾隆十五年增修本　四十五册　十行二十一字小字雙行二十字白口左右雙邊　鈐任振采所收方志之一朱文長方印　F三三六六

【乾隆】溧水縣志十六卷　清凌世御等纂修　清乾隆四十二年刻本　九册　九行二十一字白口左右雙邊　F一三七〇

存十四卷　一　四至十六

[乾隆]陽湖縣志十二卷首一卷　清陳廷柱、汪邦憲修　清虞鳴球、董潮纂　清乾隆三十年刻本　八册　十行二十三字小字雙行字同白口左右雙邊　鈐任振采所收方志之一朱文長方印　F三三八五

[萬曆]武進縣志八卷　明晏文輝、唐鶴徵纂修　明萬曆三十三年刻本　八册　十行二十二字小字雙行二十一字白口左右雙邊　有刻工　鈐任氏振采朱文方印　Z〇一二八

[康熙]重修宜興縣志十卷　清李先榮修　清徐喈鳳纂　清康熙二十五年刻乾隆二年增修本　九册　十行二十二字小字雙行二十一字白口左右雙邊　封面鐫康熙丙寅重修　板藏蔭綠軒　F三三八六

[萬曆]揚州府志二十七卷首一卷　明楊洵修　明徐鑾等纂　明萬曆三十三年刻本　十二册　十行二十字小字雙行十九字白口四周雙邊　鈐任氏振采朱文方印　F三三六九

[康熙]揚州府志四十卷　清金鎮纂修　清康熙十四年刻本　十二册　十行二十一字小字雙行十九字白口左右雙邊　鈐任振采所收方志之一朱文長方印　F三三七〇

[雍正]揚州府志四十卷　清尹會一等纂修　清雍正十一年刻本　十二册　十行二十一字小字雙行字同白口左右雙邊　F三三七一

【雍正】江都縣志二十卷 清陸朝璣修 清程夢星、蔣繼軾纂 清雍正七年刻本 十冊 十行二十一字小字雙行十九字白口左右雙邊 封面鐫雍正己酉年刻 鈐任振采所收方志之一朱文長方印 F三三八九

【乾隆】江都縣志三十二卷首一卷 清五格等纂修 清乾隆八年刻本 十二冊 十行二十一字小字雙行字同白口左右雙邊 鈐任振采所收方志之一朱文長方印 F一三七七

【乾隆】甘泉縣志二十卷首一卷 清吳鶚峙修 清葉長揚、吳濤纂 清乾隆八年刻本 十冊 十行二十一字小字雙行字同白口左右雙邊 鈐任振采所收方志之一朱文長方印 F一三八四

【康熙】儀眞志二十二卷 清陸師纂修 清康熙五十七年采碧山堂刻本 六冊 十二行二十五字白口四周單邊 封面鐫采碧山堂藏板 鈐任振采所收方志之一朱文長方印 F三三九五

【雍正】高郵州志十二卷 清張德盛修 清鄧紹煥、汪士璜纂 清雍正三年刻本 六冊 十行二十字小字雙行字同白口左右雙邊 F三三九二

【萬曆】興化縣志十卷 明歐陽東鳳纂修 明萬曆十九年刻本 十二冊 九行二十二字白口左右雙邊 Z〇一三八

【咸豐】靖江縣志稿十六卷首一卷 清于作新修 清潘泉纂 清咸豐七年活字印本 八冊 九行二十字小字雙行十九字白口四周單邊 鈐任振采所收方志之一朱文長方印 F一三九七

【康熙】通州志十五卷　清王宜亨纂修　清康熙十三年刻本　二十册　九行二十二字白口左右雙邊　鈐任振采所收方志之一朱文長方印　F三四〇七

【道光】崇川咫聞錄十二卷　清徐縉、楊廷撰輯　清道光十年芸暉閣徐氏刻本　十二册　十行二十一字小字雙行字同黑口左右雙邊　封面鐫道光庚寅仲春月徐氏芸暉閣栞板雙行牌記　F一四五六

【乾隆】如臯縣志三十二卷附録一卷　清鄭見龍修　清周植等纂　清乾隆十五年刻本　八册　十一行二十二字黑口左右雙邊　鈐任振采所收方志之一朱文長方印　F三四〇四

【康熙】淮安府志十三卷首一卷　清高成美修　清胡從中、張應錫纂　清康熙二十四年刻本　十六册　九行十九字小字雙行字同白口左右雙邊　鈐任振采所收方志之一朱文長方印　F三三六七

【乾隆】淮安府志三十二卷　清衛哲治等修　清葉長揚、顧棟高纂　清乾隆十三年刻本　二十册　十行二十一字小字雙行字同白口左右雙邊　鈐任振采所收方志之一朱文長方印　F三三六八

【乾隆】山陽縣志二十二卷首一卷　清金秉祚等纂修　清乾隆十四年刻本　十二册　十行二十二字小字雙行二十一字白口左右雙邊　鈐任振采所收方志之一朱文長方印　F三四〇〇

【康熙】沭陽縣志四卷　清張奇抱修　清胡簡敬纂　清康熙十三年刻本　八册　九行二十字白口四周雙邊　鈐任振采所收方志之一朱文長方印　F三三九八

【乾隆】盱眙縣志二十四卷首一卷　清郭起元修　清秦懋紳、徐方高纂　清乾隆十一年刻本　六册　九行二十字白口左右雙邊　鈐任振采所收方志之一朱文長方印　F三三九九

【乾隆】鹽城縣志十卷首一卷　清程國棟修　清沈儼等纂　清乾隆七年刻本　四册　十行二十一字小字雙行二十字白口左右雙邊　鈐任振采所收方志之一朱文長方印　F一四四三

小海場新志十卷　清林正青纂修　清乾隆四年刻本　一册　十一行二十一字白左右雙邊　F三四〇三

【萬曆】徐州志六卷　明姚應龍等纂修　明萬曆五年刻本　六册　十行二十字小字雙行十九字白口左右雙邊　鈐任振采所收方志之一朱文長方印　Z〇一〇五

【順治】徐州志八卷　清余志明、李向陽等纂修　清順治十一年刻本　八册　九行二十字小字雙行十九字白口四周單邊　鈐任振采所收方志之一朱文長方印　F三三七二

【康熙】徐州志三十六卷　清姜焯纂修　清康熙六十一年刻本　十五册　十行二十一字小字雙行十九字白口四周雙邊　鈐任振采所收方志之一朱文長方印

存三十四卷　一至二十七　三十至三十六　F三三七三

【乾隆】徐州志三十六卷首一卷　清石傑修　清王峻纂　乾隆七年刻本　四册　十行二十字小字雙行十九字白口左右雙邊　封面鐫乾隆壬戌春鐫　府學藏板　鈐任振采所收方志之一朱文長方印　F三三七四

［乾隆］銅山縣志十二卷首一卷　清張弘運纂修　清乾隆十年刻本　八册　十行二十字小字雙行十九字白口左右雙邊　鈐任振采所收方志之一朱文長方印　F一四二九

［乾隆］豐縣志十六卷首一卷　清盧世昌纂修　清乾隆二十四年刻本　六册　十一行二十二字小字雙行二十一字白口左右雙邊　鈐任振采所收方志之一朱文長方印　F一四三八

［乾隆］沛縣志十卷首一卷　清李棠修　清田實發纂　清乾隆四年刻本　四册　九行二十字小字雙行十九字白口左右雙邊　封面鐫乾隆四年夏鐫　本縣藏板　鈐任振采所收方志之一朱文長方印　F一四四一

［嘉靖］浙江通志七十二卷　明胡宗憲、薛應旂纂修　明嘉靖四十年刻本　三十二册　十行二十字小字雙行字同白口四周單邊　有刻工　鈐任氏振采朱文方印　Z〇一〇一

［康熙］浙江通志五十卷首一卷　清王國安等修　清張衡等纂　清康熙二十三年刻本　三十六册　九行二十字小字雙行十九字白口四周雙邊　鈐任振采所收方志之一朱文長方印　F三四六六

［康熙］錢塘縣志三十六卷首一卷　清魏㠘修　清裘璉等纂　清康熙五十七年刻本　十二册　九行二十二字小字雙行二十字白口四周單邊　鈐任振采所收方志之一朱文長方印　F三四七七

【康熙】仁和縣志二十八卷 清趙世安纂修 清康熙二十六年刻本 十册 九行二十字小字雙行十九字白口四周雙邊 鈐任振采所收方志之一朱文長方印 F三四七五

【康熙】重修富陽縣志十卷 清錢晉錫纂修 清康熙二十二年刻本 八册 九行二十字小字雙行十九字白口左右雙邊 鈐任振采所收方志之一朱文長方印 F三四七八

【萬曆】續修嚴州府志二十四卷 明呂昌期、俞炳然等纂 明萬曆六年刻四十一年增修本 二十四册 十行二十字白口左右雙邊 鈐翰林院印朱文滿漢文大方印 王氏信芳閣藏書印朱文長方印 三殘書屋朱文方印 任氏振采朱文方印 封面鈐乾隆三十八年十月兩淮鹽政李質穎送到萬曆嚴州府志一部計書三十二本朱文大方印 Z〇一一〇

【道光】建德縣志二十一卷首一卷 清周興嶧等修 清許錦春、嚴可均纂 清道光八年刻本 十册 九行二十五字小字雙行二十二字白口左右雙邊 鈐任振采所收方志之一朱文長方印 F三五二二

【乾隆】遂安縣志十卷首一卷 清鄒陽曤等修 清方引彥等纂 清乾隆三十二年刻本 十六册 十行二十字小字雙行十八字白口四周雙邊 鈐任振采所收方志之一朱文方印 F一七九七

【康熙】桐廬縣志四卷 清童煒修 清吳文煒等纂 清康熙二十二年刻本 十册 九行二十字小字雙行十九字白口四周雙邊 鈐任振采所收方志之一朱文長方印 F三四七九

〔康熙〕新城縣志八卷　清張瓚纂修　清康熙十二年深清堂刻本　二册　十一行二十字小字雙行十七字白口四周雙邊　鈐三殘書屋朱文方印　F三四八一

〔乾隆〕蕭山縣志四十卷　清黃鈺纂修　清乾隆十六年刻本　十册　十行二十二字小字雙行二十字白口四周雙邊　鈐任振采所收方志之一朱文長方印　F一六四八

〔至元〕嘉禾志三十二卷　元徐碩纂修　清不暇嬾齋抄本　陳其榮三色批校並跋　八册　十行二十字小字雙行十六字藍格白口左右雙邊　F三四六八

〔嘉靖〕嘉興府圖記二十卷　明趙瀛修　明趙文華纂　明嘉靖二十八年刻本　十册　九行十九字白口左右雙邊　鈐任氏振采朱文方印　天春園朱文橢圓印　王研堂朱文方印　Z〇一一八

〔康熙〕嘉興府志十六卷　清吳永芳修　清錢以塏等纂　清康熙六十年刻本　二十册　十行二十二字小字雙行字同白口左右雙邊　鈐任振采所收方志之一朱文長方印　F三四六九

〔康熙〕嘉興縣志九卷　清何鋕修　清王庭、徐發纂　清康熙二十四年刻本　十册　十行二十二字小字雙行字同白口左右雙邊　鈐任振采所收方志之一朱文長方印　F三四八八

〔康熙〕秀水縣志十卷　清任之鼎修　清范正輅纂　清康熙二十四年刻本　八册　十行二十二字小字雙行二十字白口左右雙邊　鈐任振采所收方志之一朱文長方印　F三四八九

〔乾隆〕平湖縣志十卷　清高國楹修　清倪藻垣等纂　清乾隆十年刻本　八册　九行二十字小字雙行字同白口左右雙邊　鈐任振采所收方志之一朱文長方印　F三四九〇

方印

【乾隆】乍浦志六卷首一卷末一卷續纂二卷　清宋景關纂修　清乾隆二十二年刻五十七年增修本　二册　九行二十字小字雙行十九字白口左右雙邊　F三四九一

【天啓】海鹽縣圖經十六卷　明樊維城修　明胡震亨等纂　明天啓四年刻本　六册　十行二十字小字雙行字同白口左右雙邊　鈐任振采所收方志之一朱文長方印　F三四九四

【乾隆】海鹽縣續圖經七卷　清王如珪修　清陳世倕、錢元昌纂　清乾隆十二年刻本　七册　十行二十字小字雙行字同白口左右雙邊　F三四九五

【康熙】海寧縣志十三卷　清許三禮纂修　清黄承璉續修　清康熙二十二年刻本　清張光第題識　二十册　十行二十字小字雙行字同白口左右雙邊　鈐海昌張氏藏書之印白文方印　渭漁朱文方印　任振采所收方志之一朱文長方印　F三四九七

【乾隆】海寧州志十六卷首一卷　清戰效曾纂修　清乾隆四十一年刻本　十二册　十行二十二字小字雙行二十一字白口左右雙邊　鈐任振采所收方志之一朱文長方印　F一六八〇

【康熙】石門縣志十二卷　清杜森、酈世培纂修　清康熙十五年刻四十七年增修本　五册　九行十九字小字雙行字同白口四周雙邊　鈐任振采所收方志之一朱文長方印　F三四九九

[乾隆]湖州府志四十八卷首一卷 清胡承謀纂修 清李堂增修 清乾隆二十三年刻本 二十四册 十一行二十五字小字雙行三十七字白口左右雙邊 鈐任振采所收方志之一朱文長方印 F一六二五

存四十七卷 一至四十七

[乾隆]烏程縣志十六卷 清羅愫修 清杭世駿纂 清乾隆十一年刻本 十二册 十三行二十五字小字雙行二十四字白口左右雙邊 鈐任振采所收方志之一朱文長方印 F一六九二

[乾隆]長興縣志十二卷首一卷 清譚肇基修 清吳棻等纂 清乾隆十四年夢鼎堂刻本 十二册 十行二十一字小字雙行十九字白口四周單邊 封面鐫乾隆己巳春鐫 夢鼎堂藏板 鈐任振采所收方志之一朱文長方印 F三五〇三

[康熙]德清縣誌十卷 清侯元棐修 清陳後方等纂 清康熙十二年刻十九年增修本 四册 九行二十字小字雙行十九字白口四周雙邊 鈐任振采所收方志之一朱文長方印 F三五〇一

[道光]武康縣志二十四卷首一卷 清疏筤修 清陳殿階等纂 清道光九年刻本 十册 九行二十二字小字雙行二十一字白口左右雙邊 鈐任振采所收方志之一朱文長方印 東光于子雨藏書之印朱文方印 F三五〇二

敬止錄不分卷 清高宇泰撰 清抄本 九册 十一行二十三字無格 F二八九三

[乾隆]象山縣志十二卷 清史鳴皋修 清姜炳璋等纂 清乾隆二十四年刻本 十册 十行二十三字小字雙行字同白口左右雙邊 F三五〇八

[嘉靖]定海縣志十三卷 明何愈修 明張時徹等纂 明嘉靖四十二年刻本 六册 九行十九字小字雙行十八字白口左右雙邊 鈐任振采所收方志之一朱文長方印 F三四八四

[乾隆]鎮海縣志八卷首一卷 清王夢弼纂修 清乾隆十七年刻本 十四册 十行二十一字小字雙行十九字白口四周雙邊 鈐任振采所收方志之一朱文長方印 F一六六三

[天啓]慈谿縣誌十六卷 明李逢申修 明姚宗文等纂 明天啓四年刻本 八册 九行十九字小字雙行十七字白口四周雙邊 鈐任氏振采朱文方印 F三五一五

[雍正]慈谿縣志十六卷 清楊正荀修 清馮鴻模纂 清雍正八年刻乾隆三年增修本 八册 十行二十二字小字雙行二十一字白口四周雙邊 封面鐫雍正八年重修 鈐任振采所收方志之一朱文長方印 F一七二九

[康熙]定海縣志八卷 清繆燧修 清陳瑄等纂 清康熙五十四年刻本 四册 九行二十字小字雙行十九字白口左右雙邊 鈐子雨氏藏書記朱文方印 東光白文方印 任振采所收方志之一朱文長方印 F三四八五

[康熙]紹興府志六十卷 清張三異修 清王嗣皐纂 清王之賓續修 清董欽德續纂 清康熙十一年刻三十年增修本 四十八册 九行二十字小字雙行字同白口四周雙邊 鈐任振采所收方志之一朱文長方印 F三四七二

【康熙】紹興府志六十卷　清俞卿修　清周徐彩纂　清康熙五十八年刻本　二十四册　九行二十字小字雙行字同白口四周雙邊　F三四七三

【康熙】山陰縣志三十八卷　清高登先修　清高基重纂　清康熙十年刻本　十六册　九行二十字小字雙行十九字白口左右雙邊　鈐任振采所收方志之一朱文長方印　F三五〇四

【萬曆】會稽縣志十六卷　明楊維新修　清張元忭等纂　明萬曆三年刻本　六册　十行二十字小字雙行字同白口左右雙邊　鈐任氏振采朱文方印　Z〇一二九

【康熙】會稽縣志二十八卷首一卷　清呂化龍修　清董欽德纂　清康熙十二年刻本　二十册　九行二十字小字雙行十九字白口四周單邊　鈐任振采所收方志之一朱文長方印　F三五〇七

【乾隆】諸暨縣志四十四卷首一卷末一卷　清沈椿齡修　清樓卜瀍纂　清乾隆三十八年刻本　十四册　九行二十一字小字雙行十九字白口四周雙邊　鈐任振采所收方志之一朱文長方印　F一七三一

【萬曆】新修上虞縣志二十卷首一卷　明徐待聘修　明馬明瑞等纂　明萬曆三十四年刻本　八册　八行十六字小字雙行字同白口左右雙邊　鈐任氏振采朱文方印　Z〇一二一

【康熙】上虞縣志二十卷首一卷　清鄭僑修　清唐徵麟纂　清康熙十年刻本　八册　九行二十字小字雙行十九字白口左右雙邊　F三五一一

[康熙]新昌縣志十八卷 清劉作樑修 清呂曾枬等纂 清康熙十年刻本 六册 九行二十字小字雙行十九字白口四周雙邊 鈐任振采所收方志之一朱文長方印 F三五一一

[康熙]天台縣志十五卷 清李德耀等纂修 清康熙二十二年刻本 佚名批校 六册 九行十九字小字雙行十八字白口四周雙邊 F三五一〇

[康熙]仙居縣志三十卷 清鄭錄勳修 清張徽謨、張明焜纂 清康熙十九年刻本 五册 十行二十字小字雙行十八字白口四周雙邊 鈐任振采所收方志之一朱文長方印 F三五一四

[康熙]太平縣志八卷 清曹文埏修 清林槐纂 清康熙二十二年刻本 三册 九行二十字小字雙行十八字白口四周雙邊 鈐任振采所收方志之一朱文長方印 F三五一七

[雍正]玉環志四卷 清張坦熊纂修 清雍正十年刻本 四册 九行二十一字小字雙行二十八字白口四周單邊 F三四八六

[康熙]金華縣志書十卷 清王治國原修 清趙泰甡增修 清張士紘纂 清康熙二十二年刻三十四年增修本 十四册 十行二十二字小字雙行十九字白口四周雙邊 鈐任振采所收方志之一朱文長方印 F三五二一

[乾隆]湯谿縣志十卷首一卷 清陳鐘旲修 清馮宗城等纂 清乾隆四十八年刻本 六册 十行二十二字小字雙行十九字白口四周雙邊 鈐山陽丁氏珍藏朱文方印 任振采所收方志之一朱文長方印 F一七六七

[康熙]蘭谿縣志七卷　清劉芳喆修　清郭若繹等纂　清康熙十一年刻本　四册　九行二十字小字雙行字同白口四周單邊　鈐任振采所收方志之一朱文長方印　F三五二三

[康熙]龍游縣志十二卷首一卷　清盧燦修　清余恂等纂　清康熙十九年刻乾隆六年補刻本　四册　九行二十字小字雙行十九字白口四周雙邊　鈐任振采所收方志之一朱文長方印　F三五二七

[康熙]義烏縣志二十卷　清王廷曾等纂修　清康熙三十一年刻本　五册　九行二十一字小字雙行十九字白口四周雙邊

存十卷　七至八　十一至十六　十九至二十　F三五二四

[嘉慶]常山縣志十二卷首一卷　清陳玨修　清徐始搏等纂　清嘉慶十八年刻本　八册　九行二十二字小字雙行二十字白口左右雙邊　鈐山陽丁氏珍藏朱文方印　任振采所收方志之一朱文長方印　F三五二八

[雍正]泰順縣志十卷首一卷　清朱國源修　清朱廷琦纂　清雍正七年刻本　四册　九行二十字小字雙行十八字白口四周雙邊　鈐任振采所收方志之一朱文長方印　F三五一八

[康熙]青田縣志十二卷　清張皇輔修　清錢喜選纂　清萬里增修　清康熙二十五年刻雍正六年增刻本　四册　九行二十一字小字雙行二十字白口四周雙邊　鈐任振采所收方志之一朱文長方印　F三五二〇

[乾隆]松陽縣志十二卷　清曹立身修　清潘茂才纂　清乾隆三十三年刻本　八册　十行二十二字小字雙行二十字白口四周雙邊　鈐任振采所收方志之一朱文長方印　F三五二六

[乾隆]遂昌縣志十二卷　清王憕纂修　清乾隆三十年刻本　四册　十行二十二字小字雙行二十字白口四周雙邊　F三五二五

存八卷　一至八

[道光]慶元縣志十二卷首一卷　清吴綸彰修　清周大成纂　清道光十二年刻本　五册　九行二十一字小字雙行二十字白口左右雙邊　封面鐫道光十二年重修　鈐任振采所收方志之一朱文長方印　F三五一九

[乾隆]廬州衛志六卷首一卷　清尹焕纂修　清乾隆十二年刻本　四册　九行二十字小字雙行十八字白口四周雙邊　鈐任振采所收方志之一朱文長方印　F三四三〇

[康熙]合肥縣志二十卷　清賈暉、王方岐纂修　清康熙三十六年刻本　十册　九行二十字小字雙行字同白口四周雙邊　鈐任振采所收方志之一朱文長方印　F三四三一

[乾隆]銅陵縣志十六卷首一卷　清單履中纂修　清乾隆十二年刻本　六册　十一行二十三字小字雙行字同白口左右雙邊　Z〇一二三

[康熙]安慶府志三十二卷　清張楷纂修　清康熙六十年刻本　十六册　十行二十一字小字雙行十九字白口四周雙邊　鈐任振采所收方　F三四二六

志之一朱文長方印

【順治】新修望江縣志十卷　清王世胤、龍之珠等纂修　清順治八年刻本　六册　八行二十字白口四周雙邊　鈐任振采所收方志之一朱文長方印　N〇一〇六

【乾隆】望江縣志八卷　清鄭交泰等修　清曹京纂　清乾隆三十三年刻本　十册　十行二十一字小字雙行十九字白口左右雙邊　鈐任振采所收方志之一朱文長方印　F一六〇七

【康熙】安慶府宿松縣志三十六卷　清朱卷、石頌功纂修　清康熙十四年刻四十二年增修本　八册　十行二十一字小字雙行十九字白口左右雙邊　鈐任振采所收方志之一朱文長方印　F三四六四

【乾隆】六安州志二十四卷　清金弘勳纂修　清乾隆十六年刻本　十二册　九行二十一字小字雙行二十字白口四周雙邊　鈐任振采所收方志之一朱文長方印　F三四三四

【乾隆】霍邱縣志十二卷　清張海、戴建掄修　清薛觀光纂　清乾隆十九年刻本　八册　十行二十字小字雙行十八字白口左右雙邊　鈐任振采所收方志之一朱文長方印　F三四三五

【乾隆】壽州志十二卷首一卷末一卷　清席芑、張肇揚修　清方仙根、方汝梅纂　清乾隆三十二年刻本　六　F三四三六

册　九行二十一字小字雙行字同白口左右雙邊　鈐任振采所收方志之一朱文長方印

[道光]壽州志三十六卷首一卷末一卷　清朱士達修　清喬載繇、湯若荀纂　清道光九年刻本　十六册　十行二十二字小字雙行字同白口左右雙邊　鈐任振采所收方志之一朱文長方印　F三四三七

[嘉慶]舒城縣志三十六卷　清熊載陞等纂修　清嘉慶十二年刻本　十六册　十行二十二字小字雙行字同白口左右雙邊　鈐任振采所收方志之一朱文長方印　F三四三八

[同治]渦陽縣志六卷　清石成之、楊雨霖纂修　清同治十一年抄本　八册　十一行字數不等無格　F三四三九

[嘉慶]五河縣志十二卷首一卷　清王啓聰等修　清言尚煒、陳瑜纂　清嘉慶八年刻本　六册　九行二十字小字雙行字同白口左右雙邊　鈐海陵汪氏珍藏朱文長方印　任振采所收方志之一朱文長方印　F三四四二

[康熙]滁州志三十卷　清余國楷修　清潘運暐纂　清康熙十二年刻本　十一册　十行二十一字小字雙行十八字白口左右雙邊　F三四四三

[乾隆]靈壁縣志略四卷首一卷附河渠原委三卷河防錄一卷　清貢震纂修　清乾隆二十六年此君草堂刻本　四册　九行二十一字小字雙行二十字白口左右雙邊　鈐觀古閣印朱文印　任振采所收方志之一朱文長方印　F三四四〇

[康熙]全椒縣志十八卷　清藍學鑑修　清吳國對纂　清康熙十二年刻二十三年補刻本　八册　十行二十一字小字雙行十九字白口四周單邊　F三四四五

鈐任振采所收方志之一朱文長方印

存十七卷　一至六　八至十八

[乾隆]蕪湖縣志二十四卷首一卷末一卷　清劉瓚修　清陸綸纂　清乾隆十九年刻本　八册　十行二十一字小字雙行十九字白口四周雙邊　封面鐫乾隆甲戌年重修　鈐萬綠軒王藏書白文方印　理庵朱文方印　臣泰亨印白文方印　F三四四六

[雍正]建平縣志二十二卷　清衛廷璞纂修　清雍正九年刻本　五册　九行二十字小字雙行十九字白口左右雙邊

存十八卷　五至二十二　F三四四八

[乾隆]廣德州志五十卷首一卷　清胡文銓修　清周廣業纂　清乾隆五十七年刻本　十六册　九行二十二字小字雙行二十一字白口四周雙邊　鈐任振采所收方志之一朱文長方印　F三四四九

[康熙]寧國府志三十二卷圖考一卷　清莊泰弘、劉堯枝纂修　清康熙十三年刻本　十四册　九行二十字小字雙行十九字白口四周雙邊　鈐任振采所收方志之一朱文長方印　F三四二八

[乾隆]涇縣志十卷首一卷志餘二卷　清王延棟、崔雲會修　清錢人麟纂　清乾隆二十年刻本　十六册　十一行二十四字小字雙行二十三字白口左右雙邊　鈐任振采所收方志之一朱文長方印　F三四五〇

【雍正】南陵縣志十六卷首一卷 清宋廷佐、汪越等纂修 清雍正四年刻本 八册 九行二十字小字雙行字同白口四周雙邊 鈐任振采所收方志之一朱文長方印 Z〇一〇九

【康熙】繁昌縣志十八卷 清梁延年修 清閔燮纂 清康熙十四年刻本 六册 九行二十字小字雙行十八字白口四周雙邊 鈐任振采所收方志之一朱方長方印 存十七卷 一至十七 F三四五六

【乾隆】繁昌縣志三十卷 清王熊飛纂修 清乾隆十六年刻本 六册 八行二十二字小字雙行字同白口四周雙邊 鈐任振采所收方志之一朱文長方印 Z〇一三三

【嘉靖】徽州府志二十二卷 明何東序、汪尚寧等纂修 明嘉靖四十五年刻萬曆三年增修本 十六册 九行二十三字小字雙行字同白口左右雙邊 有刻工 鈐任氏振采朱文方印 鳳苞白文長方印 Z〇一一二

【康熙】徽州府志十八卷 清丁廷楗等修 清趙吉士纂 清康熙三十八年刻本 二十册 九行二十三字小字雙行二十二字紅格白口左右雙邊 F三四二七

【康熙】歙縣志十二卷 清靳治荊修 清吳苑等纂 清康熙二十九年刻本 二十册 十行二十一字小字雙行二十字白口四周單邊 鈐任振采所收方志之一朱文長方印 F三四五二

【乾隆】歙縣志二十卷首一卷　清張佩芳修　清劉大櫆纂　清乾隆三十六年刻本　八册　九行二十四字小字雙行二十三字白口左右雙邊　鈐任振采所收方志之一朱文長方印　F三四五三

【康熙】休寧縣志八卷　清廖騰煃修　清汪晉徵等纂　清康熙三十二年刻本　八册　十行二十一字小字雙行二十字白口四周單邊　鈐任振采所收方志之一朱文長方印　F三四五七

【乾隆】績溪縣志十卷首一卷　清較陳錫修　清趙繼序等纂　清乾隆二十一年刻本　十二册　九行二十三字小字雙行二十二字白口左右雙邊　鈐任振采所收方志之一朱文長方印　F三四五四

【嘉慶】績溪縣志十二卷首一卷　清清愷、彭志溶修　清席存泰纂　清嘉慶十五年刻本　十六册　十行二十三字小字雙行字同白口左右雙邊　F三四五五

【康熙】池州府志九十二卷　清馬世永纂修　清李暲續修　清康熙五十年刻乾隆五年增修本　二十八册　十行二十一字小字雙行字同黑口左右雙邊　鈐任振采所收方志之一朱文長方印　Z〇一〇七

【乾隆】池州府志五十八卷首一卷　清張士範纂修　清乾隆四十三年刻本　十六册　九行二十四字小字雙行字同白口左右雙邊　鈐任振采所收方志之一朱文長方印　F三四二九

[康熙]石埭縣志八卷 清姚子莊修 清周體元等纂 清康熙十四年刻三十九年增修本 十册 九行二十字小字雙行十七字白口左右雙邊 F三四六〇

[雍正]江西通志一百六十二卷首三卷 清謝旻等修 清陶成、惲鶴生纂 清雍正十年刻本 八十册 十二行二十三字小字雙行二十二字白口左右雙邊 鈐任振采所收方志之一朱文長方印 F三五二九

[乾隆]南昌縣志三十二卷首一卷末一卷 清徐午修 清萬廷蘭等纂 清乾隆五十九年刻本 十二册 十行二十二字小字雙行二十字白口四周雙邊 鈐任振采所收方志之一朱文長方印 F三五四一

[乾隆]浮梁縣志十二卷首一卷 清程廷濟修 清凌汝綿纂 清乾隆四十八年刻本 十四册 十一行二十四字小字雙行二十三字白口左右雙邊 鈐任振采所收方志之一朱文長方印 F三五三二

[乾隆]德安縣志十五卷 清曹師聖等纂修 清乾隆二十一年刻本 六册 十行二十二字小字雙行字同白口左右雙邊 F三五四三

[乾隆]彭澤縣志十六卷 清吳會川、何炳奎修 清何顯等纂 清乾隆二十一年刻本 六册 十一行二十二字小字雙行二十一字白口左右雙邊 封面鐫乾隆二十一年重修 鈐任振采所收方志之一朱文長方印 F三五四四

[乾隆]寧州志十卷 清張耀曾修 清陳昌言纂 清乾隆二年百尺樓刻本 十册 八行二十二字小字雙行二十一字白口四周雙邊 封面鐫乾隆丁巳菊月鐫 鈐任振采所收方志之一朱文長方印 F三五四五

［道光］義寧州志三十二卷首三卷　清曾暉春修　清冷玉光、查望洋纂　清道光四年鑑懸堂刻本　十六册　十二行二十三字小字雙行二十二字白口左右雙邊　封面鐫道光四年鐫　鑑懸堂藏板　鈐任振采所收方志之一朱文長方印　F三五四六

［道光］武寧縣志四十四卷首一卷　清李珣修　清張向斗纂　清道光二十八年刻本　十六册　十二行二十三字小字雙行二十一字白口左右雙邊　鈐任振采所收方志之一朱文長方印　F一八四四

［乾隆］貴溪縣志十四卷首一卷　清鄭高華纂修　清乾隆四十九年刻本　八册　九行二十二字小字雙行二十字白口左右雙邊　鈐任振采所收方志之一朱文長方印　F三五四九

［道光］興安縣志三十二卷首一卷　清余成彪修　清饒元英纂　清道光四年刻本　四册　九行二十二字小字雙行二十字白口四周雙邊　鈐任振采所收方志之一朱文長方印　F三五四八

［乾隆］婺源縣志三十九卷首一卷　清俞雲耕修　清潘繼善等纂　清乾隆二十二年刻本　十二册　十行二十二字小字雙行二十一字白口左右雙邊　鈐任振采所收方志之一朱文長方印　F三五五〇

［道光］安仁縣志三十二卷首一卷　清陳天爵、沈廷枚修　清鄭大琮、彭祖棟纂　清道光六年刻本　八册　十行二十二字小字雙行字同白口四周雙邊　封面鐫道光丙戌重修　儒學藏板　鈐任振采所收方志之一朱文長方印　F三五五一

[道光]分宜縣志三十二卷首一卷　清龔笙修　清王欽纂　清道光二年刻本　十二册　十行二十二字小字雙行二十字白口四周雙邊　封面鐫道光二年新鐫　本衙藏板　鈐任振采所收方志之一朱文長方印　F三五三八

[道光]萬載縣志三十卷首一卷　清衛鵷鳴等修　清郭大經等纂　清道光十二年刻本　十册　十行二十五字小字雙行二十三字白口左右雙邊　鈐任振采所收方志之一朱文長方印　F一八二六

[道光]高安縣志二十二卷首一卷　清高以本修　清熊如澍、徐驤纂　清道光四年刻本　十六册　十一行二十三字小字雙行二十一字白口左右雙邊　鈐任振采所收方志之一朱文長方印　F三五三五

[道光]奉新縣志十二卷首一卷末一卷　清鄒山立修　清趙敬襄、宋鳴琦纂　清道光四年刻本　十册　十行二十四字小字雙行二十二字白口左右雙邊　鈐任振采所收方志之一朱文長方印　F三五三七

[道光]瀘谿縣志十二卷首一卷　清張澍纂修　清道光九年刻本　六册　十一行二十四字白口左右雙邊　鈐任振采所收方志之一朱文長方印　F三五五二

[道光]進賢縣志二十五卷首一卷　清朱楣修　清賀熙齡纂　清道光三年尊經閣刻本　十册　十行二十四字小字雙行二十三字白口左右雙邊　封面鐫道光三年重修　尊經閣藏板　鈐任振采所收方志之一朱文長方印　F三五四〇

【乾隆】吉安府志七十四卷首二卷　清盧崧修　清朱承煦、林有席纂　清乾隆四十一年刻本　四十册　十一行二十二字白口左右雙邊　封面鐫乾隆丙申仲夏　吉安府庫藏板　鈐任振采所收方志之一朱文長方印　F三五三一

【乾隆】吉水縣志四十二卷　清米嘉績、黄世成纂修　清乾隆十五年刻本　十六册　九行二十一字小字雙行二十字白口左右雙邊　鈐任振采所收方志之一朱文長方印　Z〇一〇八

【乾隆】安福縣志二十二卷首一卷　清張繡中修　清王基等纂　清乾隆四十七年刻本　七册　十一行二十三字小字雙行二十二字白口左右雙邊　鈐任振采所收方志之一朱文長方印　F三五五九

【康熙】萬安縣志十二卷首一卷　清黄圖昌、劉應舉等纂修　清康熙二十八年刻本　四册　九行二十二字小字雙行字同白口四周雙邊　鈐任振采所收方志之一朱文長方印　F三五五五

【道光】永寧縣志八卷首一卷　清孫承祖修　清黄節纂　清道光二年刻本　四册　九行二十字小字雙行十八字白口四周雙邊　鈐任振采所收方志之一朱文長方印　F三五六〇

【咸豐】長寧縣志四卷首一卷末一卷　清蘇霈芬等修　清曾撰纂　清咸豐五年刻十一年增修本　八册　十行二十二字小字雙行二十字白口左右雙邊　鈐任振采所收方志之一朱文長方印　F一八九八

【乾隆】定南廳志七卷　清朱昕、劉霖等纂修　清乾隆四十四年刻本　七册　九行二十二字小字雙行十九字白口左右雙邊　鈐任振采所收方志之一朱文長方印　F三五六六

【道光】南康縣志二十四卷首一卷　清劉繩武、王雅南修　清賴相棟纂　清道光三年刻本　十二册　十行二十字小字雙行十九字白口四周雙邊　封面鐫道光三年重修　鈐任振采所收方志之一朱文長方印　F三五六五

【弘治】八閩通誌八十七卷　明陳道、黃仲昭纂修　明弘治四年刻本　四十册　九行二十一字小字雙行字同黑口四周雙邊　Z〇一一七

【乾隆】福建通志七十八卷首五卷　清郝玉麟修　清謝道承、劉敬與纂　清乾隆二年刻本　三十四册　十行二十字小字雙行十九字白口四周雙邊　鈐任振采所收方志之一朱文長方印　F三六三六

【乾隆】福州府志七十六卷首一卷　清徐景熹修　清魯曾煜等纂　清乾隆十九年刻二十一年補刻本　四十册　九行二十二字小字雙行二十一字白口四周雙邊　鈐任振采所收方志之一朱文長方印　F二三八五

【乾隆】同安縣志三十卷首一卷　清吳鏞修　清陶元藻纂　清乾隆三十二年刻本　二十册　九行二十字小字雙行十九字白口四周雙邊　F三六三九

【康熙】建寧府志四十八卷　清張琦修　清鄒山等纂　清康熙三十二年刻本　二十册　九行二十字小字雙行十九字白口四周雙邊　鈐任　F三六三七

鳳苞印白文方印　振采長壽朱文長方印

【康熙】甌寧縣志十三卷　清鄧其文纂修　清康熙三十二年刻本　六册　九行二十字小字雙行十九字白口四周雙邊　封面鎸康熙叁拾貳年新編　鈐任振采所收方志之一朱文長方印　F三六四八

【雍正】崇安縣志八卷　清劉埥修　清張彬纂　清雍正十一年刻本　八册　九行二十字小字雙行十八字白口左右雙邊　封面鎸雍正十一年纂修　清獻樓藏板　鈐任振采所收方志之一朱文長方印　F三六五三

【乾隆】邵武府志二十四卷　清張鳳孫等修　清鄭念榮等纂　清乾隆三十五年刻本　十二册　九行二十一字小字雙行二十字白口四周雙邊　鈐任振采所收方志之一朱文長方印　F三六三八

【乾隆】寧德縣志十卷首一卷　清盧建其修　清張君賓、胡家琪纂　清乾隆四十六年刻本　十册　九行二十二字小字雙行二十字白口四周雙邊　封面鎸乾隆四十六年重修　鈐任振采所收方志之一朱文長方印　F二四〇八

【乾隆】古田縣志八卷　清辛竟可修　清林咸吉等纂　清乾隆十六年刻本　八册　九行二十字小字雙行十八字白口四周雙邊　鈐任振采所收方志之一朱文長方印　F三六五二

【乾隆】屏南縣志八卷首一卷　清沈鍾纂修　清沈宗良續修　清乾隆五年刻十七年增修本　四册　九行二十一字小字雙行二十字　F三六五一

白口四周雙邊　鈐任振采所收方志之一朱文長方印

【乾隆】僊遊縣志五十三卷首一卷　清胡啓植修　清葉和侃纂　清乾隆三十五年刻本　十八册　九行二十字小字雙行十九字白口四周雙邊　F二四二三

【乾隆】永春州志十六卷首一卷　清鄭一崧修　清顔璹等纂　清乾隆五十二年刻本　十二册　十行二十字小字雙行十九字白口四周單邊　鈐任振采所收方志之一朱文長方印　F二四一五

【乾隆】安溪縣志十二卷首一卷　清莊成修　清沈鍾、李疇纂　清乾隆二十二年刻本　十二册　九行二十一字小字雙行二十字白口四周雙邊　封面鐫乾隆二十二年重修　鈐任振采所收方志之一朱文長方印　F三六四二

【乾隆】永福縣志十卷　清陳焱等修　清俞荔等纂　清乾隆十三年刻本　四册　十行二十字小字雙行十九字白口四周雙邊　鈐任振采所收方志之一朱文長方印　F三六四〇

【乾隆】德化縣志十八卷首一卷　清魯鼎梅修　清王必昌等纂　清乾隆十一年刻本　十册　八行二十二字小字雙行二十一字白口四周雙邊　F二四二〇

【康熙】南安縣志二十卷附福建賦役簡明總册二卷　清劉佑修　清　F三六四四

葉獻論等纂　清康熙十一年刻本　十六册　九行二十字小字雙行十九字白口四周雙邊　鈐任振采所收方志之一朱文長方印

[康熙]漳浦縣志十九卷續志一卷　清陳汝咸修　清林登虎纂　清陳夢林續纂　清康熙三十九年刻四十七年增修本　八册　九行二十字小字雙行字同白口四周單邊　鈐任振采所收方志之一朱文長方印　F三六四六

[嘉慶]雲霄廳志二十卷　清薛凝度修　清吳文林纂　清嘉慶二十一年刻本　六册　十行二十二字小字雙行字同白口四周雙邊　封面鐫嘉慶丙子季夏刊　鈐任振采所收方志之一朱文長方印　F三六四五

[乾隆]長泰縣志十二卷首一卷　清張懋建修　清賴翰顒纂　清乾隆十五年刻本　六册　十行十九字小字雙行二十字白口四周雙邊　鈐任振采所收方志之一朱文長方印　F二四三〇

[康熙]漳平縣誌九卷首一卷　清查繼純修　清蔣振芳等纂　清陳彙義續修　清康熙二十四年刻乾隆四十六年增修本　四册　九行二十字小字雙行十九字白口四周雙邊　鈐任振采所收方志之一朱文長方印　F三六四七

[道光]永定縣志三十二卷　清方履籛修　清巫宜福纂　清道光十年刻本　十六册　十行二十二字小字雙行二十一字白口四周雙邊　鈐任振采所收方志之一朱文長方印　F二四三七

[道光]沙縣誌二十卷首一卷末一卷　清孫大焜、王庚修　清徐逢盛等纂　清道光十四年刻本　十四册　九行　F二四五二

二十二字小字雙行字同白口四周雙邊　鈐任振采所收方志之一朱文長方印

【乾隆】將樂縣志十六卷首一卷　清李永錫修　清徐觀海纂　清乾隆三十年刻本　十冊　九行二十一字小字雙行字同白口四周雙邊　鈐任振采所收方志之一朱文長方印　F三六四九

【乾隆】建寧縣志二十八卷首一卷　清韓琮修　清徐時作等纂　清乾隆二十四年刻本　十冊　十行二十一字小字雙行十九字白口四周雙邊　鈐思深堂印朱文方印　任振采所收方志之一朱文長方印　F三六五〇

【乾隆】重修臺灣府志二十五卷首一卷　清六十七修　清范咸纂　清乾隆十二年刻本　十二冊　十一行二十二字小字雙行二十一字白口四周雙邊　鈐任振采所收方志之一朱文長方印　F三六五四

【乾隆】續修臺灣府志二十六卷首一卷　清余文儀修　清黃佾纂　清乾隆三十九年刻本　十四冊　十一行二十二字小字雙行二十一字白口四周雙邊　鈐嘉惠堂丁氏藏書之記白文方印　八千卷樓藏書之記朱文方印　光緒壬辰錢塘嘉惠堂丁氏所得朱文方印　F三六五五

【乾隆】臺灣縣志六卷　清抄本　佚名朱墨筆批校　三冊　九行二十五字小字雙行字數不等無格　F三六五六

【嘉慶】臺灣縣志八卷首一卷　清薛志亮修　清謝金鑾、鄭兼才纂　清嘉慶十二年刻本　八冊　九行二十一字小字雙行字同白口左右雙邊　鈐任振采所收方志之一朱文長方印　F二四五七

[康熙]鳳山縣志十卷首一卷 清李丕煜、陳文達等纂修　清康熙五十八年刻本　六册　八行二十字小字雙行十八字白口四周雙邊　鈐任振采所收方志之一朱文長方印　Z〇一三〇

[乾隆]澎湖志略不分卷 清周于仁纂修　清乾隆八年刻本　一册　八行二十字白口四周單邊　Z〇一二三

[光緒]澎湖廳志十五卷首一卷 清蔡麟祥、林豪等纂修　清光緒八年稿本　佚名朱筆批校　十册　九行二十一字小字雙行二十字無格　鈐任振采所收方志之一朱文長方印　F三六五七

[順治]河南通志五十卷 清賈漢復修　清沈荃等纂　清順治十七年刻本　二十八册　十行二十字小字雙行十九字白口四周雙邊　鈐任氏振采朱文方印　天春園圖書印朱文長方印　慎德堂王朱文方印　F三一四一

[康熙]鄭州志十二卷首一卷 清何錫爵修　清黃志清等纂　清康熙三十二年刻本　六册　九行二十一字小字雙行十八字白口四周雙邊　鈐任振采所收方志之一朱文長方印　F三一三九

[乾隆]鄭州志十二卷首一卷 清張鉞等修　清毛如詵等纂　清乾隆十三年刻本　六册　九行二十一字小字雙行十八字白口四周雙邊　鈐任振采所收方志之一朱文長方印　F〇六七二

[乾隆]滎陽縣志十二卷 清李煦修　清李清纂　清乾隆十一年刻本　四册　九行二十一字小字雙行二十字白口四周雙邊　F〇六九六

【乾隆】汜水縣志二十二卷　清許勉燉修　清禹殿鰲等纂　清乾隆九年刻本　十六冊　九行二十字白口四周雙邊　鈐任振采所收方志之一朱文長方印　F三一五〇

【順治】祥符縣志六卷　清張俊哲修　清張壯行、馬士騭纂　清順治十八年刻康熙增修本　五冊　十行二十字小字雙行字同白口四周單邊　F四七一〇

【康熙】陳留縣志四十二卷首一卷　清鍾定纂修　清康熙三十年刻本　四冊　九行二十字白口左右雙邊　鈐任振采所收方志之一朱文長方印　F三一四〇

【康熙】新鄭縣志四卷　清朱廷獻修　清劉日炷等纂　清康熙三十三年刻本　四冊　九行二十一字小字雙行二十字白口四周雙邊　鈐任振采所收方志之一朱文長方印　F三一四七

【乾隆】蘭陽縣續志八卷　清涂光範、王壬等纂修　清乾隆十二年刻本　六冊　九行二十字小字雙行字同白口四周雙邊　F三一四四

【康熙】儀封縣志四十卷首一卷　清鍾定、朱弘士等纂修　清康熙三十四年刻本　十冊　九行二十字小字雙行十八字白口左右雙邊　鈐任振采所收方志之一朱文長方印　F三一四三

【乾隆】中牟縣志十一卷首一卷　清孫和相修　清王廷宣等纂　清乾隆十九年刻本　六冊　十行二十二字小字雙行二十字白口左右雙邊　鈐任振采所收方志之一朱文長方印　F三一四六

[順治]封邱縣志九卷首一卷　清余縉修　清李嵩陽、萬化纂　清順治十五年刻康熙三十六年重印本　五册　十行二十一字小字雙行二十字白口四周單邊　F三一五四

[康熙]封邱縣志不分卷　清王賜魁修　清李會生、宋作賓纂　清康熙十九年刻三十六年重印本　一册　十行二十一字小字雙行十九字白口四周單邊　F三一五五

[康熙]封邱縣續志五卷　清孟鏐修、清李承紱纂　清耿紘祚增修　清康熙三十六年刻本　二册　十行二十一字小字雙行二十字白口四周單邊　F三一五六

[乾隆]獲嘉縣志十六卷首一卷　清吳喬齡修　清李棟等纂　清乾隆二十一年刻本　六册　十行二十字黑口左右雙邊　鈐任振采所收方志之一朱文長方印　F〇七二一

[乾隆]輝縣志十二卷首一卷末一卷　清文兆奭修　清楊喜榮纂　清乾隆二十二年刻本　八册　十行二十二字小字雙行二十字白口四周雙邊　鈐任振采所收方志之一朱文長方印　F三一五一

[順治]懷慶府志十四卷　清彭清典、蕭家芝纂修　清順治十七年刻本　六册　十行二十二字小字雙行二十一字白口四周單邊　鈐任氏振采朱文方印　三殘書屋朱文方印　F三一三六

[乾隆]修武縣志二十卷首一卷　清吳映白修　清李謨纂　清戈雲錦續修　清乾隆二十二年刻三十一年增修本　八册　九　F三一五八

行二十字白口四周雙邊

【乾隆】彰德府志二十四卷首一卷　清黃邦寧修　清景鴻賓、童鈺纂　清乾隆三十五年刻本　十册　九行二十一字小字雙行十九字白口四周雙邊　鈐任振采所收方志之一朱文長方印　F〇六六八

【康熙】安陽縣志十卷　清馬國禎、唐鳳翱等纂修　清康熙三十四年承恩堂刻本　六册　八行二十字小字雙行十九字白口四周雙邊　下書口鐫承恩堂　鈐宜興任氏天春圖藏書印朱文長方印　任振采所收方志之一朱文長方印　F三一五九

【康熙】南樂縣志十五卷首一卷　清王培宗修　清邱性善、魏嵊纂　清康熙五十年刻本　四册　九行二十字小字雙行十九字白口左右雙邊　鈐任振采所收方志之一朱文長方印　F三一六三

【康熙】濮州志六卷　清張實斗修　清南洙源等纂　清康熙十二年刻五十年重印本　六册　九行二十字小字雙行十九字白口四周雙邊　鈐任振采所收方志之一朱文長方印　F三一二六

【康熙】濮州續志二卷　清郅介修　清任煥纂　清康熙五十年刻本　一册　九行二十字小字雙行十九字白口四周雙邊　F三一二七

【乾隆】濮州志六卷　清邵世昌修　清柴揆纂　清乾隆二十年刻本　六册　九行二十字小字雙行十九字白口四周雙邊　F〇六一三

【嘉慶】范縣志四卷　清唐晟纂修　清嘉慶十四年刻本　四册　十行二十二字小字雙行十九字白口左右雙邊　鈐任振采所收方志之一朱文長方印　F〇六〇八

［乾隆］滑縣志十四卷首一卷　清吳喬齡纂修　清呂文光增修　清盧兆麟增纂　清乾隆二十五年刻本　十六册　十行二十二字小字雙行二十一字白口左右雙邊　封面鐫乾隆丁丑重修　鈐任振采所收方志之一朱文長方印　F三一六八

［康熙］清豐縣志十卷　清楊爆纂修　清康熙十五年刻本　四册　九行二十字小字雙行十九字白口四周雙邊　F四四九三

［乾隆］湯陰縣志十卷　清楊世達纂修　清乾隆三年刻本　八册　八行十九字小字雙行字同白口左右雙邊　鈐任振采所收方志之一朱文長方印　F三一六九

［康熙］夏邑縣志十卷首一卷　清尚榮震、關麟如纂修　清康熙三十六年刻本　五册　九行十九字小字雙行十七字白口四周單邊　鈐任振采所收方志之一朱文長方印　F三一七二

［乾隆］鹿邑縣志十二卷首一卷　清許菼纂修　清乾隆十八年眞源書院刻本　四册　十行二十一字黑口四周單邊　鈐任振采所收方志之一朱文長方印　F○七五○

［乾隆］許州志十六卷　清甄汝舟修　清談起行纂　清乾隆十年刻本　十二册　九行二十字小字雙行十九字白口四周雙邊　鈐任振采所收方志之一朱文長方印　F○七六三

［順治］郾城縣志十卷　清荆其惇、閻舉纂修　清順治十六年刻本　三册　八行二十字小字雙行十八字白口四周單邊　F三一七三

存六卷　五至十

鄖署雜鈔十二卷首一卷末一卷　清汪爲熹撰　清康熙五十八年綸嘏堂刻本　三册　十一行二十一字小字雙行字同黑口左右雙邊　封面鐫綸嘏堂刊　F七五九六

[康熙]襄城文獻錄十二卷　清劉宗泗纂修　清乾隆四年刻本　五册　十一行二十一字小字雙行十八字黑口左右雙邊　鈐天春園圖書印朱文長方印　F三一八〇

[乾隆]古汜城志十卷　清劉青芝纂修　清乾隆五年刻本　六册　九行十九字小字雙行字同黑口左右雙邊　鈐天春園圖書印朱文長方印　F三一八一

[乾隆]魯山縣全志九卷　清徐若階、馬慧姿修　清傅爾英、宋足發纂　清乾隆八年刻本　四册　九行二十一字小字雙行十九字白口左右雙邊　鈐任振采所收方志之一朱文長方印　F三一七七

[乾隆]舞陽縣志十二卷　清丁永琪修　清李轍等纂　清乾隆十年刻本　四册　九行二十字白口四周雙邊　鈐任振采所收方志之一朱文長方印　F〇七七七

[嘉慶]寶豐縣志二十四卷　清陸蓉修　清武億纂　清嘉慶二年刻本　四册　十一行二十三字小字雙行二十二字黑口左右雙邊　F三一七九

[乾隆]禹州志十四卷　清邵大業修　清孫廣生等纂　清乾隆十二年刻本　十二册　九行二十二字小字雙行十九字白口左右雙邊　F三一八二

[康熙]西平縣志十卷　清沈棻纂修　清李植增修　清康熙三十一年刻本　四册　九行二十二字小字雙行十八字白口四周單邊　鈐任振采所收方志之一朱文長方印　F三一八四

[康熙]汝寧府志十六卷　清金鎮纂修　清康熙元年刻本　十六册　九行二十字小字雙行十八字白口四周單邊　鈐任振采所收方志之一朱文長方印　F三一三八

[乾隆]新蔡縣志十卷　清莫璽章修　清王增纂　清乾隆六十年刻本　四册　十一行二十一字小字雙行二十字黑口四周雙邊　鈐任振采所收方志之一朱文長方印　F三一八七

[順治]遂平縣志十五卷　清張鼎新　趙之珩等纂修　清順治十六年刻本　一册　九行二十字小字雙行十八字白口四周單邊

存六卷　十至十五　F三一八三

[康熙]上蔡縣志十五卷　清楊廷望修　清張沭等纂　清康熙二十九年刻三十三年增刻本　八册　九行二十字小字雙行十八字白口四周雙邊　F三一八五

[乾隆]信陽州志十二卷首一卷　清張鉞修　清萬侯纂　清乾隆十四年刻本　八册　九行二十一字小字雙行字同白口四周雙邊　F〇七八九

[康熙]固始縣志十二卷首一卷　清楊汝楫纂修　清康熙三十二年刻本　六册　九行二十字小字雙行十八字白口四周雙邊　鈐姒氏圖籍私篆白文方印　任振采所收方志之一朱文長方印　F三一八八

[乾隆]光州志六十八卷附志餘十二卷　清高兆煌纂修　清乾隆三十五年刻本　三十二册　九行二十字小字雙行字同白口左右雙邊　鈐任振采所收方志之一朱文長方印　F〇八〇七

【乾隆】光山縣志三十二卷首一卷　清楊殿梓修　清錢時雍等纂　清乾隆五十一年刻本　十二冊　九行二十三字白口左右雙邊　封面鐫乾隆五十季　本衙藏版　鈐任振采所收方志之一朱文長方印　F〇八〇五

【康熙】南陽府志六卷　清朱璘纂修　清康熙三十三年刻本　十冊　九行二十一字小字雙行十九字白口左右雙邊　鈐任振采所收方志之一朱文長方印　F三一三七

【乾隆】裕州志六卷　清董學禮原修　清宋名立增修　清康熙五十五年刻乾隆五年增修本　四冊　八行二十字小字雙行十八字白口左右雙邊　F三一九一

【乾隆】桐柏縣志八卷首一卷　清鞏敬緒修　清李南暉纂　清乾隆十八年刻本　四冊　九行二十一字小字雙行字同白口四周雙邊　F〇八一五

【康熙】内鄉縣志十二卷　清寶鼎望修　清高佑釲纂　清張福永增修　清康熙三十二年刻五十一年增修本　四冊　九行二十字小字雙行十九字白口四周雙邊　鈐任振采所收方志之一朱文長方印　F三一九二

【乾隆】重修洛陽縣志二十四卷圖考一卷　清龔崧林修　清汪堅纂　清乾隆十年刻本　二十冊　九行二十二字小字雙行二十字白口四周雙邊　F三一九三

【乾隆】重修靈寶縣志六卷　清王道暉、周慶增修　清敖啓潛、許宰纂　清乾隆十二年刻本　六冊　九行二十二字小字雙行二十一字白口四周雙邊　鈐任振采所收方志之一朱文長方印　F〇八三七

【康熙】宜陽縣志四卷　清申明倫纂修　清康熙三十二年刻本　四冊　十行二十一字小字雙行十九字白口四周單邊　F三一九五

[乾隆]永寧縣志八卷首一卷　清張楷纂修　清乾隆五十四年刻本　八册　十行二十一字小字雙行十九字白口左右雙邊　鈐任振采所收方志之一朱文長方印　F三一九六

[康熙]湖廣通志八十卷　清徐國相等修　清宫夢仁、姚淳燾纂　清康熙二十三年刻本　二十四册　十行二十字小字雙行十九字白口四周雙邊　鈐任振采所收方志之一朱文長方印　F三五六七

[康熙]湖廣武昌府志十二卷　清裴天錫修　清羅人龍等纂　清康熙二十六年刻本　十二册　十行二十字小字雙行十九字白口左右雙邊　鈐任振采所收方志之一朱文長方印　F三五六八

[乾隆]漢陽府志五十卷　清陶士偰修　清劉湘煃纂　清乾隆十二年刻本　二十册　九行二十一字小字雙行二十字白口四周雙邊　鈐任振采所收方志之一朱文長方印　F三五六九

[康熙]大冶縣志十二卷首一卷　清陳邦寄修　清胡繩祖纂　清康熙二十二年刻本　八册　十行二十一字小字雙行十九字白口左右雙邊　鈐任振采所收方志之一朱文長方印　F三五七四

[康熙]德安安陸郡縣志二十卷　清高聯捷修　清沈會霖纂　清康熙五年刻本　二册　九行二十字小字雙行十九字白口四周單邊　F三五七一

存七卷 九至十五

［乾隆］黄州府志二十卷 清王勍修 清靖道謨等纂 清乾隆十四年刻本 十四册 九行二十二字小字雙行字同白口四周雙邊 鈐任振采所收方志之一朱文長方印 F三五七〇

［康熙］黄安縣志十二卷首一卷 清劉承啓修 清詹大衢纂 清康熙三十六年刻本 十二册 八行十九字小字雙行字同白口四周雙邊 鈐任振采所收方志之一朱文長方印 Z〇一二六

［康熙］麻城縣志十卷 清屈振奇、王汝霖纂修 清康熙九年刻本 四册 八行二十字白口四周單邊 鈐任振采所收方志之一朱文長方印 F三五七六

［同治］重修英山縣志十卷首一卷 清徐玉珂修 清王熙勳等纂 清同治九年慎詒堂活字印本 十册 十行二十一字小字雙行十九字白口四周雙邊 封面鐫同治庚午年 慎詒堂梓 鈐任振采所收方志之一朱文長方印 F一九六二

［康熙］荆州府志四十卷圖考一卷 清郭茂泰、胡在恪等纂修 清康熙二十四年刻本 十六册 八行二十字小字雙行十九字白口四周雙邊 鈐任振采所收方志之一朱文長方印 F三五七二

［乾隆］荆州府志五十八卷首一卷 清葉仰高、來謙鳴修 清施廷樞纂 清乾隆二十二年刻本 二十册 九行二十二字小字雙行二十一字白口四周雙邊 鈐任振采所收方志之一朱文長方印 F三五七三

[乾隆]江陵縣志五十八卷首一卷　清崔龍見、魏耀修　清黄義尊纂　清乾隆五十九年刻本　三十册　九行二十二字小字雙行二十字白口左右雙邊　鈐任振采所收方志之一朱文長方印　F三五七八

[乾隆]荊門州志三十六卷　清舒成龍修　清李法孟、陳榮傑纂　清乾隆十九年宗陸堂刻本　八册　十行二十字小字雙行十九字白口四周雙邊　封面鐫乾隆甲戌秋刊　宗陸堂藏板　鈐任振采所收方志之一朱文長方印　F三五八〇

[乾隆]石首縣志八卷首一卷末一卷　清王維屏修　清徐祐彦等纂　清乾隆六十年刻本　六册　九行二十二字小字雙行二十一字白口四周雙邊　鈐任振采所收方志之一朱文長方印　F三五八四

[康熙]景陵縣志十二卷　清李謦、吳泰纂修　清康熙七年刻本　十四册　九行二十字小字雙行十九字白口四周單邊　F三五七九

[康熙]松滋縣志二十四卷　清陳麟修　清丁楚琮等纂　清康熙三十五年刻本　二册　八行二十字小字雙行十九字白口四周雙邊　鈐任振采所收方志之一朱文長方印　F三五八二

[乾隆]鄖西縣志二十卷首一卷　清張道南纂修　清乾隆四十二年刻本　四册　十行二十二字小字雙行二十字白口左右雙邊　鈐任振采所收方志之一朱文長方印　F三五八七

[乾隆]襄陽府志四十卷首一卷　清陳鍔纂修　清乾隆二十五年刻本　十六册　九行二十二字小字雙行二十一字白口四周雙　F一九一六

邊

【乾隆】隨州志十八卷首一卷 清張琤纂修 清乾隆五十五年刻本 八册 九行二十二字小字雙行二十字白口四周雙邊 鈐任振采所收方志之一朱文長方印 F三五八六

【嘉慶】南漳縣志集鈔三十五卷首一卷 清陶紹侃修 清胡正楷纂 清嘉慶二十年刻本 八册 九行二十字小字雙行十八字白口左右雙邊 封面鐫嘉慶乙亥歲鐫 鈐任振采所收方志之一朱文長方印 F一九九八

【乾隆】長沙府志五十卷首一卷 清呂肅高修 清張雄圖、王文清纂 清乾隆十二年刻本 二十八册 十行二十字小字雙行十九字白口四周雙邊 鈐任振采所收方志之一朱文長方印 F二〇二一

【乾隆】善化縣志十二卷 清魏成漢修 清張汝潤等纂 清乾隆十二年刻本 六册 十行二十字小字雙行十九字白口四周單邊 鈐任振采所收方志之一朱文長方印 F三五八九

【乾隆】岳州府志三十卷首一卷 清黄凝道修 清謝仲玩纂 清乾隆十一年刻本 三十二册 十行二十字小字雙行十九字白口四周雙邊 鈐任振采所收方志之一朱文長方印 F三五八八

【嘉慶】湘陰縣志三十九卷首一卷補遺一卷 清閻肇烺等修 清黄朝綬等纂 清徐鋐枝 F二〇四一

補　清嘉慶二十三年刻道光四年增修本　十六册　十行二十二字小字雙行二十字白口左右雙邊　鈐任振采所收方志之一朱文長方印

〔萬曆〕華容縣志八卷　明李雲階修　明孫羽侯纂　明徐元禹等補纂　明萬曆三十九年刻清雍正七年王展六增修本　六册　九行二十字小字雙行字同白口四周單邊　鈐任振采所收方志之一朱文長方印　F三五九九

〔嘉慶〕醴陵縣志二十六卷首一卷　清黃應培修　清丁世璟纂　清嘉慶二十四年刻本　十二册　九行二十一字小字雙行十九字白口四周雙邊　封面鐫嘉慶己卯重修　學宮藏板　鈐任振采所收方志之一朱文長方印　F二〇五〇

〔乾隆〕攸縣志六卷　清馮運棟修　清李天旭纂　清乾隆十六年刻本　六册　九行二十字小字雙行十九字白口四周雙邊　鈐任振采所收方志之一朱文長方印　F三五九〇

〔嘉慶〕茶陵州志二十七卷首一卷末一卷　清瑞徵修　清譚良治、鄧奉時纂　清嘉慶二十二年尊經閣刻道光十二年增修本　十册　十行二十四字小字雙行二十二字白口四周雙邊　封面鐫嘉慶丁丑年刊　尊經閣藏板　鈐任振采所收方志之一朱文長方印　F三五九三

〔嘉慶〕宜章縣志二十四卷首一卷　清陳永圖修　清龔立海、黄本騏纂　清嘉慶二十年刻本　十册　十行二十一小字雙行二十字白口四周雙邊　鈐任振采所收方志之一朱文長方印　F二〇八五

〔康熙〕臨武縣志十六卷　清張聲遠修　清鄒章周纂　清康熙二十七年刻乾隆十九年增修本　六册　十行二十字小字雙行十九字白口四周單邊　鈐任振采所收方志之一朱文長方印　F三五九四

[康熙]桂陽州志十四卷 清董之輔、吴爲相纂修 清康熙二十二年刻三十五年王秉中增修本 六册 鈐任振采所收方志之一朱文長方印 F三五九五

[乾隆]清泉縣志三十六卷首一卷 清江恂纂修 清乾隆二十八年刻本 十册 十一行二十二字小字雙行二十一字白口四周雙邊 F二〇五八

[嘉慶]零陵縣志十六卷 清武占熊修 清劉方璿、蔣濂纂 清嘉慶十五年刻本 十册 九行二十二字小字雙行二十字白口四周雙邊 鈐任振采所收方志之一朱文長方印 F二〇六七

[道光]永明縣志十三卷首一卷 清王春藻纂修 清道光二十六年刻本 十册 十一行二十二字小字雙行二十字白口四周雙邊 鈐任振采所收方志之一朱文長方印 F二〇六四

[康熙]道州志十五卷 清張大成、魏希範纂修 清康熙六年刻三十三年增修本 四册 九行二十三字小字雙行二十一字白口四周雙邊 鈐任振采所收方志之一朱文長方印 F三五九二

[乾隆]武岡州志十卷首一卷 清席芬修 清周思仁纂 清乾隆二十一年刻本 四册 九行二十字小字雙行十九字白口四周雙邊 鈐别號岸樵朱白文方印 任振采所收方志之一朱文長方印 F三五九六

[乾隆]黔陽縣志四十二卷首一卷 清姚文起修 清危元福等纂 清乾隆五十四年刻本 八册 九行二十二字小字 F三五九七

雙行二十一字白口四周雙邊　封面鐫己酉重修

[乾隆]辰州府志五十卷首一卷　清席紹葆等修　清謝鳴謙、謝鳴盛纂　清乾隆三十年刻本　二十四册　十一行二十一字小字雙行二十字白口四周雙邊　F二〇二九

[乾隆]靖州志十四卷首一卷末一卷　清呂宣曾、張開東纂　清乾隆三十一年刻本　十二册　九行二十一字小字雙行十九字白口四周雙邊　鈐任振采所收方志之一朱文長方印　F三五九八

[乾隆]永順府志十二卷首一卷　清張天如修　清顧奎光纂　清乾隆二十八年刻本　四册　九行二十字小字雙行十九字白口四周雙邊　鈐萬綠軒王藏書白文方印　F二〇三〇

[康熙]九谿衛縣志三卷　清袁䰢修　清董儒修纂　清抄本　一册　十行二十字小字雙行字同無格　F二一一一

[康熙]石門縣志三卷　清張霖纂修　清許湄續修　清康熙二十二年刻四十九年增修本　二册　九行二十字小字雙行十八字白口左右雙邊　鈐任振采所收方志之一朱文長方印　F三六〇〇

[嘉慶]石門縣志五十五卷首一卷　清蘇益馨、李漢謨修　清梅嶧纂　清嘉慶二十三年刻本　六册　十行二十二字小字雙行二十字白口四周雙邊　鈐任振采所收方志之一朱文長方印　F二一二三

存五十四卷 一至四十五 四十七至五十五

【康熙】廣東通志三十卷 清金光祖等纂修 清康熙三十六年刻本 二十六册 九行二十字小字雙行十九字白口四周雙邊 鈐古香樓朱文圓印 休寧汪季青家藏書箱朱文方印 任振采所收方志之一朱文長方印 F三六五八

【康熙】重修曲江縣志四卷 清秦熙祚纂修 清康熙二十六年刻本 四册 九行二十字小字雙行字同白口四周雙邊 F三六六五

【康熙】韶州府志十八卷 清唐宗堯修 清陳金闓等纂 清康熙二十六年刻本 十八册 九行二十字小字雙行字同白口四周雙邊 鈐任振采所收方志之一朱文長方印 F三六五九

【嘉慶】仁化縣志三卷 清鄭紹曾纂修 清嘉慶二十四年刻本 三册 九行二十一字白口四周雙邊 鈐任振采所收方志之一朱文長方印 Z〇一一一

【乾隆】南雄府志十九卷 清梁宏勳修 清胡定纂 清乾隆十八年刻本（卷十四、十九配清抄本） 十六册 九行二十字小字雙行十九字白口左右雙邊 鈐任振采所收方志之一朱文長方印 F三六六〇

【康熙】連陽八排風土記八卷 清李來章纂修 清康熙四十七年連山書院刻本 四册 九行二十字小字雙行十八字黑口左右雙邊 F三六六七

【雍正】連平州志十卷 清盧廷俊修 清顏希聖、何深纂 清雍正八年刻本 十册 九行二十二字小字雙行二十字白口左右雙邊 鈐任振采所收方志 F三六六六

之一朱文長方印

【嘉慶】平遠縣志五卷首一卷　清盧兆鰲修　清余鵬舉等纂　清嘉慶二十五年刻本　五册　十行二十字小字雙行十九字白口左右雙邊　鈐任振采所收方志之一朱文長方印　F三六七二

【乾隆】重修鎮平縣志六卷　清潘承焯修　清吳作哲續修　清乾隆四十八年刻本　四册　八行二十一字小字雙行字同白口四周雙邊　鈐任振采所收方志之一朱文長方印　F三六七三

【嘉慶】大埔縣志十八卷首一卷　清洪先燾等修　清饒慶捷等纂　清嘉慶三十九年刻本　十六册　十行二十二字小字雙行二十一字白口四周雙邊　鈐任振采所收方志之一朱文長方印　Z〇一三一

【康熙】長樂縣志八卷　清孫蕙、孔元體等纂修　清康熙二十六年刻本　十册　九行二十二字小字雙行字同白口四周雙邊　鈐任振采所收方志之一朱文長方印　F三六七一

【康熙】饒平縣志二十四卷　清劉抃修　清熊可坪纂　清康熙二十六年刻本　六册　九行二十字小字雙行十八字白口四周雙邊　F三六六九

【康熙】惠來縣志十八卷　清張秉政等修　清張經等纂　清康熙二十六年刻本　六册　九行二十一字白口四周雙邊　鈐任振采所收方志之一朱文長方印　Z〇一三九

【乾隆】陸豐縣志十二卷 清王之正修 清沈展才等纂 清乾隆十年刻本 四册 九行二十二字小字雙行十九字白口四周雙邊 鈐任振采所收方志之一朱文長方印 F二五三四

【乾隆】普寧縣志十卷首一卷 清蕭麟趾修 清梅奕紹等纂 清乾隆十年刻本 十册 九行二十字小字雙行十八字白口四周雙邊 鈐任振采所收方志之一朱文長方印 F三六七〇

【乾隆】揭陽縣志八卷首一卷附錄一卷 清劉業勤修 清凌魚纂 清乾隆四十四年刻本 八册 十行二十一字小字雙行字同白口四周雙邊 封面鐫乾隆己亥重輯 鈐任振采所收方志之一朱文長方印 F二五三八

【康熙】高明縣志十八卷首一卷 清于學修 清黃之璧等纂 清康熙二十八年刻本 六册 九行二十字小字雙行十八字白口四周雙邊 鈐任振采所收方志之一朱文長方印 F三六七五

【道光】高明縣志十八卷首一卷 清祝淮修 清夏植亨等纂 清道光五年刻本 四册 九行二十字小字雙行十八字白口四周雙邊 鈐任振采所收方志之一朱文長方印 F三六七六

【道光】開平縣志十卷 清王文驤修 清李科等纂 清道光三年刻本 六册 九行二十字小字雙行十八字白口四周雙邊 封面鐫道光癸未重修 鈐任振采所收方志之一朱文長方印 F三六七七

【康熙】恩平縣志十一卷　清佟世男、鄭軾等纂修　清康熙二十七年刻本　四册　九行十八字小字雙行十七字白口四周雙邊　鈐任振釆所收方志之一朱文長方印　F三六七八

【康熙】雷州府志十卷　清吴盛藻、沈鈐生修　清洪泮洙纂　清康熙十一年刻本　十册　九行二十字小字雙行十九字白口四周雙邊　鈐任振釆所收方志之一朱文長方印　F三六六二

【乾隆】懷集縣志十卷　清顧旭明、唐廷梁纂修　清乾隆二十年刻本　十二册　八行十八字小字雙行十六字白口四周單邊　鈐任振釆所收方志之一朱文長方印　F三六八一

【康熙】四會縣志二十卷　清陳欲達纂修　清康熙二十七年刻本　六册　九行十八字小字雙行十七字白口四周單邊　鈐任振釆所收方志之一朱文長方印　F三六七四

【康熙】新興縣志二十卷　清康善述、徐煌等纂修　清康熙二十六年刻四十九年補刻本　十六册　九行十九字小字雙行十八字白口四周單邊　鈐任振釆所收方志之一朱文長方印　F三六七九

【康熙】西寧縣志十二卷首一卷　清張溶、區孟賢等纂修　清康熙二十六年刻本　四册　九行十八字小字雙行字同白口四周雙邊　鈐任振釆所收方志之一朱文長方印　F三六八〇

【雍正】廣西通志一百二十八卷首一卷　清金鉷等修　清錢元昌、陸綸纂　清雍正十一年刻本　八十册　十一行二十一字小字雙行十九字白口四周單邊　鈐三殘書屋朱文方印　任振采印朱文方印　F三六八六

【嘉慶】龍州紀略二卷　清黄譽纂修　清嘉慶八年暨南書院刻本　二册　八行二十字白口四周雙邊　F三六九〇

【乾隆】柳州府志四十卷首一卷　清王錦等修　清吴光昇纂　清乾隆二十九年刻本　二十册　九行二十一字小字雙行十九字白口四周雙邊　鈐任振采所收方志之一朱文長方印　F三六八八

【嘉慶】武宣縣志十六卷首一卷　清高攀桂修　清梁士彦等纂　清嘉慶十三年刻本　四册　九行二十一字小字雙行十九字白口四周雙邊　封面鐫嘉慶戊辰年鐫　鈐洞室李氏經眼書畫印朱文方印　任振采所收方志之一朱文長方印　F三六九三

【道光】灌陽縣志二十卷首一卷　清蕭煊修　清范光祺纂　清道光二十四年刻本　八册　十行二十字小字雙行十八字白口左右雙邊　鈐任振采所收方志之一朱文長方印　F三六九四

【道光】陽朔縣志五卷首一卷　清吴德徵修　清唐作礪等纂　清道光十八年刻本　六册　九行十九字小字雙行十七字白口四周雙邊　封面鐫道光十八年戊戌重訂　鈐任振采所收方志之一朱文長方印　F三六九六

【光緒】修仁縣志不分卷　清光緒稿本　二册　八行字數不等　鈐任振采所收方志之一朱文長方印　Z〇一三一

[乾隆]鬱林州志十卷 清邱桂山修 清劉玉麟、秦兆鯨纂 清乾隆五十七年刻本 四冊 十行二十二字小字雙行二十字白口左右雙邊 封面鐫乾隆壬子年重鐫 鈐任振采所收方志之一朱文長方印 F三六九八

[乾隆]興業縣志四卷 清王巡泰纂修 清乾隆四十四年刻本 四冊 九行二十字小字雙行十八字白口四周雙邊 F三六九九

[乾隆]潯州府志五十卷首一卷 清胡南藩修 清歐陽達纂 清乾隆二十一年刻本 十六冊 九行二十一字小字雙行字同白口四周雙邊 鈐任振采所收方志之一朱文長方印 F三六八九

[道光]桂平縣志十六卷 清袁湛業修 清黃體正、王維新纂 清道光二十三年刻本 六冊 九行二十二字小字雙行二十字白口四周雙邊 封面鐫道光二十三年癸卯重修 鈐任振采所收方志之一朱文長方印 F三七〇〇

[嘉慶]靈山縣志十三卷 清張孝詩修 清梁炅等纂 清嘉慶二十五年刻道光元年增修本 佚名批校 四冊 十一行二十五字小字雙行字同白口四周雙邊 封面鐫嘉慶庚辰年仲冬鐫 鈐任振采所收方志之一朱文長方印 F三六八二

[道光]上思州志二十卷首一卷 清陳蘭滋纂修 清道光十五年刻本 四冊 九行二十字小字雙行十七字白口四周雙邊 封面鐫道光乙未年刊 鈐任振采所收方志之一朱文長方印 F三六九一

[康熙]西隆州誌不分卷 清王譽命纂修 清抄本 二冊 十行二十一字小字雙行二十字無格 鈐任振采所收方志之一朱文長方印 F三六九二

【乾隆】陵水縣志十卷附補遺 清瞿雲魁纂修 清乾隆五十八年刻本 四册 九行二十一字小字雙行十九字白口左右雙邊 封面鐫乾隆癸丑年鐫 鈐任振采所收方志之一朱文長方印 F三六八四

【乾隆】崖州志十卷 清宋錦修 清黃德厚纂 清乾隆二十年刻本 八册 九行二十字小字雙行十八字白口左右雙邊 鈐振采長壽朱文方印 任鳳苞印白文方印 F三六八五

【雍正】羅定州志六卷首一卷 清王植纂修 清雍正九年刻本 十册 九行二十字小字雙行十八字白口左右雙邊 鈐任振采所收方志之一朱文長方印 F二五五五

【嘉靖】四川總志十六卷 明劉大謨、王元正等纂修 明周復俊、崔廷槐重編 全蜀藝文志六十四卷 明楊慎纂 明嘉靖二十四年刻本 二十册 九行二十二字小字雙行二十一字白口四周雙邊 鈐任氏振采朱文方印 鳳苞白文長方印 N〇一一三

【雍正】四川通志四十七卷首一卷 清黃廷桂等修 清張晉生等纂 清雍正十三年刻本 五十册 九行二十一字小字雙行十九字白口四周雙邊 鈐任振采所收方志之一朱文長方印 F三六〇一

【乾隆】巴縣志十七卷首一卷 清王爾鑑修 清周開豐纂 清乾隆二十五年刻本 十二册 九行二十一字小字雙行十九字白口四周雙邊 鈐任振采所收方志之一朱文長方印 F三六〇五

【乾隆】灌縣志十二卷首一卷 清孫天寧纂修 清乾隆五十一年刻本 六册 九行二十一字小字雙行十九字白口四周雙邊 鈐任 F三六〇八

振采所收方志之一朱文長方印　海陵汪氏珍藏朱文長方印

［乾隆］潼川府志十二卷首一卷　清張松孫修　清李茂穀等纂　清乾隆五十年刻本　六册　九行二十三字小字雙行字同白口四周雙邊　封面鐫乾隆乙巳冬孟鐫刻　鈐任振采所收方志之一朱文長方印　F二一五一

［乾隆］直隸綿州志十九卷　清屠用謙等修　清乾隆一年刻本　一册　九行二十一字白口四周雙邊　存二卷十六至十七　F二一九四

［乾隆］四川保寧府廣元縣志十三卷首一卷　清張賡謨纂修　清乾隆二十二年刻本　四册　九行二十一字小字雙行十九字白口四周雙邊　鈐任振采所收方志之一朱文長方印　F二三一三

［康熙］綿竹縣志七卷首一卷　清王廉言纂修　清陸箕永增修　清康熙四十四年刻乾隆四十二年增修本　十二册　九行二十一字小字雙行二十字白口四周單邊　鈐任振采所收方志之一朱文長方印　F三六〇九

［乾隆］威遠縣志八卷首一卷　清李南暉修　清張翼儒纂　清乾隆四十年刻本　四册　九行十九字小字雙行十七字白口左右雙邊　鈐任振采所收方志之一朱文長方印　F二三〇三

［嘉慶］資州直隸州志三十卷首四卷　清劉炯修　清張懷渭等纂　清嘉慶二十年刻咸豐八年重印本　二十册　F三六二〇

九行二十一字小字雙行十九字白口四周雙邊　鈐任振采所收方志之一朱文長方印

【道光】富順縣志三十八卷　清陸光宗等修　清黃靖圖等纂　清道光七年刻本　六册　九行二十五字小字雙行二十四字白口四周雙邊　鈐任振采所收方志之一朱文長方印　F二三四一

【乾隆】隆昌縣志二卷　清朱雲駿纂修　清乾隆四十年刻本　一册　九行二十字小字雙行字同白口四周雙邊　封面鐫乾隆乙未冬鐫　鈐任振采所收方志之一朱文長方印　F三六二三

【嘉慶】合江縣志五十四卷　清秦緗修　清楊致道、鄭國楹纂　清嘉慶十八年刻本　八册　九行二十一字小字雙行十九字白口四周雙邊　鈐任振采所收方志之一朱文長方印　F三六二四

【嘉慶】慶符縣志五十四卷　清何應駒、色卜星額修　清李合和、馮協桐纂　清嘉慶十九年刻本　六册　九行二十一字小字雙行字同白口四周雙邊　封面鐫嘉慶十九年新鐫　鈐任振采所收方志之一朱文長方印　F三六二二

存五十二卷　一至十三　十五至四十六　四十八至五十四

【乾隆】墊江縣志八卷首一卷　清丁漣修　清楊錫麟、陳書纂　清乾隆十一年刻二十二年增修本　八册　九行二十一字小字雙行十九字白口四周雙邊　封面鐫乾隆丙寅年鐫　鈐任振采所收方志之一朱文長方印　F三六一八

【乾隆】石砫廳志不分卷　清王縈緒纂修　清乾隆四十年刻本　二册　十行二十一字白口四周雙邊　鈐任振采所收方志之一朱文長方印　F三六一九

【康熙】順慶府志十卷　清李成林修　清羅承順等纂　清康熙二十五年刻乾隆三十九年重印本　十册　九行十八字小字雙行十六字白口四周單邊　鈐任振采所收方志之一朱文長方印　F三六〇三

【康熙】順慶府志增續一卷　清袁定遠纂修　清乾隆三十九年刻本　一册　九行十八字小字雙行十六字白口四周單邊　F三六〇四

【康熙】西充縣志十二卷　清李棠等修　清李昭治等纂　清康熙六十一年刻本　五册　十行二十字小字雙行字同白口四周單邊　鈐任振采所收方志之一朱文長方印　F三六一三

【咸豐】廣安州志八卷　清王兆僖修　清廖朝翼纂　清咸豐十年刻本　八册　九行二十一字小字雙行十九字白口四周雙邊　封面鐫咸豐庚申重修　鈐任振采所收方志之一朱文長方印　F三六一二

【乾隆】保縣志八卷　清陳克繩纂修　清乾隆十一年修抄本　六册　十行二十二字小字雙行字數不等無格　鈐任振采所收方志之一朱文長方印　F三六三二

【乾隆】貴州通志四十六卷首一卷　清張廣泗等修　清靖道謨、杜詮纂　清乾隆六年刻本　十八册　十一行十九字小字雙行字同白口四周雙邊　鈐宜興任氏天春園所有圖書朱文長方印　F二六九三

【乾隆】黔南識略三十二卷　清愛必達纂修　F二六九四

【道光】黔南職方紀

略九卷　清羅繞典輯　清道光二十七年刻本　六册　十行二十字黑口左右雙邊

【隆慶】雲南通志十七卷　明鄒應龍、李元陽纂修　明隆慶六年刻萬曆四年重印本　十四册　十行二十字小字雙行十九字白口四周雙邊　鈐任氏振采朱文方印　鳳苞白文長方印　N〇一一五

【康熙】雲南通志三十卷　清范承勲、王繼文修　清丁煒、吳自肅纂　清康熙三十年刻本　二十六册　九行十九字小字雙行字同白口四周雙邊　鈐任振采所收方志之一朱文長方印　F三七〇二

【乾隆】雲南通志三十卷首一卷　清鄂爾泰等修　清靖道謨纂　清乾隆元年刻本　三十二册　十行二十二字小字雙行二十一字白口四周雙邊　鈐宜興任氏天春園所有圖書朱文長方印　F二六三〇

【康熙】雲南府志二十六卷　清張毓碧修　清謝儼纂　清康熙三十五年刻本　三十册　九行十九字小字雙行十七字白口四周雙邊　鈐任振采所收方志之一朱文長方印　F三七〇三

【康熙】路南州志四卷　清金廷獻修、李汝相纂　清康熙五十一年刻本　【乾隆】續編路南州志四卷　清史進爵、郭廷選等纂修　清乾隆二十二年刻本　六册　九行十九字白口四周雙邊　鈐任振采所收方志之一朱文長方印　N〇一二〇

【乾隆】陸涼州志六卷　清沈生遴纂修　清乾隆十七年刻本　四册　九行十九字小字雙行十八字白口四周雙邊　鈐雲南陸涼州印朱文大方印　任振采所　F三七一五

收方志之一朱文長方印

【康熙】瀲江府志十六卷　清柳正芳修　清李應綬等纂　清康熙五十八年刻本　六冊　九行二十三字小字雙行二十一字白口四周雙邊　鈐任振采所收方志之一朱文長方印　F三七〇五

【康熙】新興州志十卷　清任中宜原修　清徐正恩增纂　清康熙五十四年刻乾隆十四年增修本　十冊　九行十九字小字雙行十八字白口四周雙邊　鈐任振采所收方志之一朱文長方印　F三七一〇

【康熙】通海縣志八卷　清魏藎臣修　清闞禎兆纂　清康熙三十年刻本　四冊　十行二十二字小字雙行字數不等白口四周雙邊　鈐任振采所收方志之一朱文長方印　F三七一三

【道光】元江州志四卷　清廣裕修　清王墐、馮世驤纂　清道光六年刻本　四冊　十行二十字小字雙行字同白口四周雙邊　鈐任振采所收方志之一朱文長方印　F三七一二

【乾隆】順寧府志十卷　清范溥原修　清劉埥續修　清乾隆二十六年刻本　八冊　九行十九字小字雙行十七字白口四周雙邊　封面鐫乾隆二十六年辛巳府署藏板　鈐任振采所收方志之一朱文長方印　F三七〇六

【乾隆】永北府志二十八卷　清陳奇典、劉慥纂修　清乾隆三十年刻本　八冊　九行二十字小字雙行十八字白口四周雙邊　鈐任振采所　F三七一七

收方志之一朱文長方印

【乾隆】廣西府志二十六卷 清周埰修 清李綬、魏光竹纂 清乾隆四年刻本 六冊 九行二十字小字雙行十八字白口四周雙邊 鈐任振采所收方志之一朱文長方印 F三七一九

【乾隆】石屏州志八卷 清管學宣纂修 清乾隆二十四年刻四十五年重印本 九冊 十行二十四字小字雙行二十二字白口四周雙邊 鈐振藻私印白文方印 任振采所收方志之一朱文長方印 F三七二一

【乾隆】石屏州續志二卷 清呂纘先纂修 清乾隆四十五年刻本 一冊 十行二十四字小字雙行二十二字白口四周雙邊 鈐振藻私印白文方印 任振采所收方志之一朱文長方印 F三七二二

【雍正】建水州志十六卷 清祝宏修 清趙節等纂 清雍正九年刻本 十一冊 九行十九字小字雙行十六字白口四周雙邊 F三七二〇

【康熙】楚雄府志十卷首一卷 清張嘉穎等修 清劉聯聲等纂 清康熙五十四年刻本 十冊 九行二十字小字雙行十九字白口四周雙邊 鈐任振采所收方志之一朱文長方印 F三七〇四

【乾隆】琅鹽井志四卷首一卷 清孫元相修 清趙淳纂 清乾隆二十一年刻本 四冊 十行二十二字小字雙行二十字白口四周雙邊 鈐任振采所收方志之一朱文長方印 F三七二七

[康熙]廣通縣志九卷首一卷　清李栓、張維房纂修　清康熙二十九年刻本　六册　九行二十二字小字雙行二十字白口四周單邊　F三七二六
鈐任振采所收方志之一朱文長方印

[雍正]雲龍州志十二卷首一卷　清陳希芳纂修　清雍正六年刻本　四册　九行二十字小字雙行十九字白口左右雙邊　鈐任振采所收方志之一朱文長方印　F三七二四

[乾隆]衛藏圖識四卷蠻語一卷　清馬揭等纂修　清乾隆五十七年刻巾箱本　四册　F二八九〇

西招圖略　清松筠撰　清道光二十七年刻本　二册　F二八八二

以上方志

帝京景物畧八卷　明劉侗、于奕正撰　明崇禎刻本　八册　八行十九字白口四周單邊　鈐宜興任氏天春園所有圖書朱文方印　〇五四八

帝京景物畧八卷　明劉侗、于奕正撰　明末刻本　四册　十一行二十一字白口左右雙邊　〇五四七

日下舊聞四十二卷附補遺　清朱彝尊撰　清朱昆田補遺　清康熙二十七年六峰閣刻本　十六册　十二行二十一字白口四周單邊　封面鐫六峰閣藏板　五五五八

日下舊聞四十二卷附補遺　清朱彝尊撰　清朱昆田補遺　清康熙二十七年六峰閣刻本　十六册　五五五九

日下舊聞四十二卷附補遺 清朱彝尊撰 清朱昆田補遺 清康熙二十七年六峰閣刻本 十四册 七八二九

金陵瑣事四卷續二卷二續二卷 明周暉撰 明萬曆三十八年刻本 八册 八行十六字白口四周單邊 一六五〇

存 金陵瑣事二卷 一至二 二續二卷

金陵名勝不分卷 清唐贊袞編 清抄本 一册 十行二十四字白口左右雙邊 二八八五

中吳紀聞六卷 宋龔明之撰 明毛晉訂 明毛氏汲古閣刻本 一册 九行十八字大黑口左右雙邊 封面鎸汲古閣藏板 鈐趙氏種芸仙館收藏印朱文方印 毛氏正本朱文方印 汲古閣白文方印 〇五六八

采風類記十卷 清張大純撰 清康熙四十九年深柳讀書堂刻乾隆二十年印本 八册 十行二十一字小字雙行字同黑口左右雙邊 五五八七

池州府歷朝沿革考□□卷 清董永攀撰 清抄本 周叔弢題款 三册 八行二十二字無格 三八四八

濟勝一覽不分卷 明侯應琛撰 明萬曆四十六年刻本 四册 八行十七字白口四周單邊 Z〇〇三六

會稽三賦四卷首一卷 宋王十朋撰 明南逢吉注 明尹壇補註 明天啓元年凌弘憲刻套印本 二册 八行十八字白口四周單邊 一八八七

欽定四庫全書閩小記四卷 清周亮工撰 清乾隆抄文津閣四庫全書撤出本 二册 八行二十一字小字雙行字同無格 鈐文津閣寶朱文大方印 避暑山莊朱文大方印 Z〇一四四

粵閩巡視紀略三卷附紀彭湖臺灣一卷閩粵圖一卷 清杜臻撰 清康熙經緯堂刻本 二册 八行十九字白口左右雙邊 封面鐫經緯堂藏板　四五八六

廣東新語二十八卷 清屈大均撰 清康熙水天閣刻本 八册 十一行十九字白口四周單邊 封面鐫水天閣繡版　四五七三

廣東新語二十八卷 清屈大均撰 清康熙水天閣刻本 十册　七五四四

蜀中名勝記三十卷 明曹學佺撰 清抄本 十六册 十行二十字無格 鈐鐵保私印白文方印 德潛之印朱文方印　二八八九

雲南苗族風俗圖不分卷 清彩繪本 一册　二七九五

黔省苗族風俗圖解不分卷 清彩繪本 一册　二七九四

九邊圖論不分卷 明許論撰 明閔氏刻套印本 二册 八行十八字白口四周單邊　一七七六

籌海圖編十三卷 明胡宗憲輯 明天啓四年胡維極刻本 八册 十二行二十二字小字雙行字同白口四周單邊　○五四九

籌海圖編十三卷 明胡宗憲輯 明天啓四年胡維極刻本 八册　○五五○

以上雜志

古今游名山記十七卷總錄三卷 明何鏜輯 明嘉靖四十四年刻萬曆重修本 二十四册 十四行二十七字白口左右雙邊　○五六九

有刻工

名山勝槩記四十八卷圖一卷附錄一卷 明何鏜輯 明崇禎六年墨繪齋刻本 五十册 九行二十字白口左右雙邊 圖前鎸崇禎六年春月墨繪齋新摹牌記 ○五六三

新鎸海内奇觀十卷 明楊爾曾撰 明萬曆三十七年夷白堂刻本 丁菊甦批校 十册 有圖 十行二十四字白口四周單邊 下書口鎸夷白堂 鈐丁氏菊甦朱文方印 菊甦讀過朱文方印 夷白堂印白文方印 ○五五五

大明一統名勝志二百八卷 明曹學佺撰 明崇禎三年刻本 五十册 十行十九字白口左右雙邊 有刻工 ○五六四

穹窿山志六卷圖一卷 清李標撰 清康熙刻本 二册 九行二十字白口四周單邊 四五六六

陽山誌三卷 明岳岱撰 明嘉靖九年顧元慶刻本 一册 十行十八字白口左右雙邊 ○五六二

虎丘山志十卷首一卷 清顧湄纂 清康熙張氏懷嵩堂刻本 四册 十一行二十字黑口四周雙邊 鈐宜興任氏天春園臧書印朱文方印 王氏籀鄦誃臧書記朱文方印 四五六四

金山集二卷 明釋圓濟撰 明刻本 二册 十行十八字白口左右雙邊 ○五六一

金山志十卷首一卷 清盧見曾等輯 清乾隆二十七年雅雨堂刻本 四册 十行十九字白口左右雙邊 七三六三

南通州五山全志二十卷　清劉名芳纂修　清乾隆徐嶺刻本　八册　九行十九字白口四周雙邊　有刻工　四五六一

黄山志定本七卷首一卷　清閔麟嗣纂　清康熙十八年刻本　七册　九行二十一字小字雙行字同白口四周雙邊　有刻工　鈐宜興任氏天春園臧書印朱文長方印　四五六七

雲嶺志六卷　清釋普職、蒼霞等撰　清康熙五十七年刻本　一册　十行十九字白口四周單邊　四五六九

靈巖志六卷　清馬大相等纂　清康熙三十五年刻乾隆間增修本　四册　九行二十字白口左右雙邊　四五六三

岱史十八卷附登岱草一卷東巡紀盛一卷　明查志隆編　清張縉彦勞繩祖增纂　明萬曆刻清順治康熙增補刻本　八册　九行二十字白口四周單邊　〇七三八

顔山雜記四卷　清孫廷銓撰　清康熙刻本　二册　八行十八字白口四周單邊　七八〇〇

顔山雜記四卷　清孫廷銓撰　清康熙刻本　二册　五五八〇

説嵩三十二卷　清景日昣撰　清康熙六十年嶽生堂刻本　十册　十一行二十五字白口四周雙邊　封面鐫嶽生堂　五五八一

華嶽全集十三卷　明張維新撰　明馮嘉會續輯　明萬曆刻天啓補刻本　四册　九行二十字小字雙行字同白口四周雙邊　鈐八千卷樓朱文方印　〇五六〇

盤山志十卷補遺四卷首一卷　清釋智朴纂修　清康熙刻本　二册　十行二十字黑口四周單邊　七一〇六

存五卷　一至五

盤山志十六卷首五卷　清蔣溥等纂　清乾隆二十年武英殿刻本　十册　有圖　九行二十一字白口四周雙邊　鈐臣許乃普朱白文方印　賜本朱文橢圓印　任氏振采朱文方印　四五六二

終南仙境志四卷　明趙爾守等輯　明刻清乾隆十五年鄒儒補刻本　二册　十行十八字白口四周單邊間四周雙邊　〇二二九

明州阿育王山志十卷　明郭子章撰　明萬曆刻清補刻本　**續志六卷**　清釋畹荃撰　清乾隆刻本　六册　十行十九字白口四周單邊　〇二九一

天台山全志十八卷　清張聯元輯　清康熙五十六年刻本　八册　十行二十一字白口左右雙邊　鈐宜興任氏天春園臧書印朱文長方印　四五六八

爛柯山志不分卷　清冷時中撰　清初刻本　四册　九行十八字白口四周單邊　鈐八千卷樓藏書印朱文方印　四五六五

太嶽太和山紀畧八卷圖一卷　清王槩撰　清乾隆九年下荊南道署刻本　八册　九行二十字小字雙行字同白口四周雙邊　封面鐫乾隆九年纂　七〇〇〇

廬山志十五卷　清毛德琦撰　清康熙五十九年順德堂刻本　十四册　九行二十一字白口左右雙邊　下書口鐫順德堂　封面鐫順德堂藏板　六六二七

衡岳志八卷　清朱袞、袁奐撰　清康熙三十七年刻本　八册　十行二十字小字雙行十九字白口四周單邊　六六二六

羅浮山志會編二十二卷首一卷　清宋廣業纂　清康熙五十六年刻本　十册　九行二十字小字雙行字同白口左右雙邊　六六二三

道山紀略不分卷　清蕭震撰　清康熙十一年刻本　一册　七行十七字白口四周單邊　五五九六

武夷山志二十四卷首一卷　清董天工撰　清乾隆刻本　十册　十行二十二字白口左右雙邊　七四四二

武夷山志二十四卷首一卷　清董天工撰　清乾隆刻本　十册　七二二七

四明山志九卷　清黃宗羲輯　清康熙刻本　二册　十一行二十二字小字雙行字同下黑口四周單邊　五九〇六

御覽孤山志不分卷御覽蘭亭志不分卷　清王復禮輯　清康熙五十八年陸廷燦刻本　四册　十行二十字白口四周單邊　鈐愚齋圖書館藏朱文方印　六六一八

五蓮山志五卷　清釋海霆纂　清康熙刻乾隆補刻本　二册　八行二十字白口四周單邊　七二七〇

水經注四十卷　北魏酈道元撰　明嘉靖十三年黃省曾刻本　十二册　十二行二十字白口左右雙邊　〇五五三

水經注四十卷　北魏酈道元撰　明嘉靖十三年黃省曾刻本　佚名批校　八册　〇五五四

水經注四十卷　北魏酈道元撰　明萬曆十三年吳琯刻本　十四册　十行二十字白口左右雙邊　鈐供春樓朱文方印　〇五五二

水經注四十卷　北魏酈道元撰　**山海經十八卷**　晉郭璞撰　清康熙五十三年項絪群玉書堂刻本　十册　七六九六

十一行二十一字小字雙行字同細黑口四周單邊　封面鐫項氏群玉書堂

水經注四十卷　北魏酈道元撰　清康熙五十三年項絪群玉書堂刻本　十册　七六九七

水經注四十卷　北魏酈道元撰　清小山堂抄本　清全祖望校　八册　十行二十字小字雙行十九字白口四周單邊　欄外左下鐫小山堂鈔本　鈐四明盧氏抱經樓珍藏朱文方印　Z〇一六〇

水經注四十卷　北魏酈道元撰　明練湖書院抄本　四册　九行字數不等藍格白口四周單邊下書口鐫練湖書院鈔　Z〇〇四〇

存十六卷　二十一至二十四　二十九至四十

水經注四十卷　北魏酈道元撰　清乾隆十八年黃晟槐蔭草堂刻本　十册　十一行二十字白口四周單邊　封面鐫槐蔭草堂藏板　六九三九

水經注四十卷　北魏酈道元撰　清乾隆十八年黃晟槐蔭草堂刻本　十册　清邵作舟批校並題識　七六九八

水經注不分卷　北魏酈道元撰　清戴震校　清乾隆刻本　佚名錄洪亮吉批校　十四册　十行二十一字白口左右雙邊　七七〇〇

水經注箋四十卷　明朱謀㙔撰　明萬曆四十三年李長庚刻本　十册　十行二十字小字雙行字同白口左右雙邊　有刻工　〇五五六

水經注箋四十卷　明朱謀㙔撰　明萬曆四十三年李長庚刻本　二十册　〇五五七

水經注重校本四十卷附全校水經酈注水道表四十卷　Z〇〇四五

北魏酈道元撰　清全祖望校　清王梓材輯　清王梓材抄本　清葉志詵題款　清陳勱跋　十八冊　十一行字數不等白口無格

水道表　缺一至六卷

水經注釋四十卷首一卷附錄二卷水經注箋刊誤十二卷　清趙一清撰　清乾隆五十一年趙氏小山堂刻本　二十冊　十行二十二字小字雙行字同白口左右雙邊　下書口鐫東潛趙氏定本　封面鐫小山堂雕　五五七二

水經注釋四十卷首一卷附錄二卷水經注箋刊誤十二卷　清趙一清撰　清乾隆五十一年趙氏小山堂刻本　二十冊　五五七三

行水金鑑一百七十五卷首一卷　清傅澤洪撰　清雍正三年淮揚道署刻本　三十六冊　十一行二十一字小字雙行三十字黑口左右雙邊　封面鐫淮揚官舍綉梓　四六四三

行水金鑑一百七十五卷首一卷　清傅澤洪撰　清雍正三年淮揚道署刻本　三十六冊　七一九五

行水金鑑一百七十五卷首一卷　清傅澤洪撰　清雍正三年淮揚道署刻本　三十六冊　封面鐫喻義堂藏版　四五六〇

水道提綱二十八卷　清齊召南撰　清乾隆四十一年傳經書屋刻本　清姚尹跋　八冊　九行二十一字小字雙行字同白口左右雙邊　五五七五

東泉誌四卷　明王寵撰　明正德五年陳澍刻本　二冊　十一行二十二字小字雙行字同白口四周單邊　Z〇一一四

治河全書二十四卷　清張鵬翮撰　清抄本　二十四册　附彩繪圖　九行二十四字白口左右雙邊　Z〇一五九

西湖志四十八卷　清李衛、程元章修　清傅王露纂　清雍正十二年兩浙鹽驛道刻本　二十册　九行二十一字小字雙行字同下黑口四周雙邊　封面鎸雍正九年新纂　兩浙鹽驛道庫藏板　五五八四

西湖志四十八卷　清李衛、程元章修　清傅王露纂　清雍正十二年兩浙鹽驛道刻本　二十册　五五八五

西湖志四十八卷　清李衛、程元章修　清傅王露纂　清雍正十二年兩浙鹽驛道刻本　二十册　七四三三

西湖志纂十二卷　清沈德潛、傅王露輯　清乾隆抄本　六册　九行二十二字小字雙行十九字白口四周雙邊　Z〇一〇〇

河防志十二卷　清張希良撰　清雍正三年刻本　十二册　九行二十字白口四周單邊　五四六八

吳中開江書五卷　清顧士璉等輯　清康熙刻本　二册　九行十九字白口左右雙邊　有刻工　四九六八

存三卷

新劉河志正集一卷附集一卷

治水要法一卷

山東全河備考四卷　清葉方恆撰　清康熙十九年刻本　四册　十行二十字白口四周雙邊　封面鎸平治山堂藏板　七一二九

西湖遊覽志二十四卷圖一卷志餘二十六卷　明田汝成撰　明嘉靖二十六年嚴寬刻　〇五五八

萬曆十二年、二十五年補刻本　佚名批校　二十四册　十行二十字白口四周雙邊　有刻工　鈐錢塘丁氏正修堂藏書朱文方印　嘉惠堂藏閱書朱文方印　八千卷樓珍藏善本朱文方印

二七八五　**邦畿水利集説四卷九十九淀考一卷**　清沈聯芳撰　清抄本　二册　十二行二十三字小字雙行字同無格

〇二九九　**三吳水利圖考四卷蘇松常鎮水利圖一卷**　明呂光洵撰　明嘉靖四十年刻本　二册　十一行二十字白口左右雙邊

〇二九八　**吳中水利全書二十八卷**　明張國維撰　明崇禎九年刻本　十六册　八行二十字小字雙行字同白口左右雙邊纂修姓氏後鐫崇禎九年三月朔日成書十月既望鏤板　鈐八千卷樓藏閱書朱文方印　嘉惠堂丁氏藏書之記白文方印

四五五九　**吳江水考五卷水利全圖一卷**　明沈啓撰　清乾隆五年沈守義刻本　六册　九行十七字小字雙行字同白口左右雙邊　封面鐫乾隆五年重鐫　有刻工

七四五四　**居濟一得八卷**　清張伯行撰　清康熙四十七年刻本　四册　九行二十字白口四周雙邊

七六二二　**居濟一得八卷**　清張伯行撰　清康熙四十七年刻本　四册

六六〇三　**三江閘務全書二卷**　清程鶴翥撰　**附湯神事實錄一卷**　清康熙漱玉齋刻本　二册　九行二十四字白口四周雙邊　卷端題名處鐫蠡城漱玉齋梓行　封面鐫介眉堂藏板

以上山水志

七五九五 石柱記淺釋五卷 清鄭元慶撰 清康熙四十一年鄭氏魚計亭刻本 一册 十一行二十一字小字雙行二十七字白口左右雙邊

四九〇六 金鰲退食筆記二卷 清高士奇撰 清康熙刻本 二册 十行二十字白口四周單邊

六九五九 平山堂圖志十卷首一卷 清趙之壁撰 清乾隆刻本 四册 十行二十一字白口左右雙邊

六九六〇 平山堂圖志十卷首一卷 清趙之壁撰 清乾隆刻本 四册

五五七八 臥龍崗志二卷 清羅景撰 清康熙五十一年刻本 二册 八行二十字白口左右雙邊

七二六〇 臥龍崗志二卷 清羅景撰 清康熙五十一年刻本 二册

六九八七 行宫座落圖説一卷揚州名勝圖説一卷江南名勝圖説二卷 清刻本 四册

七一七六 康熙乾隆南巡行宫圖不分卷 清乾隆刻本 一册

七一七八 浙省名勝景亭圖説不分卷 清乾隆刻本 三册

三八三九 金陵四十八景圖不分卷 清施葆生繪 清彩繪本 四册

御題聯額江南名勝圖　清刻本　三册　六九八八

滿文熱河三十六景圖　清武英殿刻本　一册　鈐宜興任氏天春園藏書印朱文長方印　Z〇〇九一

敕建弘慈廣濟寺新志三卷　清釋湛佑撰　清康熙四十三年刻本　三册　八行十八字白口四周雙邊　七一七九

敕建弘慈廣濟寺新志三卷　清釋湛佑撰　清康熙四十三年刻本　一册　四五七二

金陵梵刹志五十三卷　明葛寅亮輯　明萬曆刻天啓增修本　二十册　十行二十二字白口四周單邊　〇五六五

洛陽伽藍記五卷　魏楊衒之撰　明吳琯刻古今逸史本　方爾謙校　二册　十行二十字白口左右雙邊　鈐後八千卷樓朱文長方印　嘉惠堂藏閲書朱文方印　〇五六六

風穴志略二卷　清任楓纂　清康熙十二年刻本　二册　十行二十字白口四周單邊　四五七一

潭柘山岫雲寺志不分卷　清神穆德纂　清乾隆刻本　一册　八行十八字小字雙行字同白口四周雙邊　六九七九

雲居聖水寺志六卷補遺一卷　清釋詠湛等撰　清釋通淵等輯　清乾隆三十七年刻本　二册　九行二十一字小字雙行二十字白口左右雙邊　五五八九

重修南溪書院志四卷首一卷　清楊毓健等撰　清康熙五十六年刻本　四册　九行十九字白口四周單邊　七四九〇

蓮池書院圖詠不分卷　清方觀承、張敘等撰　清乾隆刻本　一册　Z〇一五一

以上專志

遊城南記一卷　宋張禮撰　清抄本　清李葆恂、李放題識　一册　十行二十字無格　鈐翰林院印滿漢文朱文大方印　臣葆恂印白文方印　二八九四

客越志二卷　明王穉登撰　明隆慶元年延陵吳氏蕭踈齋刻本　一册　十行十八字白口左右雙邊　卷上末鐫延陵吳氏蕭踈齋雕牌記　一五五八

王太初先生五岳遊草十二卷　明王士性撰　清康熙三十年馮甦刻本　二册　九行十八字白口四周單邊　六六二四

游西湖小紀一卷　明浦枋撰　清乾隆五十八年張時沅抄本　清張時沅題識　一册　八行十九字無格　鈐張時沅印朱文方印　錢唐丁氏正修堂臧書朱文方印　二八八三

九華日錄一卷　清周天度撰　清乾隆二十六年刻本　一册　九行二十字小字雙行十八字黑口左右雙邊　五五八八

度隴記四卷　清董醇撰　稿本　四册　九行二十二字紅格白口四周雙邊　鈐秋芬書屋白文長方印　董醇字飲之號醖卿行一朱文方印　祁寯藻印白文方印　淳父朱文方印　二九〇三

渡海輿記一卷附裒海編一卷　清乾隆間抄本　清吳騫校並跋　一册　十行二十二字無格　鈐兔牀手校朱文長方印　吳朱文圓印　臣騫白文方印　嘉興忻寶華字虞卿號澹盦所得金石文字印朱文長方印　二九〇一

以上游記

東西洋考十二卷　明張燮撰　明萬曆四十六年王起宗刻本　二册　九行十八字小字雙行字同白口四周雙邊　有刻工　〇五七〇

中山傳信錄六卷　清徐葆光撰　**贈送詩文一卷**　清康熙六十年二友齋刻本　二册　九行二十字黑口左　五五九三

右雙邊

以上外紀

職官類

大唐六典三十卷　唐玄宗李隆基撰　唐李林甫等注　明嘉靖二十三年浙江按察司刻本　八册　十一行二十字小字雙行字同白口四周單邊　卷末鐫嘉靖甲辰長至浙江按察司校錄重刻　○三二一六

宋宰輔編年錄二十卷　宋徐自明撰　續二十六卷　明呂邦燿撰　清抄本　二十五册　十行二十四字紅格四周雙邊　三八○九

太常寺續紀二十二卷　明李日宣撰　明崇禎九年刻本　四册　十行二十字白口左右雙邊　○三○六

皇朝詞林典故六十四卷　清朱珪等撰　清嘉慶十年刻本　三十四册　七行十七字小字雙行十六字白口四周雙邊　五四九八

以上官制

作邑自箴十卷 宋李元弼撰 清抄本 一册 十一行十九字無格 鈐積學齋徐乃昌藏書朱文長方印 古香簃珍藏記白文方印 徐乃昌讀朱文方印 二八〇七

實政録七卷 明呂坤撰 明萬曆二十六年趙文炳刻本 七册 九行十八字白口四周雙邊 有刻工 〇三二七

福惠全書三十二卷 清黄六鴻撰 清康熙三十八年刻本 十二册 九行二十二字小字雙行字同白口四周單邊 卷末鐫是書成於甲戌歲之孟冬梓於巳卯歲之仲夏 七四九九

以上官箴

政書類

欽定續通典一百五十卷 清嵇璜、曹仁虎等撰 清乾隆四十八年武英殿刻本 六十四册 九行二十一字白口四周雙邊 八〇一一

文獻通考三百四十八卷 元馬端臨撰 明嘉靖三年司禮監刻本 一百册 十行二十字小字雙行字同黑口四周雙邊 〇三一一

文獻通考三百四十八卷首一卷 元馬端臨撰 明嘉靖馮天馭刻萬曆崇禎遞修本 六十四册 十三行二十四字白口左右雙邊 有刻工 四〇〇四

文獻通考三百四十八卷 元馬端臨撰　清乾隆十二年武英殿刻本　一百二十冊　十行二十一字白口左右雙邊　上書口鐫乾隆十二年校刊　八〇一〇

文獻通考鈔二十四卷 元馬端臨撰　清史以遇輯　**續文獻通考鈔三十卷** 明王圻撰　清史以甲輯　清康熙二年刻本　八冊　十二行二十七字小字雙行字同白口左右雙邊　封面鐫美延堂刊　七五八二

欽定續文獻通考二百五十卷 清嵇璜、曹仁虎等撰　清乾隆四十九年武英殿刻本　一百二十八冊　九行二十一字白口四周雙邊　八〇一三

五代會要三十卷 宋王溥撰　清抄本　六冊　十行二十四字無格　三八二三

五代會要三十卷 宋王溥撰　清信芳閣活字印本　六冊　九行二十字小字雙行字同白口四周單邊　下書口鐫信芳閣藏　鈐周氏叔弢朱文方印　二一〇九

建炎以來朝野雜記甲集二十卷乙集二十卷 宋李心傳撰　清錢氏萃古齋抄本　清錢時霽題識　二十冊　十行十九字細黑口左右雙邊　版框外鐫萃古齋鈔本　二八五〇

憲臺通紀不分卷 清抄本　清徐維則跋　二冊　八行二十一字白口四周雙邊　鈐會稽徐氏鑄學齋藏書印朱文方印　述史樓朱文長方印　維則所得善本朱文方印　二八〇三

大明會典一百八十卷 明徐溥等纂修　明正德六年司禮監刻本（卷八十四至八十八　一百十三　一百二十至一百二十四配抄本）　一百冊　十行二十字大黑口四周雙邊　鈐廣運之寶朱文方印　〇三二一

皇明泳化類編一百三十六卷續編十七卷 明鄧球撰 明隆慶刻萬曆遞修本 四十八册 十一行二十二字小字雙行字同白口四周單邊間四周雙邊 〇五一三

明六部纂修條例 明抄本 十二册 九行字數不等白口四周雙邊 〇〇五四

皇明世法錄九十二卷 明陳仁錫撰 明崇禎刻本 三十册 十行二十字白口四周單邊 〇三二二

存九十卷 一至九十

古今治平略三十三卷 明朱健撰 明崇禎十一年刻本 二十八册 九行二十字白口四周單邊 一四一六

經世導源錄十六卷 清侯開國撰 清抄本 十六册 十行二十一字白口左右雙邊 鈐謙牧堂藏書記白文方印 二八〇一

欽定大清會典一百卷則例一百八十卷 清張廷玉等纂修 清乾隆二十九年武英殿刻本 一百二十册 十行二十字小字雙行字同白口四周雙邊 七五八三

皇朝文獻通考三百卷 清嵇璜等纂修 清乾隆武英殿刻本 一百六十册 九行二十一字白口四周雙邊 八〇一五

皇朝通典一百卷 清嵇璜等纂修 清乾隆武英殿刻本 四十册 九行二十一字白口四周雙邊 八〇一四

欽定宗人府則例三十一卷 清光緒抄本 十二册 八行二十字紅格 三七六六

欽定宮中現行則例四卷 清抄本　四册　八行二十字無格　二八〇八

以上通志

大明集禮五十三卷 明徐一夔、梁寅等撰　明嘉靖九年内府刻本　四十八册　九行十八字白口四周雙邊　鈐欽文之璽朱文大方印　〇三〇五

明倫大典二十四卷 明楊一清、熊浹等纂修　明嘉靖七年内府刻本　十六册　八行十八字大黑口四周雙邊　鈐欽文之璽朱文大方印　廣運之寶朱文大方印　〇三〇四

明謚考七卷 明郭良翰撰　清李清續撰　清抄本　佚名朱墨筆補校　四册　九行字數不等無格　二七九六

大禮記注二十卷 清張廷玉等撰　清雍正四年武英殿刻本　八册　七行十八字白口四周雙邊　四五一七

萬壽盛典初集一百二十卷 清王原祁等撰　**千叟宴詩四卷** 清康熙五十六年内府刻本　四十七册　九行十九字白口四周雙邊　四〇四三

萬壽盛典初集一百二十卷 清王原祁等撰　清康熙五十六年内府刻本　四十册　五四八八

萬壽盛典初集一百二十卷 清王原祁等撰　清康熙五十六年内府刻本　四十册　五四八九

南巡盛典一百二十卷 清高晉等撰　清乾隆三十六年武英殿刻本　四十册　九行十九字白口四周雙邊　四〇一九

南巡盛典一百二十卷 清高晉等撰　清乾隆三十六年武英殿刻本　四十八册　五五六五

南巡盛典一百二十卷　清高晉等撰　清乾隆三十六年武英殿刻本　四十八册　七一二七

幸魯盛典四十卷　清孔毓圻等撰　清康熙五十年刻本　十二册　十行二十一字白口四周雙邊　四五一八

八旬萬壽盛典一百二十卷　清阿桂、劉鳳誥等纂修　清乾隆五十七年武英殿活字印本　二十册　十一行二十五字白口四周雙邊　四〇四四

西巡盛典二十四卷　清董誥等纂修　清嘉慶十七年武英殿活字印本　八册　八行二十字小字雙行字同白口四周雙邊　一九六八

皇朝禮器圖式十八卷　清彭元瑞等纂修　清乾隆二十四年武英殿刻本　三十二册　十一行二十字白口四周雙邊　四〇一四

皇朝禮器圖式十八卷　清彭元瑞等纂修　清乾隆二十四年武英殿刻本　十六册　五四七六

以上典禮

鹽政志十卷　明朱廷立等撰　明嘉靖刻本　四册　八行十六字小字雙行字同白口四周單邊　鈐朐海唐氏藏書印朱文方印　〇三〇八

長蘆鹽法志十三卷　清莽鵠立、魯之裕等纂修　清雍正五年刻本　八册　九行二十字白口四周單邊　五四九〇

敕修河東鹽法志十二卷　清朱一鳳等撰　清雍正五年刻本　八册　九行二十字小字雙行字同白口四周雙邊　六三八六

山東鹽法續增備考六卷　清抄本　九册　九行二十一、二十二字不等紅格白口四周雙邊　二七九八

敕修兩浙鹽法志十六卷首一卷　清李衛撰　清雍正刻本　十二册　九行二十一字白口左右雙邊　鈐椿萱書屋藏書朱　七一三一

文方印　慎遠堂朱文圓印

義倉圖不分卷　清方觀承撰　清乾隆十八年刻本　六册　十行二十二字白口四周單邊　四五二〇

賑紀八卷　清方觀承等輯　清乾隆十九年刻本　八册　九行二十字白口四周雙邊　四五一九

荒政叢書六種六卷　清俞森輯　清康熙二十九年刻本　八册　九行二十字白口左右雙邊　五四九七

救荒全法一卷　宋董煟撰
荒政叢言一卷　明林希元撰
荒箸略一卷　明劉世教撰
社倉考一卷　清俞森輯
常平倉考一卷　清俞森輯
義倉考一卷　清俞森輯

以上邦計

補漢兵志不分卷　宋錢文子撰　清影宋抄本　一册　七行十七字小字雙行字同白口左右雙邊　鈐延古堂李氏珍藏白文長方印　徐乃昌讀朱文方印　古香簃珍藏記白文方印　二八三五

軍政備例不分卷　明趙堂撰　清抄本　十册　九行字數不等白口四周雙邊　Z〇〇四三

八旗通志初集二百五十卷目錄二卷　清鄂爾泰、涂天相等纂修　清乾隆四年武英殿刻本　一百二十册　四〇〇五

八行二十字白口四周雙邊

名法指掌增訂二卷　清沈辛田撰　清乾隆十九年刻本　三冊　行款字數不等白口四周單邊　封面鐫乾隆甲戌年重鐫　五五〇六

以上軍政

思生錄二卷　清趙開雍撰　清順治刻本　一冊　九行十九字白口四周雙邊　四五五八

董司理一成粘壁語四卷　清董天醒撰　清康熙十六年刻本　四冊　九行十九字白口四周雙邊　七六七九

以上法令

新鐫工師雕斲正式魯班木經匠家鏡三卷附靈驅解法　四五〇九

洞明眞言秘書一卷　明午榮、章嚴撰　明末刻本　二冊　九行二十字白口四周單邊　四五〇九

火戲略五卷　清趙學敏撰　清稿本　二冊　八行二十字白口左右雙邊　下書口鐫雙硯草堂存藁　鈐趙學敏印白文方印　依吉一字恕軒朱文方印　二七八六

以上考工

黃文憲分家書不分卷　明黃文憲撰　明成化抄本　一冊　十二行十四、十九字不等無格　三一八八

明萬曆年鄭眞錫弟姪析產標書不分卷　明鄭敷錫撰　明萬曆抄本　一冊　行款字數不等無格　二七九七

元明清三代地契二百五十七張　寫本　十二册　五〇六八

明清兩代各種會約文約文件七十七張　寫本　八册　五〇六六

明清兩代各種票照六十七張　寫本　四册　五〇六七

太平天國田憑糧串　清刻本　一册　八〇五〇

以上檔册

目録類

欽定四庫全書總目二百卷　清紀昀等撰　清内府抄本　八十八册　九行二十一字紅格白口四周雙邊　鈐文溯閣寶朱文大方印　乾隆御覽之寶朱文方印　Z〇一六三

存一百四十三卷　一至三十三　三十五至三十六　三十八至四十一　四十四至四十七　五十至八十　八十二至九十　一百十七至一百十八　一百二十四至一百二十九　一百三十六至一百三十七　一百四十六至一百五十一　一百五十六至一百七十四　一百七十七至二百

欽定四庫全書總目二百卷首四卷　清紀昀等撰　清乾隆武英殿刻本　一百四十四冊　九行二十一字白口四周雙邊　五一三四

欽定四庫全書簡明目錄二十卷　清紀昀等撰　清紀昀抄巾箱本　六冊　九行十四字白口四周單邊　**存**子部六卷　九至十四　Z〇〇三一

欽定四庫全書提要不分卷　清紀昀等撰　清乾隆四庫館抄本　六十冊　八行二十一字紅格白口四周雙邊　四〇〇一

欽定天祿琳琅書目十卷　清于敏中等撰　**後編二十卷**　清彭元瑞等撰　清抄本　十六冊　前編九行字數不等后編十行字數不等無格　三一六八

以上公藏

脈望館書目不分卷　明趙琦美編　清同治趙氏抄本　二冊　十行字數不等無格　三一七三

紅雨樓題跋一卷　明徐𤊹撰　清抄本　二冊　九行二十四字無格　三一六六

鄭堂讀書記七十一卷　清周中孚撰　清廣雅書局抄本（卷七十、七十一配吳興劉氏嘉業堂抄本）三十冊　十一行二十四字配本十一行二十一字下書口鐫廣雅書局校抄本　三一六〇

二一九四　**愛日精廬藏書志四卷**　清張金吾撰　清嘉慶二十五年張氏愛日精廬活字印本　一册　九行二十四字白口左右雙邊　鈐周氏叔弢朱方印

三七五六　**耿氏藏書目不分卷**　清耿文光編　稿本　一册　鈐耿文光字星垣一字酉山朱文方印

以上家藏

一三九三　**國史經籍志六卷**　明焦竑輯　明錢塘徐象橒曼山館刻本　五册　十行二十字白口左右雙邊　下書口鐫曼山館

三三六二　**國史經籍志六卷**　明焦竑編　清抄本　十六册　八行二十字白口四周雙邊　鈐錢謙益印白文方印　家在虞山之麓尚湖之濱號漁樵子白文方印　鹽山劉千里藏書朱文方印

四九九二　**經義考三百卷目錄二卷**　清朱彝尊撰　清乾隆二十年刻本　四十八册　十二行二十三字白口四周單邊

存二百九十七卷　一至二百八十五　二百八十七至二百九十八　目錄二卷

七六七五　**經義考補正十二卷**　清翁方綱撰　清乾隆五十七年刻本　六册　十行二十字白口左右雙邊

三二六五　**經籍跋文二卷**　清陳鱣撰　清抄本　佚名校　一册　十一行二十一字無格

以上知見

一二二〇　**蜀中著作記十卷**　明曹學佺撰　明刻蜀中廣記本　二册　十行二十字白口四周雙邊

存五卷　一至五

海岱人文冊目一卷札記二卷續一卷之餘一卷　清王懿榮編　清王崇煥輯　稿本　五册　十行字數不等白口四周單邊　三二一六三

小谷口著述緣起一卷附錄一卷　清鄭元慶撰　清雍正刻本　二册　十行二十一字黑口左右雙邊　六四三九

以上地方

以上雜錄

金石類

籀史二卷　宋翟耆年撰　清抄本　佚名錄清王士禎跋　一册　九行十七字無格　鈐馬玉堂印白文方印　鏢逸人白文方印　二九三〇

存一卷　卷上

金石錄三十卷　宋趙明誠撰　清順治七年謝世箕刻本　六册　九行二十一字小字雙行字同白口四周單邊　四五九八

隸釋二十七卷隸續二十一卷 宋洪適撰　清乾隆四十二年至四十三年汪日秀樓松書屋刻本　八册　九行二十字隸續十行二十字白口四周單邊　（五六六二）

金石存十五卷 清吳玉搢撰　清嘉慶二十四年李氏聞妙香室刻本　四册　十一行二十一字黑口左右雙邊　封面鐫嘉慶己卯仲夏聞妙香室校刊　鈐珊林手校白文方印　何元錫印白文方印　漢瓦當硯觀齋白文方印　（四五九七）

金石存十五卷 清吳玉搢撰　清嘉慶二十四年李氏聞妙香室刻本　四册　（四五九六）

金石萃編一百六十卷 清王昶撰　清嘉慶十年王氏經訓堂刻本　六十四册　十行二十一字小字雙行字同黑口左右雙邊　封面鐫經訓堂藏板　（六六三八）

金石補編目錄一卷 清黃錫蕃輯　清稿本　三册　十行二十字綠格白口左右雙邊　（二九一九）

金石文字記六卷 清顧炎武撰　清康熙刻亭林遺書本　佚名批校　三册　十一行二十字白口左右雙邊　（四五九九）

清儀閣題跋不分卷 清張廷濟撰　稿本　二册　十行字數不等藍格白口四周雙邊　（二九二一）

求古精舍金石圖初集四卷 清陳經撰　清嘉慶二十三年陳氏說劍樓刻本　二册　九行二十字黑口四周單邊　（五六二一）

以上總類

至大重修宣和博古圖錄三十卷 宋王黼等撰　元刻本　六十册　八行十七字白口左右雙邊　（Z〇一四一）

至大重修宣和博古圖録三十卷 宋王黼等撰 明嘉靖七年蔣陽刻本 十五册 八行十七字白口左右雙邊 ○五九○

泊如齋重修宣和博古圖録三十卷 宋王黼等撰 明萬曆十六年泊如齋刻本 十六册 八行十七字白口四周單邊 封面鐫泊如齋藏板 有刻工 ○五九一

泊如齋重修宣和博古圖録三十卷 宋王黼等撰 明萬曆十六年泊如齋刻本 二十册 ○五九二

泊如齋重修宣和博古圖録三十卷 宋王黼等撰 明萬曆十六年泊如齋刻本 六册 一○八三

亦政堂重修博古圖録三十卷古玉圖二卷考古圖十卷 宋王黼等撰 清黄曉峰輯 清乾隆十七年亦政堂刻本 二十册 八行十七字白口四周單邊 封面鐫乾隆壬申秋月 七五七一

鐘鼎字源五卷 清汪立名撰 清康熙五十五年一隅草堂刻本 三册 六行字數不等 封面鐫一隅草堂藏 五一一八

西清古鑑四十卷錢録十六卷 清梁詩正、蔣溥等纂修 清乾隆十六年武英殿刻本 四十二册 左圖右文行十八字白口四周雙邊 四○三一

西清古鑑四十卷錢録十六卷 清梁詩正、蔣溥等纂修 清乾隆十六年武英殿刻本 四十二册 八○三九

西清古鑑四十卷錢録十六卷 清梁詩正、蔣溥等纂修 清乾隆十六年武英殿刻本 四十二册 八○四○

西清古鑑四十卷錢録十六卷　清梁詩正、蔣溥等纂修　清乾隆十六年武英殿銅版印本　二十四册　左圖右文行十八字白口四周雙邊　八〇三八

楊澥藏漢綏和鼎圖説一卷　清楊澥撰　稿本　一册　六行十三字無格　鈐澥白文方印　野航朱文方印　三八三三

吳式芬臨銘文一卷　清吳式芬臨　稿本　一册　鈐海豐吳重熹印白文大方印　吳印式芬朱文方印　三六五三

以上金類

名蹟録六卷附録一卷　明朱珪輯　清抄本　四册　九行二十字無格　二九五三

石墨鐫華八卷　明趙崡撰　明萬曆四十六年自刻本　清徐時棟、王弘嘉跋　三册　八行十八字小字雙行字同白口四周單邊　鈐四明月湖煙嶼樓徐氏藏書之印朱文方印　徐時棟印白文方印　弘嘉私印朱文方印　〇五八八

漢碑奇字考略一卷　清汪鋆撰　稿本　一册　三行字數不等　鈐眞州汪鋆硯山白文方印　硯山手稿白文方印　二九二九

瘞鶴銘考一卷　清汪士鋐撰　清康熙五十三年松南書屋刻本　一册　十一行十八字白口左右雙邊　卷末鐫康熙五十三年歲在甲午九月松南書屋開版牌記　四六〇四

金石著録攷一卷　清翁大年撰　稿本　一册　十一行二十字小字雙行黑口左右雙邊　二九二〇

台州金石録十三卷闕訪二卷　清黄瑞撰　清王棻校正　清抄本　清凌瑕跋、繆荃孫校並跋　六册　十行二十一字無格　鈐　二九三四

雲輪閣朱文長方印　荃孫朱文方印　曾經藝風勘讀朱文方印　凌瑕之印白文方印

以上石類

秦漢瓦當文字二卷續一卷　清程敦撰　清乾隆五十二年橫渠書院刻五十九年續刻本　清姚尹題識　三册　十一行二十五字黑口四周單邊　封面鎸乾隆丁未三月刊於橫渠書院　五六三七

秦漢瓦當文字二卷續一卷　清程敦撰　清乾隆五十二年橫渠書院刻五十九年續刻本　三册　五六三八

以上陶類

王文敏公手拓古泉不分卷　清王懿榮輯　清拓本　清王懿榮題識　一册　七七七五

以上錢幣

集古印藪六卷　明王常編　明萬曆三年顧氏芸閣刻紅印本　四册　白口四周單邊　下書口鎸顧氏芸閣　封面鎸㟝雅堂藏板　一三八三

存四卷　一至四

秦漢印統八卷　明羅王常輯　明萬曆三十四年吴氏樹滋堂刻紅印本　八册　白口四周單邊　下書口鎸吴氏樹滋堂　卷一末鎸萬曆丙午春王正月望日新都吴氏樹滋堂繡梓　有刻工　一三八四

印選五卷　明孫如蘭輯　明萬曆刻藍印本　四冊　每頁四印下注釋文白口四周雙邊　一〇四二

訒葊集古印三十二卷　清汪啓淑輯　清乾隆二十五年汪氏開萬樓刻鈐印本　十六冊　四九七七

印徵二卷　清朱楓輯　清乾隆四十六年刻鈐印本　一冊　四九七六

鐵琴銅劍樓集古印譜不分卷　清瞿鏞輯　清咸豐八年刻鈐印本　八冊　四九七八

十鐘山房印舉一百九十一冊　清陳介祺輯　清光緒九年陳氏十鐘山房鈐印本　四〇一二

以上璽印

史評類

史通訓故補二十卷　清黃叔琳撰　清乾隆十二年黃叔琳養素堂刻本　六冊　九行十九字小字雙行字同白口左右雙邊　四五三一

史通通釋二十卷附錄一卷　清浦起龍撰　清乾隆十七年梁溪浦氏求放心齋刻本　四冊　九行二十二字小字雙行字同白口左右雙邊　封面鐫梁溪浦氏求放心齋定本　鈐周叔弢校讀書朱文方印　四五三〇

史通通釋二十卷附錄一卷　清浦起龍撰　清乾隆十七年梁溪浦氏求放心齋刻本　八冊　四五二九

東萊先生音註唐鑑二十四卷　宋范祖禹撰　清刻本　六冊　九行十八字小字雙行字同黑口四周雙邊　七二一四

東萊先生音註唐鑑二十四卷　宋范祖禹撰　清刻本　八冊　七六九一

東萊先生音註唐鑑二十四卷　宋范祖禹撰　清刻本　八冊　四五五二

小學史斷四卷　宋南宮靖一撰　前編一卷續編一卷　明徐師曾撰　明嘉靖刻本　二冊　十行二十字小字雙行字同白口左右雙邊　〇四〇〇

唐宋名賢歷代確論一百卷　明弘治十七年錢孟濬刻本　清姚瑩俊題識　二十六冊　十一行二十字白口左右雙邊　目錄首頁鐫錫山錢孟濬刊行　〇四〇一

存九十四卷　一至十七　二十至三十九　四十一至五十　五十四至一百

尚論編二十卷　明鄒泉輯　明萬曆十五年黃門刻本　十冊　十一行二十四字白口四周單邊　〇三九九

尚論編二十卷　明鄒泉輯　明萬曆十五年黃門刻本　六冊　〇四〇二

重刻歷朝捷錄四卷　明顧充撰　明刻本　四冊　九行二十二字小字雙行字同白口四周單邊　〇四〇四

新鐫歷朝捷錄增定全編大成四卷 明顧充撰　明鍾惺等補　明末吳門錢達卿、王公元刻本　二册　八行十八字小字雙行白口四周單邊　封面鐫吳門錢達卿王公元同梓　○○三一

歷朝捷錄四卷 明顧充撰　**元朝捷錄一卷** 明張四知撰　**國朝捷錄一卷** 明李良翰撰　明崇禎刻本　六册　十行二十三字小字雙行字同白口四周單邊　鈐何焯白文方印　義門朱文方印　○四○三

新鍥千古一覽一卷 明宋文鑑撰　清抄本　二册　八行二十字小字雙行字同白口四周單邊　鈐小李山房朱文方印　二八二六

史懷二十卷 明鍾惺撰　明陶珽、許豸評　明末刻本　四册　九行二十四字白口四周單邊　○四○五

新刊陳眉公先生精選古今人物論三十六卷 明陳繼儒輯　明萬曆刻本　十册　十行二十四字白口四周單邊　○八二六

史糾不分卷 明朱明鎬撰　清抄本　二册　十行十八字紅格白口四周單邊　二八二五

論世編八編十二卷 清華慶遠撰　清抄本　清秦瀛題識　五十二册　七行字數不等無格　二八二四

鑑語經世編二十七卷 清魏裔介撰　清康熙十四年兼濟堂刻本　十二册　十行二十字白口左右雙邊　七五八八

漢史億二卷 清孫廷銓撰　清康熙刻本　二册　八行二十字白口四周雙邊　七五八九

日省齋偶鈔一卷 清程兆炳撰 稿本 清左昂簽批 張肇辰等題款 一冊 八行字數不等無格

二八二七

子部

總類

〇四三〇 四子眞經二十三卷 明□□輯 明刻本 十一册 九行十七字白口四周雙邊

存三種二十一卷

文始眞經三卷 周辛銒撰
沖虛眞經八卷 周列禦寇撰
南華眞經十卷 周莊周撰

四三六〇 五子閲五卷 清抄本 六册 十行二十五字無格

管子閲一卷
商子閲一卷
莊子閲一卷
列子閲一卷

春秋繁露闕一卷

六子書六十二卷　明許宗魯編　明嘉靖六年樊川別業刻本　十册　十行二十字白口左右雙邊　下書口鐫樊川別業　一六〇九

老子四卷　周李耳撰
列子八卷　周列禦寇撰
莊子十卷　周莊周撰
荀子二十卷　周荀況撰
揚子十卷　漢揚雄撰
文中子十卷　隋王通撰

六子書六十卷　明顧春編　明嘉靖十二年顧春世德堂刻本　十三册　八行十七字小字雙行字同白口四周雙邊　上書口鐫世德堂刊　一六〇八

存五種四十四卷

南華眞經十卷　唐陸德明音義　存卷三至四　七
沖虛至德眞經八卷　晉張湛註
荀子二十卷　唐楊倞註　存卷一至十三
新纂門目五臣音註揚子法言十卷　晉李軌　唐柳宗元　宋宋咸、吳秘、司馬光註
中說十卷　宋阮逸註

六子書六十卷　明桐陰書屋刻本　二十册　八行十七字小字雙行字同白口四周雙邊　道德經上卷五頁上書口鐫桐陰書屋校　〇〇〇三

老子道德經二卷　題漢河上公註
南華眞經十卷　晉郭象註　唐陸德明音義

沖虛至德眞經八卷　晉張湛註
荀子二十卷　唐楊倞註
新纂門目五臣音註揚子法言十卷　晉李軌　唐柳宗元　宋宋咸、吳秘、司馬光註
中說十卷　宋阮逸註

一五一〇

註釋九子全書九種十五卷續九種十卷

明焦竑註釋　明翁正春評　明萬曆建邑書林詹氏靜觀室刻本　八冊　十一行二十五字小字雙行二十四字白口四周雙邊　末鐫建邑書林詹霖宇靜觀室繡梓

老子一卷　周李耳撰
淮南子一卷　漢劉安撰
列子一卷　周列禦寇撰
莊子五卷　周莊周撰
荀子三卷　周荀況撰
揚子一卷　漢揚雄撰
呂氏春秋一卷　秦呂不韋撰
韓非子一卷　周韓非撰
文中子一卷　隋王通撰
屈子一卷　周屈原撰
鶡冠子一卷
抱朴子二卷　晉葛洪撰
劉子一卷　北齊劉晝撰
郁離子一卷　明劉基撰
管子一卷　周管仲撰
關尹子一卷　周尹喜撰

譚子一卷　南唐譚峭撰
韓子一卷　周韓非撰

諸子十五種十五卷　明萬曆三十九年蓀園校刻本　四册　九行二十一字白口四周單邊　〇〇〇七

老子一卷　周李耳撰
莊子一卷　周莊周撰
列子一卷　周列禦寇撰
關尹子一卷　周尹喜撰
孫武子一卷　周孫武撰
尉繚子一卷　周尉繚撰
管子一卷　周管仲撰
商子一卷　周商鞅撰
韓子一卷　周韓非撰
荀子一卷　周荀況撰
子華子一卷　周程本撰
呂子一卷　秦呂不韋撰
淮南子一卷　漢劉安撰
齊丘子一卷　南唐譚峭撰
賈太傅新書一卷　漢賈誼撰

子彙二十四種三十四卷　明周子義等輯　明萬曆四至五年南京國子監刻本　十六册　十行二十一字小字雙行字同白口四周雙邊　上書口鐫萬曆四年刊、萬曆五年刊　有刻工　〇〇〇四

鬻子一卷　周鬻熊撰　唐逄行珪註
晏子春秋内篇二卷　周晏嬰撰
孔叢子三卷　漢孔鮒撰
賈子新書二卷　漢賈誼撰
陸子一卷　漢陸賈撰
小荀子一卷　漢荀悦撰
鹿門子一卷　唐皮日休撰
文子二卷　周辛鈃撰
關尹子一卷　周尹喜撰
亢倉子一卷　周庚桑楚撰
鶡冠子一卷　宋陸佃註
黄石公素書一卷　漢黄石公撰
天隱子一卷　唐司馬承禎撰
玄眞子外篇一卷　唐張志和撰
無能子三卷　唐口口撰
齊丘子一卷　南唐譚峭撰
鄧析子一卷　周鄧析撰
尹文子一卷　周尹文撰
公孫龍子一卷　周公孫龍撰
慎子一卷　周慎到撰
鬼谷子一卷　外篇一卷
墨子一卷　周墨翟撰
子華子二卷　周程本撰
劉子二卷　北齊劉晝撰

子彙二十四種三十四卷

明周子義等輯　明萬曆四至五年南京國子監刻本　清姚瑩俊題識　十一册　上書口鐫萬曆四年刊、萬曆五年刊　〇〇八〇

有刻工

存十種十三卷

鬻子一卷　周鬻熊撰　唐逄行珪註

晏子春秋内篇二卷　周晏嬰撰　存上卷

孔叢子三卷　漢孔鮒撰

陸子一卷　漢陸賈撰

鶡冠子一卷　宋陸佃註

鄧析子一卷　周鄧析撰

尹文子一卷　周尹文撰

公孫龍子一卷　周公孫龍撰

墨子一卷　周墨翟撰

子華子二卷　周程本撰

中立四子集六十四卷

明朱東光編　明張登雲參補　明萬曆七年臨川朱氏刻本　三十二册　十行二十一字小字雙行字同白口四周雙邊　鈐曾經八千卷樓所藏朱文方印　〇〇〇六

老子道德經二卷　周李耳撰　題漢河上公註

莊子南華眞經十卷　周莊周撰　晉郭象註　唐陸德明音義

管子二十四卷　周管仲撰　唐房玄齡註　明劉績增註

淮南鴻烈解二十八卷　漢劉安撰　漢許慎註　漢高誘釋

逸子書七種十卷

清孫馮翼輯　清嘉慶刻問經堂叢書本　傅雲龍校　一册　十二行二十四字黑口左右雙邊　六九九七

燕丹子三卷
淮南萬畢術一卷　漢劉安撰
許慎淮南子註一卷　漢許慎撰
桓子新論一卷　漢桓譚撰
典論一卷　魏文帝撰
皇覽一卷　魏劉邵、王象等撰
司馬彪莊子註一卷莊子註考逸一卷　晉司馬彪撰

删定荀子管子二卷

清方苞撰　清乾隆刻本　四册　八行二十字白口左右雙邊　七六七一

荀子一卷
管子一卷

儒家類

孔子家語十卷

題魏王肅註　明刻本　四册　九行十六字小字雙行二十一字白口左右雙邊　〇〇一四

有刻工　鈐八千卷樓朱文方印　錢塘丁氏藏書朱文方印　求己室朱文橢圓印　光緒壬辰嘉惠堂丁氏所得朱文方印　四庫著録白文長方印

存八卷　一至四　七至十

孔氏家語十卷　題魏王肅註　明毛氏汲古閣刻本　四册　九行十七字小字雙行二十四字白口左右雙邊　各卷首尾版心鐫汲古閣毛氏正本　封面鐫汲古閣校　吳郡寶翰樓　〇〇七〇

孔氏家語十卷　題魏王肅註　明毛氏汲古閣刻本　二册　七〇五二

孔聖家語圖十一卷　明吳嘉謨輯　明刻本　六册　有圖　十行二十字白口四周單邊　有刻工　一四六八

孔子集語二卷　宋薛據撰　清乾隆二年孔廣棨刻本　一册　九行十八字白口左右雙邊　封面鐫乾隆丁巳重鐫　四四六〇

纂圖互註荀子二十卷　周荀況撰　唐楊倞註　明刻本　王秉信題款　六册　十一行十九字至二十一字不等小字雙行二十五字黑口左右雙邊間四周雙邊　鈐緝熙閣白文方印　王秉信朱文方印　王懿榮白文方印　黃岡劉氏紹炎過眼朱文方印　〇〇二七

纂圖互註荀子二十卷　周荀況撰　唐楊倞註　宋刻元修本　清繆荃孫跋　四册　十一行十九字至二十一字不等小字雙行二十五字黑口左右雙邊　鈐徐乃昌讀朱文方印　積餘秘笈識者寶之朱文方印　劉世珩觀白文方印　荃孫白文方印　〇〇二六

存八卷　七至十一　十八至二十

荀子二十卷　周荀況撰　唐楊倞註　明桐陰書屋刻六子書本　佚名批校　五册　八行十七字小字雙行字同白口四周雙邊　卷十五下書口鐫桐陰書屋校　〇六二〇

荀子二十卷　周荀況撰　唐楊倞註　明桐陰書屋刻六子書本　佚名批校　十二册　〇〇二五

荀子二十卷　周荀況撰　唐楊倞註　清謝墉輯　補校勘補遺一卷　清謝墉撰　清乾隆五十一年嘉善謝墉刻本　清戈襄校並題款　四册　十行二十字白口左右雙邊　下書口鐫嘉善謝氏藏板　封面鐫乾隆丙午校刊　有刻工　四四六二

孔叢子三卷　題漢孔鮒撰　明崇禎六年孔胤植刻本　一册　十行十九字白口四周單邊　〇〇八七

新書十卷　漢賈誼撰　明正德十年吉府刻本　二册　八行十八字黑口四周雙邊　鈐譚觀成印朱文方印　莫堂之印白文方印　獨山莫氏銅井文房所藏書印朱文長方印　〇〇九〇

新書十卷附錄一卷　漢賈誼撰　明黃甫龍、唐琳訂　明末刻本　一册　九行十八字白口四周單邊　鈐何氏藏書白文方印　香圃白文雙鉤橢圓印　〇〇八九

新書十卷　漢賈誼撰　清乾隆間餘姚盧氏抱經堂刻本　五册　十行二十字白口左右雙邊　五四三〇

賈子十卷　漢賈誼撰　明萬曆十年胡維新刻兩京遺編本　二册　九行十七字白口四周雙邊　有刻工　〇〇八三

存五卷　一至五

鹽鐵論十卷　漢桓寬撰　明萬曆胡維新刻兩京遺編本　二册　九行十七字白口四周雙邊　有刻工　〇一〇三

鹽鐵論十二卷　漢桓寬撰　明張之象註　明刻本（卷三、四配清刻本）葉啓芳題識　五册　九行十七字小字雙行字同白口左右雙邊　〇一〇五

鹽鐵論十二卷　漢桓寬撰　明鍾惺評　明末刻本　四册　九行二十五字小字雙行字同白口四周單邊　〇〇三五

鹽鐵論十二卷　漢桓寬撰　明鍾惺評　明末刻本　四册　〇一〇二

鹽鐵論十卷　漢桓寬撰　明刻本　一册　九行十八字白口四周單邊　鈐小李山房圖籍白文方印　許尚賢印白文方印　〇一〇四

存四卷　一至四

新序十卷　漢劉向撰　明萬曆程榮刻漢魏叢書本　周叔弢據宋本校　王大隆錄張紹仁校　一册　九行二十字白口左右雙邊　〇〇六二

重刻説苑新序三十卷　漢劉向撰　明嘉靖二十六年何良俊刻本　十二册　十行二十字白口左右雙邊　鈐王有珩印白文方印　楚蘅朱文方印　〇一〇九

劉向説苑二十卷
劉向新序十卷

新纂門目五臣音註揚子法言十卷　漢揚雄撰　晉李軌　唐柳宗元　宋宋咸、吳秘、司馬光註　明嘉靖十二年顧春世德堂刻六子全書本　董坤厚校　三册　八行十七字小字雙行字同白口四周雙邊　三九二四

纂圖互註揚子法言十卷　漢揚雄撰　晉李軌　唐柳宗元　宋宋咸、吳秘、司馬光註　明刻本　一册　十一行二十一字小字雙行二十五字黑口四周雙邊　Z〇〇六四

揚子法言十卷　漢揚雄撰　明趙大綱集註　明隆慶二年崔近思刻本　三册　九行十七、十八字不等白口四周雙邊　鈐嘉惠堂藏閲書朱文長方印　湛廬藏書白文方印　〇〇九一

揚子法言十卷　漢揚雄撰　明萬曆吳勉學刻本　一册　九行十八字白口左右雙邊　一六七九

揚子法言纂不分卷　漢揚雄撰　明張榜輯　明刻本　一册　九行二十字白口四周單邊　一六八〇

潛夫論十卷　漢王符撰　清乾隆劉汝弼抄本　清劉汝弼題識　二册　十行二十一字藍格白口四周雙邊　二七二六

中説十卷　題隋王通撰　宋阮逸註　明刻六子書本　一册　十一行二十一字小字雙行二十五字黑口四周雙邊　Z〇〇六三

張子全書十五卷附録一卷　宋張載撰　宋朱熹註　清康熙五十八年刻本　六册　十行十九字小字雙行字同白口左右雙邊　封面鐫本衙藏板　五四三五

安溪先生註解正蒙二卷　宋張載撰　清李光地註　清教忠堂刻本　一册　八行二十二字白口四周單邊　封面鐫教忠堂藏板　七八五四

龜山先生語録四卷　宋楊時撰　元刻本　四册　十行十八字黑口四周雙邊　Z〇〇七〇

童蒙訓三卷　宋呂本中撰　明刻本　二册　十行二十字白口左右雙邊　鈐項元汴印朱文方印　子京手印朱文方印　毛氏子晉朱文方印　休寧汪季青藏朱文長方印　〇一五一

致堂先生崇正辯三卷　宋胡寅撰　清謙牧堂抄本　羅振玉題識　五册　十行二十七字白口無格　鈐謙牧堂藏書印白文方印　青萍居白文方印　巴陵方氏碧琳琅館珍藏秘篇朱文方印　羅振玉印白文方印　方功惠印白文方印　二七二九

淵鑒齋御纂朱子全書六十六卷　清熊賜履、李光地等纂修　清康熙五十二年内府刻本　二十八册　九行二十字小字雙行十九字黑口四周單邊　鈐八千卷樓朱文方印　八千卷樓藏書之記朱文方印　嘉惠堂丁氏藏書記白文方印　光緒庚寅嘉惠堂所得白文方印　四四六九

淵鑒齋御纂朱子全書六十六卷　清熊賜履、李光地等纂修　清康熙五十二年内府刻本　二十四册　五五一六

淵鑒齋御纂朱子全書六十六卷　清熊賜履、李光地等纂修　清康熙五十二年内府刻本　四十四册　四〇一〇

分類經進近思錄集解十四卷　宋葉采撰　明嘉靖十七年劉仕賢刻本　四册　九行二十字黑口四周單邊　鈐四明范光華家藏印朱文方印　〇一一七

分類經進近思錄集解十四卷　宋葉采撰　明周公恕類次　明鷺洲周氏古意亭刻本　八册　八行十八字小字雙行字同黑口四周雙邊　〇〇四七

朱子經濟文衡類編前集二十五卷後集二十五卷續集二十二卷　宋滕珙輯　清乾隆刻本　十册　九行二十字白口四周單邊　五五一四

文公先生經世大訓十六卷　明余祐輯　明嘉靖元年河南按察司刻本　六册　十行二十四字小字雙行字同白口四周雙邊　序後鐫嘉靖元年河南按察司刊牌記　鈐王士禛印白文方印　阮亭朱文方印　〇三二三

朱子語類一百四十卷　宋黎靖德輯　明成化九年陳煒刻本　四十八册　十四行二十四字小字雙行字同白口左右雙邊　鈐攷齋藏書記朱文方印　〇一一九

先聖大訓六卷　宋楊簡撰　明萬曆四十三年張翼彰等刻本　六册　八行十六字小字雙行字同白口四周單邊　〇一二〇

大學衍義四十三卷 宋眞德秀撰 明嘉靖六年司禮監刻本 二十册 八行十四字小字雙行字同黑口四周雙邊 鈐江永文藏書記朱文方印 〇一二二六

大學衍義四十三卷 宋眞德秀撰 明崇禎十一年楊鷃等校刻本 十二册 十行二十一字小字雙行字同白口四周單邊間四周雙邊 鈐葉德輝煥彬甫藏閱書白文方印 〇一二二三

大學衍義四十三卷 宋眞德秀撰 明崇禎陳仁錫刻本 八册 十行二十字小字雙行字同白口四周單邊 〇一二二四

大學衍義補一百六十卷首一卷 明丘濬撰 明嘉靖刻本 十六册 十行二十字小字雙行十八、十九字不等白口左右雙邊 〇一二二八

存六十二卷 九十九至一百六十

大學衍義補一百六十卷首一卷 明丘濬撰 明陳仁錫刻本 三十二册 十行二十字小字雙行字同白口四周單邊 〇一二三一

大學衍義補纂要六卷 明徐栻輯 明嘉靖三十七年刻本 八册 十行二十字小字雙行字同白口四周單邊 〇一二三三

大學衍義補纂要六卷 明徐栻輯 明萬曆元年九江府刻本 六册 十行二十字小字雙行字同白口四周單邊 有刻工 〇一二三二

存四卷 一至四

大學衍義補集要不分卷 明鄧珂輯 稿本 清馬駉跋 十六册 行格字數不等無格 鈐國子監祭酒盛昱印信朱文方印 三七四九

大學衍義節畧十卷補畧二十一卷　明楊廉撰　明王諍考註　明嘉靖四十一年刻本　十二册　十二行二十五字黑口四周雙邊　有刻工　鈐韓菼之印朱文方印　○一二七

潛室陳先生木鐘集十一卷　宋陳埴撰　清抄本　十六册　九行十八字白口無格　二七三〇

慈溪黄氏日抄分類九十七卷　宋黄震撰　明正德刻本　三十六册　十四行二十六字細黑口四周雙邊　鈐玉芝堂朱文肖形印　子芬朱文葫蘆印　吴重熹字中彝印信朱文圓印　山东海丰吴氏珍藏世泽图书朱文大方印　慎独斋主经眼朱文方印　Z○○五七

存九十五卷　一至八十八　九十至九十一　九十三至九十七

慈溪黄氏日抄分類九十七卷古今紀要十九卷　宋黄震撰　明刻本　十二册　十二行二十二字小字雙行字同細黑口四周雙邊　○二○五

存古今紀要十九卷

慈溪黄氏日抄分類九十七卷古今紀要十九卷　宋黄震撰　清乾隆三十二年汪佩鍔刻本　二十八册　十四行二十六字紀要十二行二十二字細黑口四周雙邊　六九五六

資世通訓一卷　明太祖朱元璋撰　清抄本　一册　九行十七字白口無格　二七四〇

聖學心法四卷　明成祖朱棣編　明永樂七年內府刻本　四冊　十行二十二字小字雙行字同黑口四周雙邊　鈐李氏珍藏白文花邊方印　○一六三

性理大全書七十卷　明胡廣等撰　明萬曆二十五年吳勉學師古齋刻本　二十四冊　十行二十字小字雙行字同白口左右雙邊　纂修姓氏後鐫萬曆丁酉年春師古齋刊　○一三四

性理大全書七十卷　明胡廣等撰　明刻本　二十四冊　十行二十字小字雙行字同白口左右雙邊　有刻工　○一三八

性理群書集覽大全七十卷　題玉峰道人輯　明正德六年宗德書堂刻本　二十冊　十一行二十二字小字雙行字同下黑口四周雙邊　卷末鐫正德辛未宗德書堂鼎新刊行牌記　○一三六

薛文清公讀書全錄類編二十卷　明薛瑄撰　明侯鶴齡輯　明萬曆二十四年刻本　六冊　十行二十字白口四周單邊　○七一○

薛文清公讀書全錄類編二十卷附策目一卷　明薛瑄撰　明萬曆四十二年張銓刻本　八冊　十行二十字白口四周雙邊　○一二一

困知記二卷續二卷三續一卷四續一卷續補一卷附錄一卷　明羅欽順撰　明萬曆刻本　二冊　十行二十字白口四周單邊　○一三七

困知記二卷續二卷三續一卷四續一卷續補一卷外編　五八○三

一卷附録一卷　明羅欽順撰　清康熙刻本　四册　十行二十字黑口左右雙邊　〇一四一

愼言十三卷雅述二卷　明王廷相撰　明嘉靖刻王浚川所著書本　六册　十行十八字白口左右雙邊　雅述四周單邊　〇一四〇

士翼四卷　明崔銑撰　明嘉靖十四年刻本　四册　十行二十字小字雙行字同白口四周單邊　鈐延古堂李氏珍藏白文橢圓肖形印　〇一四二

士翼三卷　明崔銑撰　明萬曆九年崔氏家塾刻本　六册　九行十八字白口四周單邊　下書口鎸崔氏家塾　有刻工　〇一四二

程志十卷　明崔銑編　明嘉靖刻本　六册　十行二十字白口四周單邊　〇一四三

聖學格物通一百卷纂要一卷　明湛若水撰　明嘉靖十二年陳陞刻本　三十二册　十一行十九字白口左右雙邊　〇一六〇

旴江羅近溪先生全集八卷孝訓一卷仁訓一卷鄉約一卷語要一卷　明羅汝芳撰　明萬曆四十六年刻本　六册　九行十八字白口四周雙邊　〇一四六

胡子衡齊八卷　明胡直撰　明萬曆王繼明刻本　二册　十行二十字白口四周雙邊　有刻工　〇一四五

皇明三儒言行要錄十四卷　明部永春等輯　明隆慶二年刻本　六册　十行二十二字白口四周雙邊　有刻工　〇一二一

新刊皇明文清薛先生要録五卷　明薛瑄撰

新刊白沙陳先生要録四卷　明陳獻章撰

新刊陽明王先生要録五卷　明王守仁撰

盧一松先生遺言三卷 明盧可久撰 清抄本 一册 八行二十字白口無格 二七三一

呻吟語六卷黄帝陰符經一卷救命書一卷 明呂坤撰 清乾隆五十九年呂燕昭刻本 六册 十一行二十一字白口左右雙邊 封面鐫乾隆甲寅年重刊 七五二七

呂語集粹四卷 明呂坤撰 清乾隆三年刻本 二册 十行二十字小字雙行字同白口左右雙邊 鈐清芬堂書畫記朱文長方印 景運圖書白文方印 符卿氏朱文方印 六五四五

榕壇問業十八卷 明黄道周撰 清乾隆十五年刻本 六册 九行二十字白口四周單邊 五四四九

新鐫性理節要八卷 明蘇文韓輯 明萬曆刻本 六册 十一行二十二字小字雙行字同白口四周單邊 〇一九六

養蒙圖説不分卷 明塗時相撰 清乾隆夢杏書屋刻本 二册 有圖 十一行二十三字白口右文左圖四周單邊 下書口鐫夢杏書屋 四四七四

黽記四卷 明錢一本撰 明萬曆四十一年刻本 六册 九行十九字白口四周單邊 一四九三

楊氏塾訓六卷 明楊兆坊撰 明萬曆二十一年刻本 十二册 十行二十字白口四周單邊 有刻工 鈐林瀛洲印朱文方印 〇一五七

卓吾先生批評龍谿王先生語録鈔八卷 明王畿撰 明李贄評 明萬曆新安吳氏刻本 八册 九行十八字白口四周單邊 有刻工 鈐明善堂覽書畫印記白文長方印 陳彝之印白文方印 字伯倫白文方印 〇一四四

性理標題彙要二十二卷 明詹淮纂輯 明製錦堂刻本 二十一册 九行十九字小字雙行十七字白口四周單邊 封面鐫製錦堂梓行 一五三六

存十五卷　一至五　十三至二十二

學范二卷　明趙古則編　明末刻本　一册　八行十六字白口四周單邊　〇三〇〇

蔡氏九儒書九卷首一卷　明蔡有鵾編　清雍正十一年刻本　六册　十行二十二字白口四周單邊　五四三六

轂詒彙十四卷　明陶希皐等輯　明崇禎七年陶氏刻本　四册　八行十八字小字雙行白口四周單邊　〇一五八

轂貽編不分卷　明陳清輯　清抄本　十二册　八行十七字白口四周雙邊　二七三三

御製資政要覽三卷　清世祖福臨撰　清順治十二年内府刻小字本　三册　六行十四字小字雙行字同黑口四周雙邊　四五〇五

御製資政要覽三卷　清世祖福臨撰　清順治十二年内府刻小字本　三册　四四九九

御製資政要覽三卷　清世祖福臨撰　清順治十二年内府刻大字本　三册　八行十五字小字雙行字同黑口四周雙邊　七九三三

御製資政要覽三卷　清世祖福臨撰　清順治十二年内府刻大字本　三册　七九三四

御製資政要覽三卷　清世祖福臨撰　清順治十二年内府刻本　四册　六行十二字黑口四周雙邊　八〇五八

御製勸善要言不分卷　清世祖福臨撰　清順治十二年内府刻大字本　一册　八行十一字黑口四周雙邊　七九三六

御製勸善要言不分卷　清世祖福臨撰　清順治十二年内府刻大字本　一册　七九三五

御製勸善要言一卷　清世祖福臨勅撰　清順治十二年内府刻滿漢合璧本　一册　八二九八

範行恆言一卷　清世祖福臨撰　清順治十二年内府刻本　一册　六行十一字白口四周單邊　四八一一

範行恆言一卷　清世祖福臨撰　清順治十二年内府刻本　一册　四八一二

御製人臣儆心録一卷　清世祖福臨撰　清順治十二年内府刻本　一册　六行十一字白口四周雙邊　四七四六

御製人臣儆心録一卷　清世祖福臨撰　清順治十二年内府刻本　一册　四八九三

勸學文一卷　清世祖福臨撰　清順治十三年内府刻本　一册　九行十六字白口四周單邊　五一一〇

勸學文一卷　清世祖福臨撰　清順治十三年内府刻本　一册　五一一一

聖祖仁皇帝庭訓格言不分卷　清聖祖玄燁撰　清雍正八年内府刻本　一册　七行二十字白口四周雙邊　四五八二

欽定執中成憲八卷　清世宗胤禛撰　清乾隆元年内府刻本　四册　八行二十字白口四周雙邊　五一三一

聖諭廣訓一卷　清世宗胤禛撰　清乾隆十年刻本　一册　九行十六字白口左右雙邊　七五二八

儒宗理要二十九卷　清張能鱗輯　清順治十五年刻本　十册　十行二十四字白口四周單邊　五四三九

周子二卷　張子六卷

範家集畧六卷範身集畧八卷　清秦坊輯　清初刻本　六册　九行二十一字白口四周單邊　七五七四
二程子六卷
朱子十五卷

孝經衍義一百卷首二卷　清張英等撰　清康熙二十九年内府刻本　三十册　九行十八字小字雙行字同黑口四周雙邊　四〇四〇

孝經衍義一百卷首二卷　清張英等撰　清康熙二十九年内府刻本　三十册　七〇五五

重定齊家寶要二卷　清張文嘉輯　清康熙刻本　二册　九行二十字小字雙行十九字白口四周雙邊　七五七五

呂子評語正編四十二卷附刻一卷首一卷餘編八卷附刻一卷首一卷　清呂留良撰　清康熙五十五年晚聞軒刻本　二十四册　十二行二十五字白口左右雙邊　封面鐫康熙丙申秋仲新鐫　晚聞軒藏板　有刻工　鈐錢塘丁氏藏書白文方印　八千卷樓朱文方印　光緒壬辰錢塘嘉惠堂丁氏所得朱文方印　四四七二

聖諭像解二十卷　清梁延年撰　清康熙二十年梁氏承宣堂刻本　十册　十行二十一字白口四周單邊　四四七五

聖諭像解二十卷　清梁延年撰　清康熙二十年梁氏承宣堂刻本　十册　四九八一

學規類編十八卷　清張伯行撰　清康熙四十六年正誼堂刻本　四册　十行二十二字小字雙行字同白口四周單邊　封面鐫康熙四十六年鐫　正誼堂藏板　六六〇六

廣近思錄十四卷　清張伯行輯　清康熙五十年正誼堂刻本　四册　九行十七字白口左右雙邊　封面鐫康熙五十年鐫　正誼堂藏板　七一一一

困學錄集粹八卷　清張伯行撰　清雍正刻本　四册　九行二十字白口四周雙邊　七一七四

洗心齋昌言集二卷　清顧雲莊撰　清乾隆五十八年洗心齋刻本　二册　八行二十字白口半頁四周雙邊　封面鐫乾隆癸丑新刊　洗心齋藏板　八一三九

御纂性理精義十二卷　清李光地等撰　清康熙五十六年武英殿刻本　五册　八行十八字小字雙行二十二字白口四周雙邊　七一五四

御纂性理精義十二卷　清李光地等撰　清康熙五十六年武英殿刻本　五册　七一五九

御纂性理精義十二卷　清李光地等撰　清康熙五十六年武英殿刻本　五册　七一六〇

先儒正修錄六卷　清于準撰　清康熙刻本　六册　十二行二十三字白口左右雙邊　五四四二

陸子學譜二十卷　清李紱撰　清雍正十年無怒軒刻本　八册　十二行二十三字白口四周雙邊　下書口鐫無怒軒　六五四四

日知薈説四卷　清高宗弘曆撰　清乾隆元年武英殿刻本　四册　七行十八字白口四周雙邊　四五二二

日知薈説四卷　清高宗弘曆撰　清乾隆元年武英殿刻本　四册　五四五〇

三魚堂賸言十二卷　清陸隴其撰　清乾隆八年刻本　二册　十一行十九字黑口左右雙邊　五四二三

五先生學約十四卷　清孫承澤撰　清康熙刻本　三册　九行十九字小字雙行字同白口四周單邊　鈐明善堂覽書畫印記白文長方印　七六七二

朱止泉先生朱子聖學考略十卷提要一卷正譌一卷　清朱　七七八一

澤澐撰　清乾隆十七年刻本　十册　十行二十二字白口左右雙邊　鈐夢選樓胡氏宗楙藏朱文長方印

御覽經史講義三十卷首一卷　清蔣溥等撰　清乾隆武英殿刻本　四十八册　十行十八字白口四周雙邊　鈐徐氏傳是樓印白文長方印　徐衡之印白文長方印　東海朱文葫蘆印　五〇〇九

權衡一書四十一卷　清王植輯　清乾隆崇雅堂刻本　二十四册　十行二十一字小字雙行字同白口四周單邊　封面鐫崇雅堂藏板　七五一五

女學不分卷　清藍鼎元撰　清抄本　四册　七行十四字無格　三三九九

士林彝訓八卷　清關槐撰　清紫方軒抄本　八册　八行二十字白口四周雙邊　下書口鐫紫方軒　二七四六

金華理學粹編十卷附履齋府君行述一卷　清戴殿江輯　清退補齋抄本　四册　九行二十六字紫格　下書口鐫退補齋　三八四六

習是編二卷　清屈成霖撰　清乾隆十三年刻本　四册　九行二十一字白口左右雙邊　五四五二

張簣山唾居隨錄節要一卷　清張簣山撰　清抄本　一册　九行二十一字無格　二七三三

儒言類編十六卷諸儒姓氏一卷　清史炳甯輯並書　清抄本　四册　無格　二七一二

存十卷　一至十

南海先生大同書稿不分卷　康有爲撰　稿本　日本犬養毅、柏原文太郎題識　三册　行格字數不等　Z〇一五六

兵家類

武經七書匯解七卷末一卷　清曹曰瑋等輯　清康熙四十四年刻本　二十册　八行二十四字小字雙行二十三字白口四周單邊　鈐玉溪書屋朱文方印　悔盦長物朱文方印　覺今是齋白文方印　六六〇九

李衛公望江南一卷　唐李靖撰　清抄本　一册　八行二十四字無格　三五五七

武經總要前集二十二卷後集二十一卷百戰奇法二卷行軍須知二卷　宋曾公亮、丁度撰　明萬曆金陵唐富春刻本　十七册　十一行二十一字白口四周單邊　存二十五卷　后集二十一卷　百戰奇法二卷　行軍須知二卷　〇三三三

經武淵源内編六卷外編六卷　明李材編　明萬曆十五年刻本　六册　八行十七字小字雙行字同白口左右雙邊　〇三三一

古今紆籌十卷　明朱錦輯　明崇禎十二年朱泌之刻本　五册　九行二十字白口四周單邊　〇三三〇

武備志二百四十卷　明茅元儀撰　清活字印本　八十冊　九行十九字小字雙行字同白口左右單邊　二三三三

金湯借箸十二籌十二卷　明李盤等撰　清抄本　十四冊　八行二十三字黑口四周雙邊無格　鈐沈偉印信朱白文方印　二八一四

金湯借箸十二籌十二卷　明李盤等撰　清抄本　九冊　八行二十字黑口四周雙邊　三四七一

神機致理兵法心要五卷　明劉基輯　清抄本　佚名批　五冊　八行二十字無格　二八一五

江南經略八卷　明鄭若曾撰　清抄本　十冊　有圖　十二行二十二字無格　鈐研易樓朱文方印　沈仲濤印白文方印　沈氏研易樓所得善本書白文方印　二八一八

登壇必究四十卷　明王鳴鶴編輯　明萬曆刻本　三十二冊　十行二十字小字雙行字同白口四周雙邊　有刻工　〇三三二
存三十五卷　一　三至二十　二十五至四十

蹶張心法一卷長鎗法選一卷單刀法選一卷　明程宗猷撰　清抄本　一冊　有圖　十行二十字無格　三三五三

火龍經三卷　題明焦玉撰　清抄本　三冊　九行二十二字無格　鈐永安寧氏珍藏朱文方印　寧氏鑑藏白文方印　書帖字畫章朱文方印　梀館藏書朱文橢圓印　二八一七

兵錄十四卷　明何汝賓撰　清抄本　十冊　九行十八字至十九字無格　二八一六
存十卷　一至十

武備要略七卷　明李邦華撰　明末刻本　四册　九行十八字白口左右雙邊　一七二〇

射經一卷附録一卷　明李呈芬撰　清抄本　一册　八行二十字紅格白口四周雙邊　鈐揚州唐氏珍藏白文方印　二七九一

治平勝算全書二十八卷　清年羹堯輯　清抄本　十六册　八行二十字白口四周雙邊　二八一一

洴澼百金方十四卷首一卷　清袁宫桂撰　清刻本　十册　有圖　九行二十三字白口四周單邊　五五〇七

教練輯要不分卷　清謝瑛輯　清康熙刻本　二册　九行十九字白口左右雙邊　七五八五

射藝詳説一卷　清哈攀鳳撰　清乾隆三十七年刻本　一册　七行十八字白口四周單邊　六九五二

丁汝昌海軍函稿不分卷　清丁汝昌撰　稿本　四册　行格字數不等　三三六八

槍譜一卷棍譜一卷拳譜一卷　清釋悟洲撰　清抄本　二册　有圖　十行二十字無格　二七九〇

大沽炮台圖不分卷　清彩繪本　一册　三九三五

法家類

管韓合刻四十四卷　明趙用賢輯　明萬曆十年趙氏刻本　二十二册　九行十九字小字雙行字同白口四周單邊　有刻工　〇〇七二
管子二十四卷　周管仲撰　唐房玄齡註
韓子二十卷　周韓非撰

管子二十四卷　周管仲撰　明萬曆吴勉學輯刻二十子全書本　四册　九行十八字白口左右雙邊　〇〇六七

管子二十四卷　周管仲撰　明萬曆吴勉學輯刻二十子全書本　四册　〇〇六九

管子二十四卷　周管仲撰　唐房玄齡註　明劉績補註　明張榜等評　明天啓五年朱養純花齋刻本　四册　九行二十字小字雙行字同白口四周單邊　下書口鐫花齋藏板　鈐禮畊堂藏朱文方印　夏氏保之朱文方印　東方居士朱文方印　錢塘夏尌嘉鑑藏金石秘籍印白文長方印　〇〇五三

管子二十四卷　周管仲撰　唐房玄齡註　明劉績補註　明張榜等評　明天啓五年朱養純花齋刻本　五册　〇〇六六

管子二十四卷　周管仲撰　唐房玄齡註　明劉績補註　明張榜等評　明翻刻花齋本　三册　九行二十字小字雙行字同白口四周單邊　下書口鐫花齋藏板　〇〇六五

管子二十四卷　周管仲撰　唐房玄齡註　明劉績、朱長春補註　明張榜等評　明翻刻花齋本　六册　〇〇六八

管子榷二十四卷　明朱長春撰　明萬曆四十年張維樞刻本　六册　九行十九字小字雙行字同白口左右雙邊　〇〇六四

管子二十四卷　周管仲撰　明趙用賢、朱長春等評　明萬曆四十八年凌汝亨刻套印本　八册　九行十九字白口四周單邊　一七九三
存二十二卷　一至二十二

商子五卷 戰國商鞅撰 明萬曆吳勉學刻二十子全書本 清譚儀校 謝善詒題識 二册 九行十八字白口左右雙邊 ○○七九

韓子二十卷 周韓非撰 明閔氏刻套印本 十册 九行二十字白口四周單邊 一七九六

韓子二十卷附錄一卷 周韓非撰 明天啓五年趙如源刻本 八册 九行十八字小字雙行字同白口四周單邊 ○○七五

韓子二十卷附錄一卷 周韓非撰 明天啓五年趙如源刻本 四册 ○○七六

韓子二十卷 周韓非撰 明刻本 四册 九行十九字小字雙行字同白口四周單邊 鈐賜書畫堂鄧印白文方印 ○○七四

韓非子二十卷 周韓非撰 明刻本 二册 十行二十一字白口左右雙邊 有刻工 存十卷 十一至二十 ○○七三

韓子迂評二十卷附錄一卷 題明門無子撰 明萬曆七年門無子刻十一年增刻本 四册 八行十八字白口四周雙邊 序後鐫萬曆己卯三月戊午門無子記牌記 有刻工 ○○七七

疑獄集三卷 五代和凝、和㠓撰 清抄本 清吳元長、陸心源題識 一册 九行十八字無格 鈐太初白文方印 延陵季子朱文方印 陸心源印朱文方印 曾留吳興周氏言言齋白文長方印 二八一〇

折獄龜鑑二卷 宋鄭克撰 **春秋繁露直解一卷** 漢董仲舒撰 明吳廷舉解 明萬曆王邦才重刻本 三册 十行二十字白口四周雙邊 鈐錢塘丁氏正修堂藏書朱文方印 明善堂覽書畫印記白文長方印 安樂堂藏書記朱文長方印 八千卷樓藏書之記朱文方印 嘉惠堂藏閲書朱文長方印 ○三二九

仁獄類編三十卷 明余懋學撰 明萬曆三十六年韓起龍直方堂刻本 十二册 九行十九字白口左右雙邊 下書口鐫直方堂 有刻工 〇三二八

不平則鳴錄不分卷 清朱璐撰 清抄本 一册 七行十八字無格 三四八五

農家類

齊民要術十卷 後魏賈思勰撰 明刻秘册彙函本 四册 九行十八字小字雙行字同白口左右雙邊 〇二八一

野菜博錄三卷 明鮑山編 明天啓二年刻本 三册 有圖 白口四周單邊 〇二八二

增補陶朱公致富奇書八卷 題明陳繼儒撰 清鐘山逸叟增補 清初雲林聽松樓刻本 四册 九行二十二字白口四周單邊 封面鐫雲林聽松樓藏板 五二〇七

存六卷 一 三至六 八

農政全書六十卷 明徐光啓撰 明崇禎十二年平露堂刻本 十六册 有圖 九行二十字小字雙行字同白口四周單邊 下書口鐫平露堂 鈐八千卷樓藏書之記朱文方印 〇二八三

補農書二卷 明沈□撰 清張履祥補 清活字印本 二冊 十行二十二字小字雙行白口左右雙邊 鈐周氏叔弢朱文方印 二二三四

廣輯田家五行不分卷 清抄本 清半樵老人識語 二冊 鈐述史樓秘笈朱文方印 會稽徐氏鑄學齋藏書印朱文方印 二七八二

欽定授時通考七十八卷 清乾隆七年江西巡撫刻本 二十冊 十一行二十一字小字雙行字同白口四周雙邊 七一三八

欽定授時通考七十八卷 清乾隆七年江西巡撫刻本 二十四冊 七五七八

便農占鏡三卷 清蘇毓輝輯 稿本 六冊 十行二十四字藍格白口四周單邊 鈐蘇毓煇印白文方印 字設庭朱文方印 竹塘居士朱文圓印 三四四二

三農記十卷 清張宗法撰 清刻本 八冊 十一行二十二字小字雙行二十字白口四周單邊 封面鐫桂林堂藏板 七九四一

醫家類

石山醫案八種三十二卷 明汪機撰 明嘉靖刻崇禎祁門樸墅增刻本 十冊 行格字數不等白口四周單邊 封面鐫板藏祁門樸墅 鈐葉景鴻印朱文方印 一三五二

存六種十八卷

脈訣刊誤集解二卷　元戴起宗撰
附録二卷　明汪機輯
讀素問鈔三卷　補遺一卷　元滑壽編　明汪機續註
運氣易覽三卷　明汪機編
針灸問對三卷　明汪機編
痘治理辨一卷　附方一卷　明汪機編
推求師意二卷　明戴元禮撰　明汪機編

薛氏醫按二十四種一百七卷

明吳琯輯　清聚錦堂刻本　四十八册　十行二十字小字雙行字同白口左右雙邊

十四經發揮三卷　元滑壽撰
難經本義二卷　元滑壽註
本草發揮四卷　明徐用誠撰
平治會萃三卷　元朱震亨撰
内科摘要二卷　明薛己撰
明醫雜著六卷　明王綸輯　明薛己註
傷寒鈐法一卷　漢張機撰
外傷金鏡録一卷　明薛己撰
原機啓微二卷附録一卷　元倪維德撰
保嬰撮要二十卷　明薛鎧撰
錢氏小兒直訣四卷　宋錢乙撰　宋閻孝忠輯　明薛己註
陳氏小兒痘疹方論一卷　宋陳文中撰　明薛己註
保嬰金鏡一卷　明薛己撰
婦人良方二十四卷　宋陳自明撰　明薛己註

女科撮要二卷　明薛己撰
立齋外科發揮八卷　明薛己撰
外科心法七卷　明薛己撰
外科樞要四卷　明薛己撰
外科精要三卷　宋陳自明撰　明薛己註
癧疽神秘驗方一卷　明陶華撰
外科經驗方一卷　明薛己撰
正體類要二卷　明薛己撰
口齒類要一卷　明薛己撰
癘瘍機要三卷　明薛己撰

〇二三九 古今醫統正脉四十四種二百六卷

明王肯堂編　明萬曆二十九年吳勉學刻本　佚名批校　六十一册　行格字數不等白口四周雙邊　鈐白雪樓藏朱文長方印

活法機要一卷　元朱震亨撰
秘傳證治要訣十二卷　明戴原禮撰
證治要訣類方四卷　明戴原禮撰
儒門事親十五卷　金張從正撰
傷寒瑣言一卷　明陶華撰
傷寒家秘的本一卷　明陶華撰
殺車槌法一卷　明陶華撰
傷寒一提金一卷　明陶華撰
傷寒證脈藥截江網一卷　明陶華撰
傷寒明理續論一卷　明陶華撰

重廣補註黄帝内經素問二十四卷遺篇一卷　唐王冰註　宋林億等校正　宋孫兆改誤
黄帝素問靈樞經十二卷
鍼灸甲乙經十二卷　晉皇甫謐撰
中藏經八卷　漢華佗撰
脈經十卷　晉王叔和撰
難經本義二卷　元滑壽撰
註解傷寒論十卷　漢張機撰　金成無己註
傷寒明理論四卷　金成無己撰
新編金匱要略方論三卷　漢張機撰
增註類證活人書二十二卷　宋朱肱撰
素問玄機原病式一卷　金劉完素撰
黄帝素問宣明論方十五卷　金劉完素撰
傷寒標本心法類萃二卷　金劉完素撰
劉河間傷寒醫鑒一卷　金馬宗素撰
素問病機氣宜保命集三卷　金劉完素撰
劉河間傷寒直格論方三卷　金劉完素撰　元葛雍編
河間傷寒心要一卷　金鎦洪編
張子和心鏡别集一卷　金常德編
局方發揮一卷　元朱震亨撰
脾胃論三卷　金李杲撰
格致餘論一卷　元朱震亨撰
蘭室秘藏三卷　金李杲撰
内外傷辨三卷　金李杲撰
東垣先生此事難知集二卷　元王好古撰

湯液本草三卷　元王好古撰
醫經溯洄集一卷　元王履撰
外科精義二卷　元齊德之撰
海藏癍論萃英一卷　元王好古撰
丹溪先生心法五卷附録一卷　元朱震亨撰
新刻校定脈訣指掌病式圖說一卷　金李杲撰
丹溪先生金匱鉤玄三卷　元朱震亨撰
醫學發明一卷　元朱震亨撰

〇二四〇 **醫要集覽九種九卷**

明經廠刻本　六册　十行二十字黑口四周雙邊

脈賦一卷　晉王叔和撰
王叔和脈訣一卷
復真劉三點先生脈訣一卷　宋劉開撰
用藥歌訣一卷
藥性賦一卷　金張元素撰
珍珠囊一卷
傷寒活人指掌提綱一卷　元吴恕撰
諸病論一卷
難經一卷　戰國秦越人撰

六五六〇 **醫要集覽九種九卷**

清康熙三十八年文盛堂刻本　六册　十行二十字白口左右雙邊
封面鎸文盛堂藏板

存六種六卷

脈賦一卷　晉王叔和撰
用藥歌訣一卷
藥性賦一卷　金張元素撰
傷寒活人指掌一卷　吳恕撰
諸病論一卷
難經一卷　戰國秦越人撰

醫林指月十二種二十一卷　清王琦編　清乾隆三十二年寶笏樓刻本　十二册　十行二十字黑口左右雙邊　五三八〇

醫學眞傳一卷　清高世栻輯
質疑録一卷　明張介賓撰
醫家心法一卷　清高鬥魁撰
易氏醫案一卷　明易大艮撰
芷園臆草存案一卷　明盧復撰
傷寒金鏡録一卷　元敖□撰　元杜本增定
痎瘧論疏一卷痎瘧疏方一卷　明盧之頤撰
達生篇一卷　清亟齋居士撰
扁鵲心書三卷神方一卷　宋竇材集　清胡珏參論
本草崇原三卷　清張志聰註釋　清高世栻纂集
侣仙堂類辯二卷　清張志聰撰
學古診則四卷　明盧之頤撰

合鐫增補士材三書八卷　清李中梓撰　清乾隆三十二年刻本　八册　九行二十一字白口四周單邊　五三八三

診家正眼二卷
本草通元二卷

增補病機沙篆二卷
附壽世正編二卷　清尤乘輯

以上叢編

補註釋文黃帝内經素問十二卷遺篇一卷黃帝素問靈樞經十二卷　唐王冰註　宋林億等校正　宋孫兆改誤　宋史崧音釋　明趙府居敬堂刻本　二十册　八行十七字小字雙行字同白口四周雙邊　上書口鐫趙府居敬堂　有刻工　〇二四二

重廣補註黃帝内經素問二十四卷　唐王冰註　宋林億等校　宋孫兆改誤　明嘉靖二十九年顧從德影宋刻本　一册　十行二十字小字雙行三十字白口左右雙邊　有刻工　存六卷　十一至十六　〇二四四

黃帝内經素問二十四卷　明吳崐註　明萬曆三十七年刻本　十二册　八行十七字小字雙行字同白口左右雙邊　封面鐫石室藏板　〇二四五

黃帝内經素問二十四卷　唐王冰註　明萬曆四十八年潘之恒刻黃海本　八册　十行二十字小字雙行字同白口左右雙邊　上書口鐫黃海　鈐咸熙堂白文方印　〇二四七

黃帝内經素問靈樞合編二種十九卷　明馬蒔註　清芸生堂刻本　二十册　十行二十二字小字雙行　六五七二

字同白口四周單邊　封面題芸生堂藏板

黃帝内經素問註證發微九卷
黃帝内經靈樞註證發微九卷補遺一卷

類經三十二卷圖翼十一卷附翼四卷　明張介賓類註　清嘉慶四年金閶萃英堂刻本　二十四册　八行十八字小字雙行字同白口四周單邊　圖翼九行十九字白口四周單邊　五四六二

存四十三卷　類經三十二卷　圖翼十一卷

醫經原旨六卷　清薛雪撰　清乾隆十九年薛氏埽葉莊刻本　四册　十行二十一字小字雙行字同白口左右雙邊　封面鐫埽葉莊藏板　五三八六

以上醫經

重修政和經史證類備用本草三十卷　宋唐慎微撰　宋寇宗奭衍義　明嘉靖十六年楚府崇本書院刻本　十二册　十二行二十三字小字雙行字同白口四周單邊　卷末鐫嘉靖丁酉孟春月吉楚府崇本書院重刊牌記　〇二七二

重修政和經史證類備用本草三十卷　宋唐慎微撰　宋寇宗奭衍義　明天啓四年胡訓、陳新刻本（卷三至九配明刻本）　十册　十二行二十三字小字雙行字同白口四周單邊　卷一後鐫天啓甲子歲歷下世醫邑庠生胡訓府庠生陳新重校　〇二七四

重刊經史證類大全本草三十一卷　宋唐慎微撰　宋寇宗奭衍義　明萬曆二十八年籍山書院刻遞修本　十册　〇二七三

十二行二十三字小字雙行字同白口四周單邊　卷末鐫順治丁酉歲夏月重鍥于籍山書院牌記

本草綱目五十二卷圖三卷　明李時珍撰　清順治十二年吴毓昌刻本　三十二册　九行二十字小字雙行字同白口四周單邊　五四六三

本草綱目五十二卷圖三卷　本草萬方鍼綫八卷藥品總目一卷　明李時珍撰　清蔡烈先撰　清書業堂刻本　四十八册　九行二十字小字雙行十九字白口四周單邊　封面鐫書業堂鐫藏　五四六四

本草彙言二十卷　明倪朱謨選集　清順治二年刻本　十六册　有圖　十一行二十二字小字雙行二十一字白口四周單邊　封面鐫大成齋藏板　倪元璐序後鐫大清順治乙酉冬仲重摹　六五九一

東皐握靈本草十卷首一卷序例一卷補遺一卷　清王翃編　清康熙二十二年刻乾隆五年朱鐘勲補刻本　八册　十行二十一字白口四周雙邊　五三七八

增訂本草附方二卷　清乾隆和采堂刻本　四册　二十行二十八字白口四周單邊　封面鐫和采堂藏板　六八〇四

食物本草會纂十二卷　清沈李龍撰　清刻本　十二册　有圖　九行二十二字小字雙行字同白口四周單邊　六五九三

本草詩箋十卷　清朱鑰撰　清刻清鄖城群玉山房補刻本　四册　十行十八字白口左右雙邊　封面鐫壬午仲冬月鄖城群玉山房重校鋟板　七三八三

本經逢原四卷　清張璐撰　清金閶寶翰樓刻本　八册　九行二十字白口四周雙邊　封面鐫金閶寶翰樓梓　七九四三

二七七七　**本草新編五卷**　清陳士鐸撰　清抄本　五册　十行二十五字無格

以上本草

〇二五七　**王氏脈經十卷**　晉王叔和撰　宋林億等校定　明趙府居敬堂刻本　四册　八行十七字小字單行字同白口四周雙邊　上書口鐫趙府居敬堂　有刻工

〇二六〇　**奇經八脈考一卷**　明李時珍撰　明萬曆三十一年張鼎思等刻本草綱目附刻本　一册　九行二十字小字雙行字同白口四周單邊

一三三一　**寶顏堂訂正脈望八卷**　明趙臺鼎撰　明萬曆沈德先刻寶顏堂秘笈本　四册　八行十八字白口四周單邊

六五五八　**臟腑證治圖説人鏡經八卷**　明錢雷撰　清康熙元年張吾瑾、劉禧刻本　四册　十行二十字小字雙行字同白口四周單邊

六五七一　**脈訣彙編説統一卷經絡彙編一卷**　清翟良撰　清康熙刻老二酉增刻本　四册　脉訣彙編統説九行十八字小字雙行字同　經絡彙編十行二十字白口左右雙邊　封面鐫老二酉藏板

四五〇一　**醫燈續焰二十一卷**　清潘楫撰　清順治潘氏陸地舟刻本　二十册　八行二十字白口四周單邊　下書口鐫陸地舟

六五六九　**脈貫九卷**　清王賢撰　清康熙五十年王氏盛德堂刻本　三册　九行二十字小字雙行十九字白口左右雙邊　下書口鐫盛德堂

七九二六　**脈訣彙辯十卷**　清李延是撰　清康熙刻本　六册　十行二十字白口四周單邊

四四五七　**寶命眞銓四卷末一卷**　清吳楚撰　清乾隆六十年刻輔孝兩書本　六册　八行二十四字小字雙行字同白口四周單邊

以上診法

劉河間傷寒三書二十卷 金劉完素撰 明末繡谷吳繼宗刻本 八册 十行二十二字細黑口四周雙邊間四周單邊 下書口間鐫懷德堂 封面鐫同德堂藏板 一六九五

黃帝素問宣明論方十五卷
素問玄機原病式二卷
素問病機氣宜保命集三卷

陶節庵傷寒全生集四卷 明陶華撰 清初吳郡大來堂刻本 佚名批校 四册 九行二十字白口四周單邊 封面鐫吳郡大來堂梓 六五七六

校刻傷寒圖歌活人指掌五卷 元吳恕撰 明末致和堂刻本 四册 十行二十五字白口四周單邊 〇二八〇

傷寒論條辨八卷 明方有執撰 清康熙五十八年陳氏浩然樓刻本 二册 十一行二十字小字雙行十九字白口左右雙邊 下書口鐫浩然樓 五三八一

新刻陳養晦先生傷寒五法五卷 明陳長卿撰 清康熙六年頤志堂刻本 十册 九行二十字白口左右雙邊 封面鐫頤志堂藏板 六五七五

傷寒證治準繩八卷 明王肯堂輯 明萬曆刻本 十册 十行二十一字小字雙行字同白口四周單邊 〇二四一

張仲景傷寒論辯證廣註十四卷首一卷 清汪琥辯註 清康熙刻本 五册 十行十九字小字雙 六五七八

行字同黑口四周雙邊　各卷末鐫平陽季子東璧藏版　封面鐫吳郡蔭槐堂藏板

傷寒論註四卷附翼二卷論翼二卷　漢張機撰　清柯琴註　清乾隆三十一年博古堂刻本　六册　十行二十字白口左右雙邊　封面鐫乾隆丙戌重刻　博古堂藏板　五三八二

傷寒分經八卷　漢張機撰　清喻昌註　清乾隆三十一年硤川利濟堂刻本　四册　九行十八字白口左右雙邊　封面鐫乾隆丙戌季新鐫　硤川利濟堂藏板　五三七九

張仲景傷寒論貫珠集八卷　漢張機撰　清尤怡註　清嘉慶十五年白鹿山房活字印本　四册　十行二十字白口四周單邊　二二三八

傷寒卒病論九卷　漢張機撰　清沈又彭編　清乾隆刻本　二册　九行二十一字白口左右雙邊　五三八七

沈朗仲先生病機彙論十八卷　清沈朗仲撰　清康熙五十二年刻本　十八册　九行二十字白口左右雙邊　七五七六

傷寒大白四卷總論一卷　清秦之楨撰　清康熙五十三年陳氏其順堂刻本　四册　十行二十字白口左右雙邊　封面鐫康熙甲午年鐫　其順堂陳藏板　五三七三

傷寒論三註十六卷　清周揚俊輯　清乾隆四十五年松心堂刻本　八册　九行二十字白口四周單邊　封面鐫乾隆庚子重刊　松心堂藏板　五三八五

瘟疫傳症彙編三種二十卷　清熊立品輯　清乾隆四十一年西昌熊氏家塾刻本　六册　十行二十三字小字雙行字同白口左右雙邊　六五七九

治疫全書六卷

痢瘧纂要八卷

痘麻紺珠六卷

春溫不分卷 清喻昌撰 清抄本 二册 九行十九字無格 二七七三

林氏活人錄彙編十四卷 清林開燧撰 清張在浚重輯 清乾隆十八年聽濤書屋刻本 七册 八行二十二字白口四周單邊 封面鎸聽濤書屋 六五七四

痢證匯參十卷 清吳道源撰 清乾隆三十八年敦厚堂刻本 四册 八行二十字白口左右雙邊 封面鎸敦厚堂藏板 七六七四

痧脹玉衡書三卷後一卷 清郭志邃撰 清康熙十四年刻本 四册 九行二十字白口左右雙邊 七九二八

證治百問四卷 清劉默撰 清康熙十二年石楷刻本 八册 十行二十字白口四周單邊 六五六三

證治彙補八卷 清李用粹撰 清康熙三十年書林劉公生刻本 八册 十行二十字白口左右雙邊 五一三五

證治合參十八卷 清葉盛撰 清抄本 四册 十六行字數不等無格 三四二五

葛仙翁肘後備急方八卷 晉葛洪撰 清乾隆修敬堂刻本 六册 八行十九字白口左右雙邊 封面鎸修敬堂藏板 七九四七

重刊孫眞人備急千金要方三十卷 唐孫思邈撰 元刻本 二十七册 十二行二十二字小字雙行字同細黑口四周單邊 鈐芝陽徐氏少山號周遺珍藏書畫金石之章朱文方印 大宗伯章朱文方印 海隅山館藏書朱文方印 寧遠堂印白文方印 乙〇一五四

存二十六卷 一 三至五 七至九 十一 十三至三十

孫眞人備急千金要方九十三卷目錄二卷　唐孫思邈撰　明嘉靖二十三年喬世定小丘山房刻本　三十二册　十一行二十四字白口間有細黑口左右雙邊　上書口鎸小丘山房　下書口鎸喬氏世定刻行　有刻工　鈐南滿洲鐵道株式會社圖書印朱文方印　〇二七六

重校聖濟總錄不分卷　明抄本　五册　十行二十四字藍格白口四周雙邊

存　運氣門　鼻門　嚙門　瘰癧諸瘻門　癰疽門　傷折門　雜葯門　婦女血風中風門　補益門　食治門　二七八一

普濟本事方十卷　宋許叔微撰　清光緒三年楊沂孫抄本　清楊沂孫臨東坡笠屐像及宋犖題詞并跋　四册　十一行白口左右雙邊　鈐因固園朱文方印　常孰楊氏寶藏濠州公墨蹟朱文方印　二七七八

類證普濟本事方十卷　宋許叔微撰　清葉桂釋義　清嘉慶姑蘇埽葉山房刻本　六册　十行二十一字黑口左右雙邊　封面鎸姑蘇埽葉山房義記藏板　六五九四

三因極一病源論粹十八卷　宋陳言撰　清竹溪書屋抄本　六册　十行二十字無格　封面鎸竹溪書屋抄本　二七六九

醫説十卷　宋張杲撰　明嘉靖二十二年張子立刻本　十一册　十行二十字小字雙行字同白口左右雙邊　〇二七九

醫説十卷　宋張杲撰　清抄本　清徐維則校　六册　九行十八字無格　鈐徐維則印字爲仲咫白文方印　維則曾觀朱文方印　二七七〇

重訂駱龍吉内經拾遺方論四卷　宋駱龍吉原編　劉浴德訂　清乾隆四十一年武林大成齋刻本　四册　八行二十字小字雙行十八字白口左右雙邊　封面鎸乾隆丙申年新鎸　武林大成齋藏板　六五九七

新刊丹溪先生心法五卷論一卷附錄一卷　元朱震亨撰　明程充重訂　明刻本　五冊　十行二十二字白口四周雙邊　封面鎸謙則堂藏板　〇二六九

玉機微義五十卷　明徐彥純撰　明劉純續　明正統四年陳氏刻本　二十冊　十行二十二至二十六字不等黑口四周雙邊間左右雙邊　〇二五五

新鐫衛生眞訣二卷　明羅□□撰　明崇禎十一年抄本　四冊　八行二十一字無格　三四一二

衛生易簡方十二卷附錄一卷　明胡濙撰　清乾隆四十六年留芝堂刻本　六冊　十行二十四字白口左右雙邊　封面鎸乾隆歲次辛丑重鎸　留芝堂藏板　六六〇〇

醫學綱目四十卷　明樓英編　明嘉靖四十四年曹灼刻本　二十四冊　十三行二十二字小字雙行字同白口左右雙邊　〇二四九

新刻汪先生家藏醫學原理十三卷　明汪機輯　明吳繼武、謝孜刻本　八冊　有圖　十二行二十三字白口四周單邊　〇二五〇

京板校正大字醫學正傳八卷　明虞摶撰　明萬曆金陵三山街肆周氏光霽堂刻本　八冊　十三行二十四字白口四周雙邊　〇四一五

攝生眾妙方十一卷急救良方二卷　明張時徹撰輯　元敖氏傷寒金鏡錄一卷　元杜本撰　明隆慶三年衡府刻本　五冊　十行二十字小字雙行字同白口四周雙邊　〇二七五

古今醫統大全一百卷 明徐春甫編　明支秉中校　明刻本　佚名批校　六十四册　十行二十五字小字雙行字同白口四周單邊　○二三六

松崖醫徑一卷 明程玠撰　**醫徑句測二卷醫徑彙方一卷** 明程應旄撰　清康熙九年式好堂刻本　三册　八行二十字白口四周雙邊　六五五七

重刻古今醫鑑八卷 明龔信輯　明萬曆四年金陵書林周四達刻本　四册　十三行二十六字白口四周單邊　封面鐫廣城五雲樓梓行　○二三四

王宇泰先生訂補古今醫鑑十六卷 明龔信輯　明龔廷賢續　明王肯堂訂補　明萬曆十七年金閶葉華生刻本　十册　十行二十字白口四周單邊　封面鐫金閶葉華生梓　○二三五

醫方考六卷脈語二卷 明吳崑撰　明萬曆汪躍德等刻本　十二册　十行二十字小字雙行字同白口左右雙邊　○二七七

訂補明醫指掌十卷附診家樞要一卷 明皇甫中撰　明王肯堂等訂補　明天啓二年古吳汪復初刻本　四册　十行二十字小字雙行字同白口四周單邊　○一七八

訂補明醫指掌十卷 明皇甫中撰　明天啓二年刻本　六册　十行二十字白口四周單邊　○七九四

編註醫學入門七卷首一卷 明李梴撰　明萬曆刻明清遞修本　十六册　九行二十二字小字雙行白口左右雙邊　○二三八

先醒齋筆記不分卷附炮炙大法一卷用藥凡例一卷 明繆　○二七八

希雍撰　明丁元薦輯　明末刻本　四册　十行二十字小字雙行字同白口左右雙邊

炮炙大法一卷附用藥凡例一卷　明繆希雍撰　明延陵莊繼光刻本　一册　十行二十字白口四周單邊　〇二〇二

刻醫無閭子醫貫六卷增補醫貫奇方一卷新鐫窮鄉便方一卷　明趙獻可撰　明書林張起鵬毓秀堂刻本　六册　九行十八字白口四周單邊　四五〇六

醫無閭子醫貫六卷　明趙獻可撰　明崇禎元年金陵天章閣視履堂刻本　六册　九行二十字白口四周單邊　封面鐫金陵天章閣視履堂梓行　〇二三七

醫貫六卷　明趙獻可撰　清康熙天蓋樓刻本　六册　九行十八字小字雙行字同白口左右雙邊　封面鐫天蓋樓藏板　Z〇〇七八

普門醫品四十八卷補遺四卷　明王化貞撰　清郎廷模撰　清康熙郎氏娛暉堂刻本　二十六册　九行二十字白口四周單邊　下書口鐫娛暉堂　四五〇七

丹臺玉案六卷　明孫文胤撰　明崇禎書林陳爾潤刻本　六册　九行二十字小字雙行字同白口四周單邊無格　〇二七一

古方八陣八卷　明陳介賓撰　清康熙四十二年衡素堂刻本　八册　九行二十三字小字雙行二十一字白口左右雙邊　五三二五

周慎齋先生三書三卷　明周之幹撰　清顧元交編　清康熙樗全堂刻本　三册　九行二十字白口四周單邊　封面鐫樗全堂藏板　四五〇二

名醫類案十二卷　明江瓘撰　清乾隆三十五年鮑氏知不足齋刻本　十二册　十行二十三字黑口左右雙邊　下書口鐫知不足齋正本　四七九三

醫學窮源集六卷　明王肯堂撰　清吟香書屋刻本　八册　九行二十字白口左右雙邊　封面鐫吟香書屋藏板　六五五四

醫林繩墨大全九卷　明方穀撰　清周京輯　清康熙向山堂刻本　六册　九行二十一字白口左右雙邊　七九五五

蒼生司命八卷首一卷　明虞摶撰　清康熙十六年刻本　十六册　八行二十字白口四周雙邊　六五九五

景岳全書六十四卷　明張介賓撰　清乾隆四十八年敦化堂刻本　三十六册　九行二十四字白口左右雙邊　封面鐫乾隆癸卯年新鐫　敦化堂藏板　六五六八

醫宗説約五卷首一卷　清蔣示吉撰　清康熙刻本　四册　十行二十四字白口四周單邊　七九四〇

御纂醫宗金鑑九十卷首一卷　清吳謙等撰　清乾隆七年武英殿刻本　九十册　九行十九字白口四周雙邊　四五〇四

醫學階梯二卷　清張叡撰　清雍正刻本　四册　九行二十四字黑口四周雙邊　六五六四

醫碥七卷　清何夢瑤撰　清乾隆十六年刻本　六册　十行二十字小字雙行字同白口四周單邊　四七九九

羲黄神業二卷　清張紫强撰　清乾隆二十一年存古齋刻本　二册　九行二十六字小字雙行字同白口四周單邊　封面鐫乾隆丙子新鐫　存古齋藏板　六五四一

吳氏醫學述第四種成方切用十二卷首一卷末一卷附總義一卷　清吳儀洛撰　清乾隆二十六年利濟堂刻本　八册　九行十九字小字雙行字同　封面鐫硤川利濟堂藏板　五四六一

臨證指南醫案十卷　清葉桂撰　清乾隆三十三年衛生堂刻本　十册　十行二十二字白口左右雙邊　封面鐫乾隆三十三年鐫　衛生堂藏板　七〇八五

惠直堂經驗方四卷 清陶承熹集 清乾隆二十四年風自堂刻本 八册 九行二十一字白口左右雙邊 五五四三

惠直堂經驗方四卷 清陶承熹集 清乾隆四十九年步雲閣刻本 八册 九行二十一字白口左右雙邊 封面鎸乾隆四十九年新鎸 步雲閣梓行 六五九六

吴醫彙講十一卷 清唐大烈輯 清乾隆五十七年刻嘉慶十九年印本 四册 九行二十字下黑口四周雙邊 封面鎸乾隆壬子歲新鎸 七九三八

種福堂公選良方兼刻古吴名醫精論四卷 清葉桂撰 清乾隆刻本 二册 十行二十二字白口左右雙邊 七九四八

本草類方十卷 清年希堯撰 清乾隆十七年黄晟槐蔭草堂刻巾箱本 十册 九行字數不等白口左右雙邊 卷一末鎸壬申仲春古歙黄晟曉峰氏校刊于槐蔭草堂 六五九八

牲葊見聞用法彙要九卷 清姚牲葊撰 清抄本 四册 八行字數不等無格 三四二九

祝由科六卷 清抄本 四册 行格字數不等無格 三四三九

掌中珠一卷 清抄本 一册 十六行字數不等無格 三四三〇

劉涓子鬼遺方五卷 劉宋劉涓子撰 南齊龔慶宣編 清抄本 一册 十三行二十三字無格 鈐思適齋藏朱文方印 顧廣圻印白文方印 二七七一

瘡瘍經驗全書十三卷 宋竇漢卿撰 清康熙五十六年桐川陳氏浩然樓刻本 六册 十行二十字白口左右雙邊 下書口鎸浩然樓 封面鎸浩然樓藏板 六五八一

秘傳推拿妙訣一卷 明周子蕃輯 **秘傳推拿妙訣補遺一卷** 清錢汝明撰 清乾隆抄本 一册 十行二十五字無格 鈐吴越錢氏 三四三八

瘍科選粹八卷 明陳文治撰 明崇禎元年許僖刻本 十六册 十行二十字小字雙行字同白口左右雙邊 〇二六三

外科大成四卷 清祁坤撰 清善成堂刻本 六册 十行二十字白口四周單邊 封面鐫善成堂梓 六五八五

瘍醫統析四卷 清李狆輯 清抄本 四册 七行二十一字紅格 三八四一

女科經論八卷 清蕭壎撰 清康熙燕貽堂刻本 四册 九行二十四字白口左右雙邊 下書口鐫燕貽堂 八二八八

達生編二卷 清乾隆五十七年津門三樹堂刻本 一册 八行二十字白口四周單邊 封面鐫乾隆五十七年 津門三樹堂重刻 七〇八九

錢氏小兒直訣四卷 宋錢乙撰 宋閻孝忠輯 明薛鎧註 明崇禎元年梁忠刻本 四册 九行十九字白口左右雙邊 上書口鐫家居醫録 〇二六五

錢氏小兒直訣四卷 宋錢乙撰 宋閻孝忠輯 明薛鎧註 明崇禎元年梁忠刻本 二册 〇八九二

錢氏小兒藥證直訣三卷 宋錢乙撰 宋閻孝忠輯 **附方一卷** 宋閻孝忠撰 **董氏小兒斑疹備急方論一卷** 宋董汲撰 清康熙間起秀堂刻本 四册 八行十六字白口左右雙邊 封面鐫起秀堂梓 六五八三

嬰童百問十卷　明魯伯嗣撰　明刻本　八册　九行二十字白口四周單邊　〇三五一

保嬰撮要二十卷　明薛鎧撰　明刻本　六册　九行十九字小字雙行字同白口四周單邊　〇一七九

保嬰撮要十卷　明薛鎧撰　續集十卷　明薛己撰　明嘉靖三十四年林懋舉刻本　二十册　八行十七字白口左右雙邊　有刻工　〇二六四

誠書十六卷　明談金章撰　清刻本　八册　九行二十字白口左右雙邊　有刻工　四五〇三

痘疹會通五卷　清曾鼎撰　清乾隆五十一年刻本　八册　九行二十字白口左右雙邊　六五九〇

痘科扼要不分卷　清陳奇生撰　清乾隆二十年刻本　一册　九行二十四字白口左右雙邊　六五八九

保赤金鑑四卷　清穆□撰　清乾隆四十九年長白榮氏刻本　一册　九行二十四字白口四周雙邊　封面鎸乾隆甲辰春鎸　春澤堂藏板　六五八八

天花精言六卷　清袁句撰　清嘉慶萱茂堂刻本　四册　十行二十二字白口左右雙邊　五三七六

痘疹詩賦二卷治痘總訣一卷經驗治痘良方一卷麻疹總論一卷　清張鑾撰　清抄本　四册　八行二十字無格　三四四〇

痘疹全書不分卷　清邵竹虛撰　清抄本　六册　九行二十五字無格　三四四一

以上方論

新刊銅人鍼灸經七卷　明山西平陽府刻本　清倪新五題識　一册　有圖　十行二十一字白口四周單邊　〇二六七

新編西方子明堂灸經八卷　題西方子撰　明山西平陽府重刻本　佚名題識　一册　十行二十字白口四周單邊　〇二六六

新鍥太醫院參訂徐氏鍼灸大全六卷　明徐鳳撰　明刻本　三册　十一行二十五字小字雙行字同白口四周單雙邊間左右雙邊　〇二六八

銅人徐氏鍼灸合刻三種十卷　明徐鳳撰　明金陵三多齋刻本　八册　十一行二十五字白口四周單邊　〇四八一

穴腧都數一卷

銅人腧穴鍼灸圖經三卷

新鐫太醫參訂徐氏鍼灸大全六卷

鍼灸大成十卷　明楊濟時撰　明萬曆二十九年趙文炳刻本　六册　十行二十二字白口四周雙邊　〇二七〇

存六卷　二至四　七至八　十

以上鍼灸

尊生圖要不分卷　明文徵明撰　稿本　明周天球跋　二册　有彩圖　十二行二十四字無格　二七八〇

以上養生

天文算法類

周髀算經二卷 題漢趙君卿註 北周甄鸞重述 唐李淳風等註 **音義一卷** 宋李籍撰 **數術記遺一卷** 題漢徐岳撰 明末刻本 二册 九行十八字白口左右雙邊 〇四八八

陶隱居重定甘氏巫氏石氏星經一卷 梁陶弘景編 明抄本 佚名題識 三册 十一行二十字白口四周雙邊 二七三四

六經天文編二卷 宋王應麟撰 元刻明遞修玉海附刻本 四册 十行二十字小字雙行字同白口左右雙邊 有刻工 〇六八一

重刊革象新書二卷 元趙友欽撰 明正德十五年刻本 二册 九行二十一字黑口左右雙邊 Z〇〇九六

曆體略三卷 明王英明撰 清抄本 四册 九行二十一字無格 二七六三

管窺輯要八十卷 清黃鼎輯 清順治九年刻本 三十二册 九行十九字白口四周單邊 八〇七一

管窺輯要八十卷 清黃鼎輯 清順治九年刻本 三十六册 六六七五

御製律曆淵源一百卷　清允禄、允祉纂修　清雍正二年内府刻本　六十五册　九行二十字白口四周雙邊　四〇四二

曆象考成上編十六卷下編十卷表十六卷
律呂正義上編二卷下編二卷續編一卷
數理精蘊上編五卷下編四十卷表八卷

琅嬛天文集四卷　清陳太初編　清嘉慶八年抱蘭軒活字印本　二册　九行二十一字白口四周雙邊　下書口鎸抱蘭軒藏　鈐黄氏故物白文方印　周氏叔弢朱文方印　二三四三

不得已一卷　清楊光先撰　清抄本　佚名録清錢大昕、黄丕烈跋　一册　九行十九字無格　二七六七

中星譜一卷　清胡亶撰　清善本書室抄本　一册　十行字數不等白口四周單邊　上書口鎸善本書室　鈐八千卷樓藏書之記朱文長方印　二七六四

星學不分卷　清抄本　二册　十四行三十二字無格　二七六〇

以上天文

古今律曆考七十二卷　明邢雲路撰　明萬曆三十六年刻本　二十八册　九行十八字白口四周單邊　〇二三二

曆書十卷　明朱載堉撰　明刻本　二册　十二行二十五字黑口四周雙邊　〇二三三

聖壽萬年曆二卷
萬年曆備考三卷
律曆融通四卷
附錄一卷

以上曆法

梅氏叢書輯要六十卷附錄二卷 清梅文鼎撰 清乾隆二十六年梅氏承學堂刻本 清文廷式題識 二十四冊 十一行二十四字小字雙行字同白口四周雙邊 八〇六〇

數理本原不分卷 清抄本 二十四冊 八行十九字無格 三八一二

以上算書

術數類

太玄經十卷 漢揚雄撰 晉范望解贊 **說玄一卷** 唐王涯撰 **釋文一卷** 明嘉靖三年郝梁刻本 六冊 十行十八字白口左右雙邊 〇二九五

皇極經世書十二卷觀物外篇二卷 宋邵雍撰 明刻本 十二冊 十行二十字白口四周單邊 有刻工 〇一四七

洪範九疇數三卷 宋蔡沈撰 清雍正元年張炳文刻本 六冊 有圖 十一行十九字白口四周單邊 五三九三

乙巳占九卷　題唐李淳風撰　清抄本　四册　十行二十字無格　鈐小李山房朱文方印　二七三五

潛虛一卷　宋司馬光撰　潛虛發微論一卷　宋張敦實撰　周易古占法二卷　宋程迥編　明天一閣刻范氏奇書本　一册　九行十八字白口左右雙邊　有刻工　〇二三〇

以上數學

觀象玩占五十卷　唐李淳風撰　清抄本　十六册　十行二十二字白口四周單邊　二七六六

開元占經一百二十卷　唐瞿曇悉達撰　清小紅鵝館抄本　八册　十二行三十字緑格下書口鎸小紅鵝館　三四一九

天文會通占三十卷　明抄本　清朱㮨之跋　十册　十二行二十字白口四周雙邊　二七五九

大明天元玉曆祥異圖説七卷　明余文龍撰　明萬曆四十七年余文龍刻史異本　七册　兩節版上圖下文九行十一字白口四周單邊　〇一四八

以上占候

内傳天皇鰲極鎮世神書三卷　題唐邱廷翰撰　清抄本　三册　八行十九字無格　二七四四

陽宅吾説篇六卷　清史易撰　清嘉慶元年刻本　四册　十行十九字白口四周雙邊　七五〇九

地理探微不分卷　清熊見龍撰　清抄本　四冊　八行二十三字無格　三八二九

秘傳水龍經五卷　清蔣平階輯　清抄本　二冊　九行二十一字無格　二七四三

以上相宅相墓

靈棋經二卷　題漢東方朔撰　清傳抄四庫全書本　清馮獻科校　四冊　八行二十一字白口四周雙邊　二七三六

卜法詳考四卷　清胡煦輯　清雍正六年葆璞堂刻本　四冊　十行二十四字小字雙行字同白口四周雙邊　下書口鐫葆璞堂　六五五〇

三才靈應一卷　明姚廣孝撰　清同治五年抄本　一冊　六行十八字十九字不等無格　三八一五

銀河槎一卷　明張松源撰　清咸豐吳壽祺、吳守眞抄本　清吳壽祺跋　一冊　十行二十四字二十五字不等無格　二七四二

大六壬管見不分卷　明官應震撰　清康熙三十四年孔尚寬抄本　清孔尚寬題款　十六冊　十行二十字白口四周單邊　二七三九

六壬鈐十二卷　清黄燮齋抄本　十二冊　九行二十六字無格　二七六五

筮杙二卷　清方式濟撰　續筮杙二卷　清方莊撰　清刻本　三冊　十行二十字白口左右雙邊　六五四八

以上占卜

新編評註通玄先生張果星宗大全十卷　明陸位輯　清乾隆五十二年金閶書業堂刻本　六冊　七一八二

十二行字數不等白口左右雙邊　下書口鐫書業堂　封面鐫乾隆五十二年夏鐫

以上命書相書

太乙統宗寶鑑二十卷　題元曉山老人撰　清乾隆六十年抄本　四册　十四行二十八字無格　二七四一

太乙統宗寶鑑二十四卷　題元曉山老人撰　清抄本　二十四册　七行十八字黑口四周雙邊　二七三七

太乙統宗二十卷襍鈔一卷　題元曉山老人撰　清末抄本　八册　十行二十四字無格　二七五八

一貫齋輯刻三元選擇丹書三卷　明王尚果撰　明天啓二年金陵一貫齋刻套印本　二册　十二行二十四字白口四周單邊　封面鐫天啓元年仲冬吉旦刊行、金陵一貫齋梓　一九二八
存二卷　一　三

彙選筮吉指南十二卷　明萬邦孚選集　明萬曆三十三年刻本　二册　十三行二十四字白口四周單邊　〇二三一
存四卷　一至四

參補符應經三卷　明周之士輯　清抄本　一册　九行二十六字無格　三八四七

陰陽五要奇書三十二卷　明江之棟輯　清顧鶴庭重輯　清乾隆五十五年姑蘇顧氏樂真堂刻本　六册　十行二十二字白口左右雙邊　下書　七一八五

口鎸樂真堂　封面鎸乾隆庚戌年重刊

仙機水法一卷附妥先約矩一卷　明董潛甫撰　清道光三十年甘氏津逮樓活字印本　一册　九行十九字白口四周單邊　封面鎸道光庚戌夏六月甘氏津逮樓集印牌記　二二九二

欽定協紀辨方書三十六卷　清允禄等撰　清乾隆六年武英殿刻本　二十四册　九行二十字白口四周雙邊　四〇三〇

欽定協紀辨方書三十六卷　清允禄等撰　清乾隆六年武英殿刻本　十五册　八〇八三

欽定協紀辨方書三十六卷　清允禄等撰　清乾隆六年武英殿刻本　十五册　四四七三

乾坤法竅三卷陰符玄解一卷　清范宜賓撰　清乾隆刻本　八册　十一行二十二字白口四周單邊　五四〇二

甲遁眞授秘集六卷　清薛鳳祚撰　清咸豐二年花雨書巢活字印本　六册　十行二十四字白口四周雙邊　下書口鎸花雨書巢校本　鈐周氏赤弢朱文方印　二二九三

奇門遁甲不分卷　清雍正十年抄本　二册　十行字數不等無格　書後題雍正十年己酉月二十八壬戌日録　二七三八

奇門遁甲統宗九卷　清抄本　九册　九行十八字無格　二七六二

以上陰陽五行

藝術類

鐵網珊瑚書品十卷畫品六卷　明朱存理輯　清雍正六年年希堯澄鑒堂刻本　清魯巖批校並跋　十六册　十行二十一字白口左右雙邊　封面鐫澄鑒堂藏板　四九八八

鐵網珊瑚書品十卷畫品六卷　明朱存理輯　清雍正六年年希堯澄鑒堂刻本　清張宗泰批校並跋　二十册　四九八七

鐵網珊瑚二十卷　明都穆撰　清抄本　二册　九行字數不等無格　鈐小李山房圖籍朱文方印　三三〇六

存九卷　一至九

鐵網珊瑚二十卷　明都穆撰　清乾隆二十三年刻本　六册　十行二十二字白口左右雙邊　五三〇六

畫苑十五種三十七卷　明王世貞輯　明刻本　十一行二十字白口左右雙邊　有刻工　一三八八

存十三種三十三卷

古畫品錄一卷　南齊謝赫撰

續畫品錄一卷　唐李嗣真撰

后畫錄一卷　唐釋彥悰撰

續畫品一卷　陳姚最撰

貞觀公私畫史一卷　唐裴孝源撰
沈存中圖畫歌一卷　宋沈括撰
筆法記一卷　後梁荊浩撰
王維山水論一卷　唐王維撰
曆代名畫記十卷　唐張彥遠撰
唐朝名畫錄一卷　唐朱景玄撰
聖朝名畫評三卷　宋劉道醇撰
五代名畫補遺一卷　宋劉道醇撰
畫繼十卷　宋鄧椿撰

書畫跋跋三卷續三卷　明孫鑛撰　清乾隆五年孫宗溥居業堂刻本　六冊　十一行二十一字小字雙行十八字白口左右雙邊　六五〇七

畫禪室隨筆四卷　明董其昌撰　清掞藻堂刻本　二冊　八行十八字白口左右雙邊　六三九三

畫禪室隨筆四卷　明董其昌撰　清大魁堂刻本　二冊　八行十八字白口左右雙邊　封面鐫大魁堂藏板　四七三九

清河書畫舫十二卷　明張丑撰　清乾隆二十八年池北草堂刻巾箱本　十二冊　九行二十二字黑口左右雙邊　封面鐫池北草堂開雕　七一一二

書畫題跋記十二卷續記十二卷　明郁逢慶撰　清抄本　二十四冊　九行十九字無格　鈐粵人吳榮光白文方印　三七二九

庚子銷夏記八卷　清孫承澤撰　清乾隆二十五至二十六年鮑廷博、鄭竺刻本　四冊　十行二十字黑口左右雙邊　五二三二

庚子銷夏記八卷　清孫承澤撰　清乾隆二十五至二十六年鮑廷博、鄭竺刻本　四冊　七五七〇

江村銷夏錄三卷 清高士奇撰 清康熙博文堂刻本 八册 九行十八字小字雙行十六字黑口左右雙邊 封面鐫博文堂梓行 四九八九

墨緣彙觀四卷 清安岐撰 清抄本 清葉東卿等題識 四册 十行二十三字白口四周單邊 鈐翁方綱印白文方印 三三四七

御刻三希堂石渠寶笈法帖 清高宗弘曆勅撰 清乾隆十二年拓刻本 十六册 行格字數不等 四〇三七

書畫指南□□卷 清抄本 清管庭芬跋 二册 九行二十五字無格 存書學二卷 上 下 三二五七

書譜二卷 唐孫過庭書 清康熙安岐刻拓印本 一册 六〇二六

張邁臨孫過庭書譜不分卷 清康熙張邁臨摹本 一册 五行十字無格 三五七〇

書譜不分卷 唐孫過庭書 清傅漣臨摹本 一册 三九五二

法書要錄十卷 唐張彥遠集 明毛晉校 明崇禎毛氏汲古閣刻津逮秘書本 八册 八行十九字小字雙行字同白口四周單邊 鈐陶廬藏書朱文方印 詩龕書畫印朱文方印 書巢朱文長方印 周鈺良印朱白文小方印 八四三九

墨池編六卷 宋朱長文輯 明萬曆八年虞德燁等刻本 六册 十行二十二字小字雙行字同白口四周雙邊 目後鐫萬曆庚辰夏孟梓于維揚瓊花觀深仁祠 一三六九

墨池編二十卷 宋朱長文輯 **印典八卷** 清朱象賢編 清雍正十一年就間堂刻本 二十册 十一行二十一字小字雙行三十 六五〇九

二字白口左右雙邊　封面鐫就閒堂雕板

墨池編二十卷印典八卷　宋朱長文輯　清朱象賢編　清雍正十一年就閒堂刻本　八册　六五一〇

墨池編二十卷印典八卷　宋朱長文輯　清朱象賢編　清雍正十一年就閒堂刻本　十六册　六五一一

墨池編六卷　宋朱長文輯　清康熙帶經園抄本　六册　十行二十二字小字雙行字同白口四周雙邊　三九五六

米元章書史一卷畫史一卷　宋米芾撰　清抄本　一册　十一行十八字無格　鈐會稽徐氏鑄學齋藏書印朱文方印　三二五六

寶章待訪錄一卷閱書帖記一卷海嶽明言一卷硯史一卷遺文一卷　宋米芾撰　清抄本　一册　十行十八字無格　鈐徐維則藏精本朱文長方印　三二五四

御覽書苑菁華二十卷　宋陳思輯　清乾隆四十九年汪汝瑮刻本　四册　十行二十一字黑口左右雙邊　四九八三

蘇米齋蘭亭考八卷　清翁方綱撰　清嘉慶羊城六書齋刻本　清翁方綱校　清李希聖題識　一册　十行二十四字白口四周雙邊　有刻工　鈐沈樹鏞同治紀元後所得白文方印　曾在周叔弢處朱文長方印　四九八五

畫訣一卷　明豐坊撰　清抄本　二册　八行二十字四周單邊　下書口鐫竹廬叢書　三二五八

玄抄類摘六卷　明徐渭輯　明陳汝元補註　清抄本　四册　九行十九字無格　鈐鳴野山房朱文長方印　三二五九

陳眉公先生手評書法離鉤十卷　明潘之淙撰　明天啓七年刻本　四册　九行二十字白口四周單邊　一三七一

蔣氏游藝秘錄二卷　清蔣衡、蔣和撰　清乾隆五十九年刻本　四册　九行字數不等白口左右雙邊　封面鐫乾隆甲寅春鐫　六五〇六

新編歷代草書韻海十卷　明陳鼎新輯　明茅齊泰補　明崇禎三年刻本　五册　六行十二字白口四周單邊　〇六一八

草字彙不分卷草訣歌一卷　清佟徽年编　稿本　二十册　六行六字紅格　二九三六

草聖彙辯不分卷附草訣百韻一卷　清朱宗文撰　清乾隆四十八年鴛鴦湖香雲閣校刻本　四册　行格字數不等白口四周單邊　封面鐫乾隆癸卯年重校　鴛鴦湖香雲閣藏板　五六六五

草字彙不分卷　清石梁輯　清乾隆五十三年敬義齋刻本　十二册　三行大小字不等白口四周雙邊　封面鐫乾隆戊申年鐫　敬義齋藏板　五六六三

草字彙不分卷　清石梁輯　清武林大成齋刻本　十二册　三行大小字不等白口四周雙邊　封面鐫武林大成齋雕　五六六四

字學大成四卷　清倪培撰　清雍正十年志經堂刻本　二册　九行二十字小字雙行字同白口左右雙邊　五三七一

書法正傳十卷　清馮武撰　清刻本　二册　十行二十字白口左右雙邊　五八三〇

淳化閣帖釋文十卷　清朱家標輯　清康熙二十二年絅錦堂刻本　二册　九行二十字白口四周雙邊　下書口鐫絅錦堂　五〇五九

淳化秘閣法帖考正十卷附二卷　清王澍撰　清王玉球參正　清雍正詩鼎齋刻本　四册　十行十八字白口左右雙　四九八四

邊　下書口鐫詩鼎齋　有刻工

淳化秘閣法帖考正十卷附二卷　清王澍撰　清王玉球參正　清雍正詩鼎齋刻本　六册　鈐昭餘渠夢翔圖書訪古印朱文长方印　渠晉鶴印白文方印　夢翔朱文方印　七四五三

淳化秘閣法帖考正十卷附二卷　清王澍撰　**淳化閣帖釋文二卷**　清沈宗騫校定　清乾隆三十三年冰壺閣刻本　十六册　九行十八字白口左右雙邊　封面鐫乾隆戊子年鐫　冰壺閣藏板　六五一三

淳化秘閣法帖考正十卷附二卷　清王澍撰　**淳化閣帖釋文二卷**　清沈宗騫校定　清乾隆三十三年冰壺閣刻本　六册　封面鐫乾隆戊子年鐫　冰壺閣藏板　七五二〇

淳化秘閣法帖考正十卷附二卷　清王澍撰　**淳化閣帖釋文二卷**　清沈宗騫校定　清乾隆三十三年蘭言齋刻本　六册　九行十八字白口左右雙邊　封面鐫乾隆戊子年鐫　蘭言齋藏板　七五一五

五代名畫補遺一卷　宋劉道醇撰　明末毛氏汲古閣影宋抄本　一册　十一行二十字白口左右雙邊　鈐汲古閣朱文長方印　毛晉私印朱文方印　毛扆之印朱文方印　宋本朱文橢圓印　甲朱文方印　節子辛酉以後所得書朱文方印　大興傅氏朱文方印　Z〇〇四一

名畫錄不分卷　清初抄本　二十四册　三四二八

圖繪寶鑑八卷 元夏文彥撰　清馮仙湜等續增　清康熙借綠草堂刻本　四册　九行二十字白口左右雙邊　封面鐫圖繪寶鑑　借綠草堂梓　四六三三

無聲詩史七卷 清姜紹書撰　清康熙五十九年李光暎刻本　清葉德輝題識　六册　八行十七字黑口左右雙邊　有刻工　鈐葉德輝煥彰甫藏閱書白文方印　葉德輝白文方印　郋園朱文方印　武林錢氏白文方印　艮廬收藏朱文方印　四六三九

芥舟學畫編四卷 清沈宗騫撰　清抄本　四册　八行十八字無格　下書口鐫冰壺閣　鈐盛昱之印白文方印　三五七四

國朝畫徵錄三卷續錄二卷附錄一卷強恕齋圖畫精義識一卷附畫論一卷 清張庚撰　清乾隆四至二十七年刻本　六册　十行二十一字小字雙行字同黑口四周單邊　六五一二

南宗正傳專選南宗大畫家總要四卷 清王聿觀輯　清抄本　四册　八行二十四字無格　三六八八

桑梓之遺書畫册目錄一卷 清高鳳翰輯　清郭廷翕續輯　清陳介錫編　稿本　清陳介錫、王懿榮跋　一册　九行字數不等　下書口鐫介石山房　鈐文石山房所藏朱文方印　陳介錫印白文方印　三二〇七

以上書畫

梅花喜神譜二卷 宋宋伯仁撰　清嘉慶十六年沈氏古倪園影宋刻本　一册　四九八六

顧氏畫譜一卷 明顧炳輯　明萬曆三十一年顧三聘、顧三錫刻本　二册　白口四周單邊　鈐水竹邨藏朱文方印　歸雲樓主白文方印　一三九一

黃氏畫譜八種八卷　明黃鳳池輯　明萬曆天啓間集雅齋、清繪齋刻本　八册　封面題清繪齋或集雅齋藏板　鈐黃紹齋家珍藏朱文方印　艾克臧書朱文方印　Z〇一四七

唐解元倣古今畫譜一卷
新鐫五言唐詩畫譜一卷
新鐫七言唐詩畫譜一卷
新鐫四言唐詩畫譜一卷
新鐫草木花詩譜一卷
新鐫木本花鳥譜一卷
張白雲選名公扇譜一卷
新鐫梅竹蘭菊四譜一卷

黃氏畫譜八種八卷　明黃鳳池輯　明萬曆天啓間集雅齋、清繪齋刻本　八册　内封面題清繪齋或集雅齋藏板　鈐水竹邨藏朱文方印　一六九二

新鐫五言唐詩畫譜一卷
新鐫六言唐詩畫譜一卷
新鐫七言唐詩畫譜一卷
唐解元倣古今畫譜一卷
新鐫草本花詩譜一卷
新鐫木本花鳥譜一卷
新鐫梅竹蘭菊四譜一卷
張白雲選名公扇譜一卷

六如唐先生畫譜三卷　明唐寅輯　明刻本　二册　九行二十字白口四周雙邊　一三七八

竹懶畫賸二卷　明李日華撰　明刻本　二册　八行十九字白口四周單邊　封面鐫鶴夢軒梓李衙藏板　一三七〇

佩文齋書畫譜一百卷　清孫岳頒、宋駿業等輯　清康熙静永堂刻本　六十四册　十一行二十一字小字雙行三十一字白口左右雙邊　封面鎸賜板通行静永堂藏　七五〇二

佩文齋書畫譜一百卷　清孫岳頒、宋駿業等輯　清康熙静永堂刻本　六十四册　七五〇三

佩文齋書畫譜一百卷　清孫岳頒、宋駿業等輯　清康熙静永堂刻本　六十四册　七五〇四

佩文齋書畫譜一百卷　清孫岳頒、宋駿業等輯　清康熙四十七年揚州詩局刻本　六十四册　十一行二十一字小字雙行三十一字白口左右雙邊　四〇三四

賞奇軒合編五種六卷　清□□輯　清刻本　四册　七六一八

存四種五卷

南陵無雙譜一卷　清金史繪

竹譜一卷　清□□繪

東坡遺意二卷　明顧杲、鄒德□書

官子譜一卷　清□□撰

晚笑堂竹莊畫傳不分卷　清上官周撰　清乾隆八年刻本　二册　右文左圖白口左右雙邊　六九四〇

鐵面道人墨松畫册　清魯慕源繪　繪本　一册　三三一七

吳白花鳥草虫册　清吳白繪　繪本　一册　三三二二

游魚畫册　清費文炳繪　繪本　一册　三一九〇

凝香子山水册　清吴倪繪　繪本　一册　三三二一

濠梁樂趣畫册　清惲珠繪　彩繪本　清麟慶跋　一册　三一八九

輞岡上遴畫册　清萬上遴繪　彩繪本　一册　三一九一

張雪鴻書畫册　清張敔繪並書　繪本　一册　三三二三

十八羅漢册　繪本　一册　三一九二

群芝紀瑞圖　清徐祺繪　繪本　清熊文光等題識　一册　三七八一

存一册

以上畫譜

學古編一卷閒居録一卷　元吾邱衍撰　清乾隆四十二年吾氏竹素山房刻本　一册　十行十八字黑口左右雙邊　書後鎸乾隆丙申大末吾氏竹素山房開彫　七七五一

古今印則二卷　明程遠摹選　明萬曆項氏宛委堂刻本　一册　有刻工　一九二〇

坤臯鐵筆不分卷　清鞠履厚篆刻　清嚴煜釋文　清乾隆二十四年刻鈐印本　二册　細黑口四周雙邊　七三四一

松園印譜不分卷　清賈永篆刻　清乾隆四十八年福壽堂刻鈐印本　四册　下書口鐫福壽堂　封面鐫福壽堂梓刊　六九三四

賴古堂別集印人傳三卷　清周亮工撰　清康熙十二年周在浚等刻本　三册　九行十八字白口四周單邊　四九八〇

印文考略一卷　清鞠履厚輯　清乾隆二十一年留耕堂刻本　一册　十行二十四字白口四周雙邊　卷末鐫乾隆丙子秋七月鐫板　七三七六

含翠軒印存四卷　清錢世徵篆刻　清乾隆五十二年刻鈐印本　四册　六九三五

篆刻鍼度八卷　清陳克恕撰　清乾隆五十一年刻巾箱本　二册　九行二十字黑口左右雙邊　六六三九

聊自娱齋印存不分卷　清趙之謙篆刻　清鈐印本　四册　三八〇五

古印文不分卷　清翁大年輯　清鈐印本　清翁大年題識　一折　八四三四

以上篆刻

重修正文對音捷要眞傳琴譜大全十卷　明楊表正撰　明萬曆十三年唐富春刻本　五册　十行二十四字白口四周雙邊　卷一下鐫金陵三山街繡谷對溪書坊唐富春梓　封面鐫積秀堂藏板　一三七九

存五卷　一至五

琴書大全二十二卷　明蔣克謙輯　明萬曆十八年刻本　二十册　十一行二十二字黑口四周單邊　〇〇四五

太古遺音不分卷　明楊掄撰　清道光二十八年湘農抄本　一册　七行十一、十二字不等無格　三八〇〇

琴學彙粹不分卷　題明晚翠軒輯　稿本　清潘麟瑞題款　四册　七行字數不等無格　鈐荃孫朱文長方印　雲輪閣朱文長方印　戣齋藏書記朱文長方印　三二〇六

太古傳宗琵琶調西廂記曲譜二卷宮詞曲譜二卷　清湯斯質撰　清朱廷鏐等重訂　清乾隆十四年刻本　四册　七行字數不等白口四周雙邊　上書口鐫太古傳宗　四九七五

松風閣琴譜二卷指法一卷抒懷操一卷　清程雄撰　清康熙刻本　四册　六行十二字黑口四周單邊　五二四二

松風閣琴譜二卷指法一卷抒懷操一卷　清程雄撰　清康熙刻本　二册　六行十二字黑口四周單邊　八一七六

大還閣琴譜六卷琴況一卷　清徐谼撰　清康熙十二年大還閣刻本　四册　六行字不等白口四周雙邊　七三二六

大還閣琴譜六卷琴況一卷　清徐谼撰　清康熙十二年大還閣刻本　四册　七三二七

澄鑒堂琴譜不分卷附指法二卷　清徐常遇撰　清康熙五十七年澄鑒堂刻本　十册　六行字不等白口左右雙邊　封面鐫澄鑒堂梓　七六五九

德音堂琴譜十卷　清汪天榮輯　清康熙六十年有文堂刻本　六册　八行十八字白口左右雙邊　封面鐫康熙辛丑夏新鐫　有文堂藏板　七二三九

誠一堂琴譜六卷琴談二卷　清程允基撰　清康熙四十四年誠一堂刻本　九册　八行十二字白口四周雙邊　七三二八

琴譜新聲六卷指法琴説一卷　清曹尚絅等輯　清乾隆九年刻本　六册　八行字不等白口四周單邊　七六一四

五知齋琴譜八卷　清周魯封撰　清乾隆二年刻本　六册　八行十八字白口左右雙邊　八一七八

五知齋琴譜八卷　清周魯封撰　清乾隆十一年懷德堂刻本　十册　八行十八字小字雙行二十四字白口左右雙邊　封面鐫乾隆丙寅新鐫　懷德堂藏板　六六五五

五知齋琴譜八卷　清周魯封撰　清乾隆十一年懷德堂刻本　六册　六九三二

黄鐘通韻二卷補遺一卷　清都四德撰　清乾隆十八年三餘堂刻本　二册　九行二十字白口左右雙邊　封面鐫三餘堂梓行　七一九七

研露樓琴譜四卷首一卷　清崔應階撰　清乾隆三十一年張松孫刻本　四册　九行字不等白口四周雙邊　六九三一

蓼懷堂琴譜不分卷字母源流一卷　清雲志高撰　清乾隆刻本　六册　六行十二字白口四周雙邊　下書口鐫蓼懷堂　鈐南海康氏萬木草堂藏朱文方印　七二六二

琴譜不分卷　清鄭道光輯　清道光抄本　一册　九行二十四字無格　三八三二

以六正五之齋琴學秘譜六卷　清孫寶撰　清末抄本　六册　十行二十四字無格　三二一六

以上樂譜

玄玄碁經一卷　宋張擬撰　明書林王公行刻本　二册　有圖　十二行十八字小字雙行字同白口四周雙邊　封面鐫書林王公行梓行　鈐李氏珍藏白文方印　一三八九

仙機武庫八卷論奕名言一卷　明陸玄宇等輯　明崇禎二年西陵碧雲書屋刻本　四册　有圖　四周單邊　封面鐫西陵碧雲書屋藏板　一三九〇

圍碁近譜不分卷　清徐星友　黄月天等撰　清康熙五十五年刻本　一册　八〇九四

官子譜三卷　清陶式玉輯　清康熙刻本　三册　上文下圖白口四周單邊　封面鐫惠直堂藏板　七一三七

奕理指歸圖三卷　清錢長澤撰　清乾隆三十六年刻本　六册　五二九一

怡怡堂圍碁新譜二卷首編一卷　清唐淦撰　清道光二十九年怡怡堂活字印本　六册　十行二十五字白口四周雙邊　封面鐫道光己酉鐫　板藏怡怡堂　二三五四

以上棋譜

弔譜補遺八卷　題清且漁主人撰　清且漁軒刻本　一册　八行十六字白口四周雙邊　下書口鐫且漁軒
存七卷　一至七　六九四一

紅樓夢美人白花酒籌詩不分卷　題醉花使者撰　清抄本　一册　九行十八字無格　三六一二

以上雜技

譜録類

文房肆考圖説八卷　清唐秉鈞撰　清唐愷繪圖　清乾隆四十三年刻本　八册　九行二十字黑口左右雙邊　七五六七

文房肆考圖説八卷　清唐秉鈞撰　清唐愷繪圖　清乾隆四十三年刻本　二册　五三〇七

端溪研志三卷首一卷　清吳繩年撰　清乾隆刻本　二册　九行十九字小字雙行字同白口左右雙邊　五四六九

謝氏硯考四卷首一卷　清謝慎修撰　清乾隆五十七年刻本　一册　九行二十字白口四周單邊　八〇五五

程氏墨苑十四卷人文爵里八卷　明程大約撰　明萬曆程氏滋蘭堂刻本　四册　白口四周單邊　下書口間鎸滋蘭堂　〇二九七

存二卷　玄工上　玄工下

方氏墨譜六卷　明方于魯撰　明萬曆方氏美蔭堂刻本　七册　白口四周單邊　下書口鎸美蔭堂集　〇二九〇

方氏墨譜六卷　明方于魯撰　明萬曆方氏美蔭堂刻本　八册　〇二九二

方氏墨譜六卷 明方于魯撰 明萬曆方氏美蔭堂刻泰昌元年補刻本 八册 白口四周單邊 〇二九三

方氏墨譜六卷 明方于魯撰 明萬曆方氏美蔭堂刻泰昌元年補刻本 八册 一九四七

方氏墨譜六卷 明方于魯撰 明萬曆方氏美蔭堂刻泰昌元年補刻本 八册 一九四八

墨志一卷 明麻三衡撰 清臨金農寫本 一册 十三行十九至二十一字不等無格 二七八九

墨林初集不分卷 清曹聖臣輯 清乾隆三十九年刻本 四册 四行至八行不等字數不等白口四周單邊 四五一一

墨書叢鈔不分卷 題借軒輯 清抄本 二册 八行二十四字小字雙行字不等白口四周雙邊 下書口鎸借軒手録 二七八七

宋淳熙敕編古玉圖譜一百卷 宋龍大淵等撰 清乾隆四十四年康山草堂刻本 半圖半文文八行十七字白口四周單邊 封面鎸乾隆己亥年鎸 康山草堂藏板 鈐臣則徐印白文方印 林氏少穆朱文方印 虞官劉筠水藏書印朱文方印 五六三六

古玉圖譜三十二卷 宋龍大淵撰 清余文儀刻本 十册 一八〇五

香乘二十八卷 明周嘉冑撰 明崇禎十四年刻本 十一册 九行十七字白口四周單邊 〇二八九

以上器物

飲食須知二卷 清朱泰來撰 清抄本 二册 八行二十字無格 二七六一

原本茶經三卷　唐陸羽撰　續茶經三卷附錄一卷　清陸廷燦撰　清雍正十三年陸氏壽椿堂刻本　三册　有圖　十行二十字小字雙行字同白口左右雙邊　封面鎸壽椿堂藏板　鈐紅蕤吟館吴氏藏書朱文長方印　長洲吴慶咸子敷氏讀過朱文方印　七四一八

茶史二卷　清劉源長撰　補一卷　清余懷撰　清雍正六年刻本　二册　十一行二十字黑口四周雙邊　四五〇八

以上食譜

二如亭群芳譜三十卷首十四卷　明王象晉輯　明刻清印本　二十册　八行十八字小字雙行字同白口左右雙邊　一四五二

華夷花木鳥獸珍玩考八卷續考三卷雜考一卷　明慎懋官撰　明萬曆九年刻本　十册　十行二十字白口左右雙邊　一四九九

佩文齋廣群芳譜一百卷目錄二卷　清汪灝等撰　清康熙四十七年内府刻本　三十二册　十一行二十一字小字雙行字同白口左右雙邊　七七四四

佩文齋廣群芳譜一百卷目錄二卷　清汪灝等撰　清康熙四十七年内府刻本　四十八册　七〇七九

佩文齋廣群芳譜一百卷目錄二卷　清汪灝等撰　清康熙四十七年内府刻本　四十八册　七〇七八

秘傳花鏡六卷圖一卷　清陳淏子撰　清康熙二十七年金閶文業堂刻本　六册　九行二十四字白口四周單邊　封面鎸金閶文業堂梓行　五四六五

秘傳花鏡六卷　清陳淏子撰　清康熙刻本　三册　九行二十四字白口四周單邊　五〇七九

采芳隨筆二十四卷　清查彬輯　清嘉慶十九年刻本　十六册　十行二十二字小字雙行二十一字白口左右雙邊　〇五四七

菊譜不分卷　題鈺丹氏訂　清抄本　一册　七行十八字無格　三八四〇

以上花草樹木

雜家類

墨子十五卷　題周墨翟撰　明嘉靖江藩刻本　四册　八行十七字白口四周單邊　〇〇六三

墨子批選二卷　明李贄批選　明刻本　四册　九行十八字白口左右雙邊　〇〇六一

子華子十卷　周程本撰　清雍正五年刻本　二册　九行二十字白口左右雙邊　五四三三

鶡冠子三卷　宋陸佃解　明王宇、朱養純評　明天啓五年朱氏花齋刻本　一册　九行二十字小字雙行字同白口四周單邊　下書口鐫花齋藏板　〇〇六〇

鬼谷子三卷　梁陶弘景註　篇目考一卷附録一卷　清秦恩復輯　清乾隆五十四年秦氏石　清秦恩復校正　四四六六

研齋刻本　二册　十一行二十一字黑口四周雙邊

呂氏春秋二十六卷　漢高誘註　元至正嘉興路儒學刻明修本　譚新嘉題記　十二册　十行二十字小字雙行字同細黑口　有刻工　○○八五

呂氏春秋二十六卷　漢高誘註　明雲間宋邦義等刻本　十册　十行二十字小字雙行字同白口左右雙邊　有刻工　○○八六

呂氏春秋二十六卷　漢高誘註　明雲間宋邦義等刻本　清盧文弨校　四册　有刻工　鈐盧文弨印白文方印　抱經堂朱文方印　八千卷樓所藏朱文長方印　八千卷樓珍藏善本朱文長方印　嘉惠堂丁氏藏白文方印　善本書室朱文方印　○○八二

呂氏春秋二十六卷　宋陸游評　明凌稚隆批　明萬曆四十八年凌毓枏刻套印本　八册　九行十八字白口四周單邊　一七九八

呂氏春秋二十六卷　宋陸游評　明凌稚隆批　明萬曆四十八年凌毓枏刻套印本　十二册　一七九七

呂氏春秋二十六卷　明李鳴春評　明陳繼儒校　明天啓七年南亭畢氏刻本　四册　十行二十字白口四周單邊無格　封面鎸新刻日含李老先生批改呂氏春秋　南亭畢氏刊行　○○八一

淮南鴻烈解二十一卷　漢劉安撰　漢高誘註　明萬曆八年茅一桂刻本　清佚名校　二册　九行十九字小字雙行字同白口左右雙邊　有刻工　存九卷　四至八　十八至二十一　○○九四

淮南鴻烈解二十一卷　漢劉安撰　漢高誘註　明萬曆八年茅一桂刻茅坤校補本　六册　九行十九字小字雙行字同白口左右雙邊　有刻工　○○九六

存十九卷 一至十九

淮南鴻烈解二十一卷總評一卷 漢劉安撰 漢高誘註 明萬曆十八年新安汪一鸞刻本 八册 九行十九字小字雙行字同白口左右雙邊 有刻工 〇一〇〇

淮南鴻烈解二十一卷附錄一卷 漢劉安撰 漢高誘註 明汪一鸞訂 明萬曆二十二年吳郡張維城家塾刻本 十二册 九行十九字小字雙行字同白口四周雙邊 總目後鐫吳郡張繼城宗甫是正甲午秋九月鏤板家塾 有刻工 鈐孫人龢藏白文方印 〇〇九九

淮南鴻烈解二十一卷 漢劉安撰 明茅坤等評 明刻套印本 八册 九行二十字白口四周單邊無格 一八〇〇

淮南鴻烈解二十一卷 漢劉安撰 明茅坤評 清乾隆四十二年張奇毓抄本 四册 九行二十二字無格 二七二五

白虎通德論二卷 漢班固撰 明嘉靖元年傅鑰刻本 二册 十行十六字白口左右雙邊 〇三〇二

論衡三十卷 漢王充撰 明嘉靖十四年蘇獻可通津草堂刻本 十六册 十行二十字白口左右雙邊 目錄後鐫嘉靖乙未春後學吳郡蘇獻可校刊牌記 下書口鐫通津草堂 鈐江陰繆荃孫藏書印朱文長方印 曾經藝風勘讀朱文方印 〇一一三

論衡三十卷 漢王充撰 明末錢震瀧刻本 六册 九行二十字白口左右雙邊 〇一一〇

論衡三十卷 漢王充撰 明末錢震瀧刻本 四册 鈐莫友芝圖書印朱文長方印 莫繩孫印白文方印 〇一一一

風俗通義十卷　漢應劭撰　明天啓六年郎璧金堂策檻刻本　二册　九行二十字白口四周單邊　下書口鐫堂策檻　一四七〇

人物志三卷　魏劉邵撰　西涼劉昞註　明刻本　三册　八行十六字小字雙行字同白口四周單邊　〇一一四

顔氏家訓二卷　北齊顔之推撰　明萬曆三年顔嗣愼刻本　二册　十行十九字白口四周單邊　有刻工　〇一一五

丞相魏公譚訓十卷　宋蘇象先撰　清抄本　二册　九行十八字無格　鈐曾在陳彦和處白文方印　柯奚白文方印　二九一八

夢溪筆談二十六卷補筆談三卷續筆談一卷　宋沈括撰　明崇禎四年馬元調刻本　二册　九行十八字小字雙行十六字黑口左右雙邊　鈐獨山莫氏收藏經笈記朱文方印　莫棠字楚生印朱文長方印　一五一八

夢溪筆談二十六卷補筆談三卷續筆談一卷　宋沈括撰　明刻清初補刻本　八册　九行十八字小字雙行十六字黑口左右雙邊　一五一九

東坡先生志林五卷　宋蘇軾撰　明萬曆二十三年海虞趙開美刻本　二册　九行十八字白口左右雙邊　書後鐫海虞趙開美校刊　鈐葛雲藻印白文方印　一四九五

石林燕語十卷　宋葉夢得撰　宋宇文紹奕考異　清抄本　佚名校　二册　八行二十一字無格　三三九二

容齋隨筆十六卷續筆十六卷三筆十六卷四筆十六卷　宋洪邁撰　明崇禎三年馬元調刻本　八册　九行十八字細黑口左右雙邊　一四七三

容齋隨筆十六卷續筆十六卷三筆十六卷四筆十六卷五筆十卷 宋洪邁撰 明崇禎三年刻清康熙重修本 十四册 九行十八字細黑口左右雙邊 封面鐫洪氏藏板 五〇六〇

呂氏雜記二卷 宋呂希哲撰 清抄本 一册 八行二十一字無格 三二九八

能改齋漫錄十八卷 宋吳曾撰 清活字印本 八册 九行二十一字白口左右雙邊 一九六七

西溪叢語二卷 宋姚寬撰 明嘉靖二十七年俞憲鴸鳴館刻本 黃裳題識 二册 十行二十一字小字雙行字同白口四周單邊 下書口鐫鴸鳴館刻 一四七二

經鉏堂襍志八卷 宋倪思撰 明萬曆三十年金有華刻本（卷一至卷四配清抄本） 二册 九行二十字白口四周單邊 鈐四明盧氏抱經樓藏書印白文方印 顧氏藏書朱文方印 展硯齋圖書印朱文長方印 擒藻堂藏書印白文方印 偉伯氏白文方印 一四八四

冐綮錄一卷 宋趙叔問撰 清抄本 一册 十行二十字無格 鈐柯溪藏書白文方印 三二八九

賓退錄十卷 宋趙與旹撰 清乾隆十七年存恕堂刻本 四册 十行十八字小字雙行十七字白口左右雙邊 封面鐫乾隆壬申新鐫 存恕堂藏板 鈐蟫香館藏書朱文方印 五二九三

賓退錄十卷 宋趙與旹撰 清乾隆十七年存恕堂刻本 二册 五二九四

鶴林玉露十六卷 宋羅大經撰 明刻本 四册 十行二十二字白口左右雙邊 一四八一

志雅堂雜鈔一卷 宋周密撰 清抄本 一册 十二行二十三字無格 鈐王氏信芳閣藏書朱文長方印 粹芬閣白文方印 秀水王相朱文方印 三二九三

南村輟耕録三十卷　明陶宗儀撰　明玉蘭草堂刻本　十六册　十行二十一字白口左右雙邊　下書口鎸玉蘭草堂　有刻工　一四七六

南村輟耕録三十卷　明陶宗儀撰　明玉蘭草堂刻本　五册　一三四七

存十九卷　十二至三十

餘冬序録六十卷閏集五卷　明何孟春撰　明何仲方編　明嘉靖七年刻藍印本　二十册　十一行二十一字小字雙行字同白口左右雙邊　有刻工　一四八五

存　餘冬序録六十卷

燕泉何先生餘冬序録六十卷閏集五卷　明何孟春撰　明萬曆十二年黄齊賢、張汝賢等刻本　十二册　十一行二十一字小字雙行字同白口左右雙邊　有刻工　一四八七

存五十五卷　餘冬序録　一至二十　二十六至六十　閏集五卷

兩山墨談十八卷　明陳霆撰　明嘉靖十八年李檗刻本　四册　九行十八字下黑口四周雙邊　一四九六

錢罄室雜録不分卷　明錢穀撰　稿本　明文從簡跋　羅振玉題款　十册　十六行字數不等無格　鈐劉世珩經眼白文方印　三二七九

金罍子上篇二十卷中篇十二卷下篇十二卷　明陳絳撰　明陳昱輯　明陶望齡　一四九〇

車任遠校　明萬曆三十四年陳昱刻本　十二册　九行二十字小字單行十九字白口四周單邊　有刻工

林子三教正宗統論三十六册　明林兆恩撰　明盧文輝訂　明萬曆二十三年刻本　三十六册　九行十七字白口四周單邊　有刻工　鈐希鄭軒蔡虎臣藏書印朱文方印　〇一六四

猒次瑣談一卷　明劉世偉撰　清抄本　一册　十行十九字二十字不等無格　鈐八千卷樓珍藏善本朱文長方印　錢唐丁氏正修堂藏書朱文方印　三二九九

從先維俗議五卷　明管志道撰　明萬曆三十年徐文學刻本　十册　九行十八字白口四周雙邊　一四九四

鴻苞四十八卷　明屠隆撰　明萬曆三十八年吳興茅元儀刻本　三十六册　八行十九字白口左右雙邊　一四九二

筆叢三十二卷續十六卷　明胡應麟撰　明鄧漢等校　明萬曆三十四年吳勉學刻本　十六册　十行二十字小字雙行字同細黑口左右雙邊　一四七五

少室山房筆叢正集三十二卷續集十六卷　明胡應麟撰　清胡鳳丹校　清退補齋抄本　八册　十一行二十三字小字雙行字同　下書口印退補齋　三七二二

鬱岡齋筆麈四卷　明王肯堂撰　明萬曆王懋琨刻本　八册　九行十八字白口四周單邊　鈐吳興周越然藏書之印朱文方印　王世瑨圖章白文方印　曾留吳興周氏章齋白文長方印　一四八三

六研齋筆記四卷　明李日華撰　明末刻李竹嬾先生說部本　四册　八行十九字白口四周單邊　鈐陳子清印白文方印　萬行山房朱文長方印　中吳王氏海粟樓藏書　一五五〇

印 朱文長方印

衡岉子蠡測七卷 明熊熾撰 清抄本 二册 九行二十字無格 三三九二

觚賸八卷續四卷 清鈕琇撰 清康熙四十一年臨野堂刻本 六册 十行十九字白口左右雙邊 下書口鐫臨野堂 七三四四

山居日記八卷輿圖考略二卷 明寇慎撰 清抄本 十册 八行字數不等無格 三二九七

沈氏弋説六卷 明沈長卿撰 明黄可師等評 明萬曆四十三年刻本 六册 八行十八字白口四周單邊 一四九一

寶顔堂增訂讀書鏡十卷 明陳繼儒輯 明萬曆沈師昌刻寶顔堂秘笈本 二册 九行十九字白口四周單邊 〇三四八

假菴雜著不分卷 明歸昌世撰 清抄本 一册 十行十八字白口無格 三七一四

池北偶談二十六卷 清王士禛撰 清康熙三十九年臨汀郡署刻本 八册 十一行二十三字小字雙行字同黑口左右雙邊 封面鐫康熙庚辰夏五臨汀郡署授梓 五二六八

池北偶談二十六卷 清王士禛撰 清康熙三十九年臨汀郡署刻本 八册 五二六九

分甘餘話四卷 清王士禛撰 清康熙文粹堂刻本 二册 十行十九字黑口左右雙邊 封面鐫文粹堂藏板 五三〇一

蓉槎蠡説十二卷 清程哲撰 清康熙刻本 一册 十一行二十一字白口左右雙邊 五三〇二

存六卷 一至六

硯山齋集不分卷 清孫承澤撰 清雍正十一年孫琰刻本 一册 九行十八字白口左右雙邊 六五二四

柳南隨筆六卷 清王應奎撰 清乾隆五年刻本 佚名批校 四册 十行十九字黑口四周單邊 五〇〇八

茶餘客話十二卷 清阮葵生撰 清戴璐選 清乾隆五十八年七録齋活字印本 四册 九行二十字白口四周單邊 鈐周氏叔弢朱文方印 二二九〇

炙硯瑣談三卷 清湯大奎撰 清乾隆趙氏亦有生齋刻嘉慶補刻本 三册 十行二十一字白口左右雙邊 下書口鎸亦有生齋 封面鎸亦有生齋開雕 有刻工 四六四一

尖陽叢筆十卷 清吳騫撰 清末天尺樓抄本 二册 十行二十四字二十五字不等白口左右雙邊 書耳題天尺樓抄 鈐積學齋徐乃昌藏書朱文長方印 古香簃珍藏記白文方印 三二九五

桃溪客語五卷 清吳騫撰 清乾隆吳氏拜經樓刻本 二册 十行二十字細黑口左右雙邊 版心下鎸拜經樓正本 六六五七

瀟湘聽雨錄八卷 清江昱撰 清乾隆二十八年春草軒刻本 二册 十行二十一字白口左右雙邊 封面鎸乾隆癸未春草軒刊 七七六〇

聞見瓣香錄十卷 清秦武域撰 清乾隆笑竹書屋刻本 六册 九行十九字細黑口左右雙邊 封面鎸笑竹書屋藏板 五三一一

書隱叢說十九卷 清袁棟撰 清乾隆鋤經樓自刻本 六册 十行二十字白口左右雙邊 封面鎸鋤經樓藏板 五三三八

柚堂筆談四卷 清盛百二撰 清乾隆三十四年刻本 一册 十行二十字小字雙行十九字白口左右雙邊 五三〇五

柚堂續筆談八卷　清盛百二撰　清抄本　六册　十行十九字無格　三三一〇

水曹清暇錄十六卷　清汪啓淑撰　清乾隆五十七年汪氏飛鴻堂刻本　四册　九行十八字白口左右雙邊　封面鐫飛鴻堂藏板　五〇〇六

鐸言不分卷鏗爾集不分卷　清徐福年撰　清抄本　十二册　八行二十字無格　三二九一

石渠餘紀六卷　清王慶雲撰　清抄本　清王慶雲校　六册　十行二十二字無格　三六〇七

沖虛經采眞不分卷　清張士保撰　稿本　一册　九行十八字白口四周單邊　三九二九

以上雜學雜說

古今註三卷　題晉崔豹撰　明芝秀堂刻本　一册　十行十五字白口左右雙邊　下書口鐫芝秀堂　乙〇二五

程氏演繁露十六卷續六卷　宋程大昌撰　明嘉靖二十八年程煦刻本　四册　十一行二十一字小字雙行字同白口左右雙邊　有刻工　一四七一

緯略十二卷　宋高似孫撰　清白鹿山房活字印本　六册　十行二十字小字雙行字同黑口四周單邊　下書口鐫白鹿山房校印　鈐周氏叔弢朱文方印　二二八〇

野客叢書三十卷附錄野老紀聞一卷　宋王楙撰　明刻本　六册　九行二十字白口四周單邊　一四七四

困學紀聞二十卷　宋王應麟撰　明刻本　八册　十行十八字小字雙行十七字黑口四周雙邊　卷二十後鐫慶元路儒學學正胡禾監刊　一五〇八

困學紀聞二十卷　宋王應麟撰　明刻本　五册　一五〇九

存十七卷　一至二　六至二十

困學紀聞二十卷　宋王應麟撰　清乾隆三年馬氏業書樓刻本　八册　十一行二十字小字雙行二十八字白口左右雙邊　每卷後鐫乾隆戊午春月馬氏叢書樓校刊牌記　鈐世德堂珍賞書畫金石印白文長方印　七六五三

困學紀聞二十卷　宋王應麟撰　清乾隆三年馬氏叢書樓刻本　六册　七六五四

困學紀聞二十卷　宋王應麟撰　清汪亘桐華書塾刻本　佚名批校　六册　十一行二十五字小字雙行三十二字白口左右雙邊　封面鐫桐華書塾開雕　有刻工　五〇〇〇

困學紀聞二十卷　宋王應麟撰　清汪亘桐華書塾刻本　汪金朱筆録全祖望批校並題款　十二册　五〇〇一

校訂困學紀聞三箋二十卷　宋王應麟撰　清何焯、閻若璩、全祖望箋　清嘉慶九年重刻本　周敦濂録清錢大昕批校　六册　十一行二十五字小字雙行三十一字黑口四周單邊　封面鐫嘉慶九年三月開雕　七四二四

丹鉛總録二十七卷　明楊慎撰　明嘉靖三十三年梁佐刻本　清饒宇朴批校並跋　八册　十一行二十四字白口四周雙邊　一四八〇

丹鉛總録二十七卷　明楊慎撰　明萬曆十六年刻本　六册　十行二十字白口左右雙邊　有刻工　鈐謝在杭藏書印朱文長方印　一四七九

秇林伐山二十卷　明楊慎撰　清修齡堂抄本　四册　九行二十二字四周單邊無格　三四三五

古今原始十四卷　明趙釴撰　明邵廉刻本　三册　九行十八字小字單行十七字白口四周雙邊　一四七七

秕言四卷　明鄭明選撰　明萬曆二十四年刻本　二册　八行十八字白口四同單邊　鈐佐伯文庫朱文長方大印　巴陵方氏珍藏白文方印　方功惠藏白文方印　一四七八

卮林十卷　明周嬰撰　清嘉慶二十年蕭山陳氏湖海樓刻本　五册　十行二十字黑口左右雙邊　封面鐫嘉慶乙亥年八月蕭山陳氏湖海樓雕本　七八五七

通雅五十二卷　清方以智撰　清姚文燮校訂　清浮山此藏軒刻本　二十四册　十行二十四字小字雙行字同白口四周單邊　封面鐫浮山此藏軒藏板　五二八七

通雅五十二卷　清方以智撰　清姚文燮校訂　清浮山此藏軒刻本　二十四册　五二八八

日知錄三十二卷　清顧炎武撰　清康熙三十四年潘耒遂初堂刻本　十册　十一行二十二字　小字雙行字同白口左右雙邊　封面鐫遂初堂藏板　七二三四

藝林彙考四十卷　清沈自南編　清乾隆十六年刻本　六册　十行二十字小字雙行字同白口左右雙邊　七七四六

知新錄三十二卷　清王棠撰　清黃晟校　清康熙五十六年燕在閣刻本　十六册　十行二十一字白口四周單邊　封面鐫燕在閣藏板　五三三六

知新錄三十二卷　清王棠撰　清黃晟校　清康熙五十六年燕在閣刻本　二十册　八一〇五

群書疑辨十二卷　清萬斯同撰　清古趣亭抄本　佚名批校　范寅題識　三册　十行二十三、二十四字不等無格　下書口鐫古趣亭藏板　三三三五

潛邱劄記六卷附左汾近稿一卷　清閻若璩撰　清乾隆九年閻學林眷西堂刻本　五册　十一行二十字白口左右雙邊　下書口鐫眷西堂　七一八六

畏壘筆記四卷　清徐昂發撰　清康熙五十七年桂森堂刻本　二册　九行十九字白口左右雙邊　五〇〇四

畏壘筆記四卷　清徐昂發撰　清康熙五十七年桂森堂刻本　四冊　五〇〇三

古今釋疑十八卷附錄一卷　清方中履撰　清楊霖等參訂　清康熙二十一年楊霖楊嗣漢刻本　二十冊　八行二十字白口左右雙邊　各卷目錄首頁下書口鐫汗青閣　五三三三

管城碩記三十卷　清徐文靖撰　清徐榮樞校　清乾隆九年志寧堂刻本　四冊　九行二十字白口左右雙邊　下書口鐫志寧堂　五〇〇五

一齋雜著六卷　清陳梓撰　清嘉慶二十一年敬衆堂刻本　清董沛題識　二冊　九行二十一字白口左右雙邊　封面鐫嘉慶丙子新刻　敬衆堂胡藏板　鈐鄞六一山房董氏藏書朱文方印　五三一〇

黃嬭餘話八卷　清陳錫路撰　清乾隆三十七年芸香窩刻本　四冊　九行二十字黑口左右雙邊　封面鐫芸香窩藏版　五三三五

全謝山先生經史問答十卷　清全祖望撰　清刻本　二冊　十一行二十一字黑口左右雙邊　五二九二

九曜齋筆記三卷松崖雜鈔一卷　清惠棟撰　清抄本　一冊　九行字數不等無格　鈐雲輪閣朱文長方印　荃孫朱文長方印　三二八六

文家稽古編十卷首一卷　清劉肵錫、程夢元輯　清乾隆二十年刻本　十二冊　十行二十一字小字雙行字同白口左右雙邊　五二五二

義門讀書記五十八卷　清何焯撰　清乾隆三十四年蔣維鈞刻本　十二冊　十四行二十二字黑口左右雙邊　八〇七〇

義門讀書記五十八卷　清何焯撰　清乾隆三十四年蔣維鈞刻本　六冊　六五二七

札樸十卷 清桂馥撰　清嘉慶十八年山陰小李山房刻本　六册　十行二十一字黑口左右雙邊　下書口鐫小李山房校刊　封面鐫嘉慶癸酉鐫　五二九〇

識小編二卷 清董豐垣撰　清抄本　一册　十行二十一字小字雙行字同無格　鈐雲輪閣朱文長方印　荃孫朱文長方印　會稽章氏式訓堂藏書朱文長方印　三二八七

香墅漫鈔四卷續四卷又續六卷 清曾廷枚撰　清乾隆嘉慶間南城曾氏家塾刻本　十八册　十行二十字小字雙行字同細黑口左右雙邊　封面鐫乾隆丁未南城曾氏家塾本　五二九六

書林揚觶不分卷 清方東樹撰　清道光十一年儀衛軒刻本　清羅振玉題款　四册　十行二十三字小字雙行字同白口左右雙邊　封面鐫道光辛卯冬刊　儀衛軒藏　鈐四農藏書白文方印　八〇六一

楊宏山先生日錄詩集不分卷 清楊士雲撰　清嘉慶八年遂城張炌抄本　一册　八行二十二字無格　三六五六

以上雜考

世說新語三卷 劉宋劉義慶撰　梁劉孝標註　明嘉靖十四年袁氏嘉趣堂刻本　佚名批校　三册　十行二十字小字雙行字同白口左右雙邊　一三四一

世說新語三卷 劉宋劉義慶撰　梁劉孝標註　明萬曆三十七年周氏博古堂刻本　四册　十行二十字小字雙行字同白口四周單邊　序後鐫萬曆己酉春周氏博古堂刊　一三四二

世說新語三卷 劉宋劉義慶撰　梁劉峻註　明凌濛初訂　**世說新語補四卷** 明何良俊撰　明王世貞删定　明張文柱校註　明凌濛初考訂　清康熙十五年承德堂刻本　十册　九行二十字小字雙行十九字白口左右雙邊　世說新語補封面鐫承德堂藏板　五二三〇

世說新語六卷 劉宋劉義慶撰 梁劉孝標註 明吳勉學刻本 三册 九行十八字小字雙行字同白口左右雙邊 一三四四

世說新語八卷附釋名一卷 劉宋劉義慶撰 梁劉孝標註 補四卷釋名一卷 明何良俊撰 明王世貞刪定 明張懋辰刻本 五册 九行十九字小字雙行字同白口四周單邊 一三四五

世說新語八卷 劉宋劉義慶撰 梁劉孝標註 宋劉辰翁、□劉應登、明王世懋評 明淩瀛初刻四色套印本 八册 八行十八字小字雙行字同白口四周單邊 鈐何人月藏書印朱文方印 淩瀛初印白文方印 雪滄所得善本朱文方印 一九〇四

世說新語八卷 劉宋劉義慶撰 梁劉孝標註 宋劉辰翁、□劉應登、明王世懋評 明淩瀛初刻四色套印本 八册 鈐余翰之印白文方印 吟秋山館朱文長方印 納哈塔氏朱文方印 一九〇五

李卓吾批點世說新語補二十卷 劉宋劉慶義撰 梁劉孝標註 宋劉辰翁批 明何良俊補 明王世貞刪定 明王世懋批釋 明李贄批點 明張文柱校注 明刻本 六册 九行十八字小字雙行字同白口四周單邊 〇〇一九

世說新語補二十卷 劉宋劉義慶撰 梁劉孝標註 宋劉辰翁批 明何良俊增 明王世貞刪定 明王世懋批釋 明張文柱校注 明萬曆刻本 十册 九行十八字小字雙行字同白口左右雙邊 有刻工 一三三九

李于鱗批點世說新語補二十卷附釋名一卷 劉宋劉義慶撰 梁劉孝標註 宋劉辰 一三四〇

翁批　明何良俊增　明王世貞刪定　明王世懋批釋　明李于鱗批點　明張文柱校註　明萬曆刻本　八冊　九行十八字小字雙行字同白口四周單邊　封面鐫梅墅石渠閣梓

世說新語補二十卷　劉宋劉義慶撰　梁劉孝標註　宋劉應登評　明何良俊增　明王世貞刪　清黃汝琳補訂　清乾隆二十七年黄氏茂清書屋刻本　清李復來批校並跋　六冊　九行十八字小字雙行字同白口左右雙邊　下書口鐫茂清書屋　封面鐫乾隆壬午春鐫　五二二六

世說新語補二十卷　劉宋劉義慶撰　梁劉孝標註　宋劉應登評　明何良俊增　明王世貞刪　清黃汝琳補訂　清乾隆二十七年黃氏茂清書屋刻本　八冊　五二二七

唐世說新語十三卷　唐劉肅撰　明王世貞校　明萬曆三十一年潘玄度刻本　八冊　八行二十字白口四周單邊　封面鐫玉峰青霞館重摹宋板　一三四六

桯史十五卷附錄一卷　宋岳珂撰　明嘉靖四年錢如京刻本　清陳邦彥跋　六冊　十行二十字黑口四周單邊　N〇〇八三

水東日記四十卷　明葉盛撰　明末葉重華賜書堂刻清康熙十九年葉方蔚補刻本　十二冊　九行十九字白口四周單邊　〇五二三

水東日記四十卷　明葉盛撰　明末葉重華賜書堂刻清康熙十九年葉方蔚補刻本　六冊　〇七二九

唐摭言十五卷　五代王定保撰　清金氏文瑞樓抄本　清宋賓王錄　清朱彝尊、王士禛跋　李柯溪校並跋　黃裳跋　二冊　十一行二十一字白口四周單邊　鈐小李山房朱文方印　黃文信印朱文方印　黃裳藏本朱文長方印　三一七八

何氏語林三十卷　明何良俊撰並註　明嘉靖二十九年何氏清森閣刻本　五冊　十行二十字小字雙行字同白口左右雙邊　有刻工　一三三四

蝶菴道人清夢錄一卷　明顧成憲撰　清黃氏醉經樓抄本　一冊　九行二十字藍格白口左右雙邊　下書口鐫醉經樓抄本　鈐錢唐丁氏正修堂藏書　三一七六

朱文方印

西園聞見錄一百七卷 明張萱撰 清抄本 一百六册 十行二十字無格 鈐汪啓淑印白文方印 錢塘丁氏正修堂藏書朱文方印 三三〇一

存八十九卷 一至十三 十五至十九 二十一至二十五 三十至四十四 四十八至六十二 六十八至九十 九十三至一百六

玉堂叢語八卷 明焦竑輯 明方拱乾校 明萬曆四十六年徐象橒曼山館刻本 清李葆恂跋 四册 八行十八字白口四周單邊 下書口鐫曼山館 鈐拜經樓吳氏藏書朱文方印 海豐吳氏朱文方印 一三四九

湧幢小品三十二卷 明朱國禎撰 明天啓二年濟美堂刻本 十六册 九行二十字白口左右雙邊 一四九七

湧幢小品三十二卷 明朱國禎撰 明天啓二年濟美堂刻本 二十册 一四九八

貽安堂稿續集二卷 明伍袁萃撰 明萬曆刻本 二册 八行十九字二十字不等小字雙行十九字白口四周單邊 〇五二二

天祿識餘十二卷 清高士奇撰 清康熙刻本 四册 十一行十九黑口四周單邊 五三三七

燕超堂隨筆八卷 清吳孔貞輯 稿本 八册 九行二十四字二十五字不等無格 鈐溪上草堂朱文方印 三三一一

嘯亭雜錄十卷續錄三卷 清昭槤撰 清抄本 五册 九行二十五字無格 三三〇四

雲煙過眼錄四卷 宋周密撰 續錄一卷 元湯允謨撰 清抄本 一册 十行字數不等無格 鈐安麓邨藏書印朱文方印 三三〇五

雙槐歲抄十卷　明黄瑜撰　明刻本　二册　十行二十字白口左右雙邊　鈐丁福保字仲祜印朱文方印　一〇八〇

存六卷　三至八

道山清話一卷　宋王□撰　明弘治刻百川學海本　一册　十二行二十字白口四周單邊　一三五〇

讀史蒙拾一卷　清王士祿撰　清抄本　一册　八行二十四字四周單邊無格　二八二三

嶺海拾遺□卷　清李來章撰　清抄本　一册　十行二十一字無格　三三八六

存四卷　七至十

板橋雜記三卷　清余懷撰　清李皓抄本　一册　八行十二字無格　三一七五

日餘講識二卷　清謝爲雯撰　清抄本　一册　十六行二十四字無格　三三八〇

藤花樓偶記八卷　清朱檈編　清稿本　四册　九行十七至二十二字不等白口四周雙邊　紫雲青花硯齋藏書白文長方印　鈐梁汝洪朱文方印　三三九四

靜喜草堂雜録不分卷　清查善和撰　清抄本　一册　行格字數不等無格　三八四四

新城王氏家集不分卷　清王鞠輯　清抄本　四十四册　行格字數不等無格　三九三一

補奩筆記十卷　清高鵬年撰　清抄本　四册　十行二十六字無格　三五五六

存八卷 三至十

孟筱帆先生手稿不分卷 清孟繼坤撰 稿本 二十册 行格字數不等無格 三八三〇

聽硯香館隨錄二卷 題清竹居氏輯 清稿本 二册 八行十八字白口四周單邊 三四二一

清異記一卷 清恬養齋抄本 一册 十行二十字白口四周雙邊 下書口鐫恬養齋抄本 三三八一

恬養齋砭語二卷 清抄本 一册 十一行二十二字無格 三三九三

以上雜記

東坡先生物類相感志十八卷 題宋釋贊寧編 清抄本 佚名錄明姚咨校並跋 四册 九行字數不等無格 三三〇三

居家必用事類全集十卷 明刻本 二十册 九行十六字黑口四周雙邊 一六五六

新增格古要論十三卷 明曹昭撰 明王佐校增 明末刻本 六册 十行二十字小字雙行白口四周單邊 〇〇九八

雅尚齋遵生八箋十九卷 明高濂撰 明萬曆十九年刻本 十四册 九行十八字細黑口四周單邊 有刻工 一五〇〇

雅尚齋遵生八箋十九卷總目一卷 明高濂撰 明建邑書林熊氏種德堂刻本 十册 九行十八字白口四周單邊 一五〇一
卷末鐫建邑書林種德堂熊沖宇梓行 封面鐫宏遠堂刊

新鍥翰林三狀元會選二十九子品彙釋評二十卷首一卷 明焦竑、翁正春、朱之蕃輯　明萬曆四十四年寶善堂刻本　二十册　十行二十四字小字雙行字同白口四周單邊　封面鐫寶善堂梓　○四二一

諸子彙函二十六卷 題明歸有光輯　明天啓五年刻本　清錢陸燦評點　二十七册　九行十八字小字雙行字同白口四周單邊　鈐錢陸燦曾讀過朱文方印　一五一一

諸子彙函二十六卷 題明歸有光輯　明天啓五年刻本　十四册　○○九七

槐下新編雅説集十六卷 清魏裔介撰　清康熙元年刻本　五册　九行二十字白口四周單邊　五四四五

筠廊偶筆二卷 清宋犖撰　清刻本　二册　十行十九字小字雙行字同白口四周單邊　五三○三

研山齋雜記四卷 清孫炯撰　清道光二十四年劉位坦抄本　清劉位坦跋　一册　十一行二十五字不等無格　三三○七

韻石齋筆談二卷 清姜紹書撰　清抄本　二册　九行二十字無格　三八七一

以上雜品

清異錄二卷 宋陶穀撰　**名句文身表異錄二十卷** 明王志堅撰　清康熙漱六閣刻本　八册　十一行二十字黑口左右雙邊　封面鐫漱六閣藏書　五二六一

清異錄二卷 宋陶穀撰　清康熙刻本　一册　十一行二十字黑口左右雙邊　封面鐫最宜草堂藏　五二六○

七十二子粹言二卷　宋朱南功撰　明刻本　二册　十行十八字小字雙行字同白口左右雙邊　鈐緜雪館主朱文橢圓印　朱有緒印朱文方印　一五〇二

自警編九卷附宋名臣錄一卷　宋趙善璙輯　明戴洵批註　明王弘誨等校　明刻本　三册　十行二十字白口四周單邊　有刻工　〇一五二

爲善陰騭十卷　明成祖朱棣編　明永樂十七年内府刻本　一册　十行十九字黑口四周雙邊　〇一五三

爲善陰騭十卷　明成祖朱棣編　明刻本　四册　十行十九字黑口四周雙邊　〇一五〇

存八卷　一至二　五至十

大明仁孝皇后勸善書二十卷　明仁孝皇后徐氏撰　明永樂五年内府刻本　十册　十四行二十八字黑口四周雙邊　鈐厚載之記朱文大方印　〇一五五

大明仁孝皇后勸善書二十卷　明仁孝皇后徐氏撰　明永樂五年内府刻本　八册　〇一八八

存十六卷　一至十六

大明仁孝皇后勸善書二十卷　明仁孝皇后徐氏撰　明永樂五年内府刻本　三册　鈐厚載之記朱文大方印　〇一五六

存六卷　七至十　十七至十八

諸子品節五十卷　明陳深撰　明萬曆刻本　二十四册　九行二十字小字雙行字同白口四周單邊　有刻工　鈐顧宏之印朱文方印　〇〇〇八

諸子品節五十卷 明陳深撰 明萬曆刻本 十册 一五二八

諸子品節五十卷 明陳深撰 明萬曆刻後印本 二十四册 一五二九

初潭集三十卷 明李贄撰 明閔邃、閔杲輯評 明閔邃刻套印本 八册 九行十九字白口四周單邊 一八〇一

初潭集三十卷 明李贄撰 明刻本 佚名批點 六册 九行二十字白口四周單邊 一五〇四

初潭集十卷 明李贄撰 清初抄本 六册 九行二十字無格 三三八五

存五卷 一至五

歷代小史摘編六卷 明唐世延、朱東光編 明萬曆三十一年刻本 八册 九行二十字白口四周雙邊 有刻工 一五〇七

百家類纂四十卷 明沈津撰 明萬曆七年胡氏書坊刻本 四十册 十一行二十一字小字雙行字同白口左右雙邊 封面鐫萬曆己卯夏月 書坊胡氏梓 一五一三

刻徐文長先生秘集十二卷 題明徐渭輯 明天啓刻本 十册 九行十九字白口四周單邊 一五一二

沈氏學弢十六卷 明沈堯中撰 明萬曆刻本 十六册 十行十九字白口四周單邊 有刻工 一五一四

説類六十二卷 明葉向高編 明刻本 十册 十行二十一字白口左右雙邊 一五一六

智囊補二十八卷 明馮夢龍輯 明張明弼等閲 明末刻本 十册 九行二十字白口四周單邊 一五二一

醉古堂劍掃六卷　明陸紹珩撰　明陸紹璉閲　明天啓四年刻套印本　二册　九行二十字白口左右雙邊　一四五一

掌錄二卷　清陳祖范撰　清乾隆二十九年刻本　一册　十行二十三字白口四周雙邊　七一〇四

堯山堂外紀一百卷　明蔣一葵撰　明萬曆三十四年舒一泉刻本　三十二册　八行十九字小字雙行字同白口四周單邊　一五一五

初學辨體十二卷　清徐與喬輯　清康熙易安齋刻本　十二册　九行二十六字小字雙行二十五字白口四周單邊　七五六四

經書後語三卷　明任瀛撰　明嘉靖刻本　三册　九行二十二字白口四周雙邊　一五〇六

玉芝堂談薈三十六卷　明徐應秋撰　清康熙玉芝堂刻四十二年補刻本　二十四册　九行十九字小字雙行字同白口四周單邊　五三〇〇

小窗清紀不分卷　明吳從先撰　明萬曆刻小窗四紀本　四册　八行十八字白口四周單邊　〇八七八

合諸名家點評諸子鴻藻十二卷　明姜思睿授　明黃士京等訂　明天啓六年刻本　四册　十行二十一字小字雙行字同白口四周單邊　一五二七

草堂清話一卷　明陳震撰　清抄本　一册　十行二十一字無格　三三〇九

蓴鄉贅筆三卷　清董含撰　清康熙刻巾箱本　六册　九行二十一字黑口左右雙邊　七六八八

孝史類編十卷孝經直解一卷首一卷　清黃齊賢輯　清康熙二十一年刻本　十册　十行二十四字白口四　七七〇六

周雙邊

倘湖樵書初編六卷　清來集之撰　清乾隆五十三年刻本　六册　九行二十字白口四周雙邊　各卷目錄書口鐫倘湖小築　封面鐫乾隆戊申重鐫　慎儉堂藏板　六九六三

閒情偶寄十六卷　清李漁撰　清刻本　八册　九行二十字白口四周單邊　七八二五

經史辨體不分卷　清徐與喬輯　清康熙敦化堂刻本　二十册　九行二十六字小字雙行二十五字白口四周單邊　封面鐫敦化堂梓行　五三〇九

陰騭文圖說四卷性天眞境一卷慾海慈航一卷御虛階功過格一卷　清黃正元輯　清周兆璧繪圖　清乾隆二十一年天錫堂刻本　七册　九行二十五字白口四周雙邊　封面鐫乾隆二十一年敬鐫　天錫堂藏板　七一〇九

陰騭文圖說四卷　清黃正元輯　清刻本　二册　九行二十五字白口四周雙邊　存二卷　利貞　七一一〇

巾經纂二十卷　清宋宗元撰　清乾隆十六年網師園刻本　五册　十行二十一字白口四周雙邊　下書口鐫網師園　七六六〇

聯經四卷　清李學禮撰　清乾隆四十三年刻本　四册　十行二十六字小字雙行字同白口四周雙邊　五二五七

聯經四卷　清李學禮撰　清乾隆四十三年刻本　四册　五二五八

聯經四卷　清李學禮撰　清乾隆五十五年補過堂刻本　四册　十行二十六字小字雙行字同白口四周雙邊　封面鐫乾隆庚戌鐫　補過堂藏版　五二五六

述記三卷　清任兆麟撰　清乾隆五十三年忠敏家塾刻本　六册　九行十七字小字雙行字同白口左右雙邊　下書口鐫忠敏家塾　封面鐫映雪草堂藏板　七六四八

小滄浪筆談四卷　清阮元撰　清嘉慶三年刻本　四册　十行二十字白口四周雙邊　五二五五

庭立記聞四卷　清梁玉繩撰　清嘉慶十七年刻本　二册　十二行二十四字小字雙行字同白口左右雙邊　六五二六

消閒錄十八卷　清徐九經撰　清抄本　二十册　九行二十字無格　鈐癡闇藏書朱文方印　三三〇〇

晉陽隨筆八卷　清金象豫撰　稿本　八册　十行二十字無格　三二八五

以上雜纂

小説家類

春社猥談十種　明□□輯　明末刻八公遊戲叢談本　四册　九行二十字四周單邊　六九八〇

猥談一卷　明祝允明撰

俗考一卷　宋洪邁撰

語怪一卷　明祝允明撰
異林一卷　明徐禎卿撰
記事珠一卷　唐馮贄撰
袖中錦一卷　題宋太平老人撰
義山雜纂一卷　題唐李商隱撰
雜纂續一卷　宋王君玉撰
雜纂二續一卷　宋蘇軾撰
雜纂三續一卷　明黄允交撰

廣四十家小説　明顧元慶輯　明嘉靖刻本　三册　十行十八字白口左右雙邊　一五五七

存五種五卷

漁樵閒話一卷　宋蘇軾撰
平江紀事一卷　元高德基撰
襄陽耆舊傳一卷　晉習鑿齒撰
江淮異人錄一卷　宋吴淑撰
吳中舊事一卷　元陸友撰

三水小牘二卷　唐皇甫枚撰　清乾隆五十七年盧文弨刻抱經堂叢書本　佚名校　一册　十行二十一字白口四周單邊　四九〇九

古今譚槩三十六卷　明馮夢龍撰　明梅之熉閲　明刻本（卷二十八至三十配抄本）十六册　九行二十一字白口左右雙邊　一五〇三

蟫蛣雜記十二卷　題清竹勿山石道人撰　清刻巾箱本　六册　九行二十字白口四周單邊　七九九二

山海經十八卷　晉郭璞註　明蔣應鎬繪圖　明刻本　二册　九行二十字白口四周單邊　○五八四

山海經釋義十八卷圖一卷　晉郭璞註　明王崇慶釋義　明董漢如校　明萬曆四十七年蔣一葵堯山堂刻本　八册　九行十九字小字雙行字同白口四周單邊　一七二五

山海經廣注十八卷圖五卷　清吳任臣撰　清康熙六年刻本　六册　九行二十二字小字雙行字同白口左右雙邊　四六○一

山海經廣注十八卷圖五卷雜述一卷　清吳任臣撰　清乾隆五十一年金閶書業堂刻本　六册　九行二十二字小字雙行字同白口左右雙邊　封面鐫乾隆五十一年　金閶書業堂藏板　七五三七

穆天子傳六卷　晉郭璞註　明程榮校　明萬曆程榮刻漢魏叢書本　清黄丕烈校並題識　一册　九行二十字小字雙行字同白口左右雙邊　鈐蕘翁更字複翁白文方印　楊氏海源閣藏白文方印　楊紹和印白文方印　宋存書室白文方印　楊東樵讀過朱文橢圓印　獻唐審定朱文方印　王獻唐讀書記朱文長方印　獻唐珍祕朱文方印　赤弢朱文方印　N○一四六

戎幕閒談不分卷　唐韋絢撰　清抄本　一册　九行十九字無格　鈐柯溪藏書白文長方印　三一七四

太平廣記五百卷目錄十卷　宋李昉撰　明許自昌刻本　六十四册　十二行二十四字小字雙行字同白口左右雙邊　一三五三

太平廣記五百卷目錄十卷　宋李昉輯　清乾隆十八年黄晟槐蔭草堂刻巾箱本　四十六册　十二行二十二字白口四周雙邊　封面鐫乾隆乙亥年夏月　槐蔭草堂藏板　七一六九

無如四卷　明呂坤輯　明萬曆二十年刻本　清吳式芬題識　一册　八行二十字白口左右雙邊　鈐吳式芬印白文方印　一三四八

見聞錄四卷　清徐岳撰　清刻本　四册　八行二十字白口左右雙邊　七九八四

閱微草堂筆記二十四卷　清紀昀撰　清嘉慶五年北平盛氏刻本　十册　十行二十一字黑口四周單邊　五一一五

閱微草堂筆記二十四卷　清紀昀撰　清嘉慶二十一年北平盛氏重刻本　十册　十行二十一字黑口左右雙邊　封面鐫嘉慶丙子北平盛氏重鐫　七二一六

閱微草堂筆記二十四卷　清紀昀撰　清刻本　謝秋臯批校　五册　十行二十字小字雙行字同黑口四周雙邊　六九三七

存十二卷　十三至二十四

小窗自紀四卷艷紀十四卷清紀五卷別紀四卷　明吳從先撰　明萬曆四十二年刻本　二十册　八行十八字白口四周單邊　一四八八

捧腹編十卷　明許自昌輯　明馬起城校　明萬曆四十七年刻本　十册　九行二十字白口四周單邊　一三二六

笑贊不分卷　題明清都散客撰　明刻本　二册　八行十四字白口四周單邊　一三三三

新齊諧二十四卷　清袁枚撰　清乾隆五十三年隨園刻本　十册　十一行二十一字白口左右雙邊　封面鐫乾隆戊申　隨園藏板　五二二一

重訂西青散記八卷　清史震林撰　清嘉慶十年裴玠刻本　清石甫題識　四册　九行二十字下黑口四周單邊　封面鐫經鉏堂藏板　六九五〇

虞初志七卷 明袁宏道參評 明屠隆點閱 明凌性德刻套印本 八册 八行十九字白口四周單邊 一八〇二

虞初新志二十卷 清張潮輯 清康熙二十二年刻本 四册 九行二十字白口四周單邊 五五六六

虞初新志二十卷 清張潮輯 清康熙刻本 十册 九行二十字白口四周單邊 四九〇八

虞初新志二十卷 清張潮輯 清康熙刻本 十册 四九〇七

類書類

編珠四卷續二卷 題隋杜公瞻撰 清高士奇補 清康熙三十七年刻本 一册 十行二十字黑口四周雙邊 三〇一五

藝文類聚一百卷 唐歐陽詢撰 明萬曆十五年王元貞刻本 二十册 十行二十字小字雙行字同白口左右雙邊間四周單邊 一三九八

藝文類聚一百卷 唐歐陽詢撰 明萬曆十五年王元貞刻明補修本 四十八册 十行二十字小字雙行同白口左右雙邊間四周單邊 一三九九

北堂書鈔一百六十卷 唐虞世南編 明陳禹謨補註 明萬曆二十八年刻本 三十二册 九行二十字小字雙行字同白口左右雙邊 一四四二

初學記三十卷 唐徐堅等輯 明嘉靖十年安國桂坡館刻本 十二册 九行十八字小字雙行二十四字白口左右雙邊 上書口鐫安桂坡館 目錄題銜處鐫大明嘉靖辛卯 一三九四

錫山安國重校刊　有刻工

初學記三十卷　唐徐堅等輯　明嘉靖二十三年瀋藩翻刻安國桂坡館本　清許旦復錄嚴可均批校並跋　八册　九行十八字小字雙行二十四字白口左右雙邊　上書口間鐫安桂坡館　有刻工　一三九六

存十八卷　一至十六　二十至二十一

初學記三十卷　唐徐堅等輯　明萬曆十五年徐守銘寧壽堂刻本　八册　九行十八字小字雙行二十四字白口左右雙邊　版心上鐫寧壽堂　目錄題銜處鐫大明萬曆丁亥太學生徐守銘重校于　寧壽堂梓行　一三九五

元和姓纂十卷　唐林寶撰　清抄本　四册　十一行二十字白口左右雙邊　鈐錢唐丁氏藏書白文方印　八千卷樓藏書記朱文方印　二九〇六

唐宋白孔六帖一百卷目錄二卷　唐白居易　宋孔傳輯　明刻本　六册　十行十八字小字雙行字同白口左右雙邊　有刻工　一三九七

存十二卷　七十二至八十三

王先生十七史蒙求十六卷　宋王令撰　清康熙刻本　二册　十一行二十字白口左右雙邊　封面鐫養志堂藏板　五五一九

王先生十七史蒙求十六卷　宋王令撰　清康熙刻本　二册　五五一八

事類賦三十卷　宋吳淑撰並注　清乾隆五十四年劍光閣刻本　六册　十一行二十字小字雙行字同細黑口左右雙邊　封面鐫乾隆己酉新鐫　劍光閣藏板　八一七五

事類賦不分卷　宋吳淑撰並注　清抄本　三册　十一行二十一字無格　鈐法式善印朱文方印　詩龕鑒藏印朱文方印　三三八八

太平御覽一千卷目錄十卷　宋李昉等輯　明萬曆元年倪炳刻本　一百二十册　十一行二十二字小字雙行字同白口四周單邊　一四〇〇

太平御覽一千卷　宋李昉等輯　明游氏活字印本　一册　十一行二十二字白口四周單邊　存十卷　四百二十一至四百三十　二七〇五

太平御覽一千卷目錄十五卷　宋李昉等輯　清嘉慶九年張海鵬從善堂刻本　一百册　十一行二十二字白口左右雙邊　封面鐫從善堂藏板　目錄後鐫皇清嘉慶九年歲在甲子秋八月虞山張海鵬若雲較梓牌記　鈐朱檉之印白文方印　四九九六

太平御覽一千卷目錄十五卷　宋李昉等輯　清嘉慶十二至十七年鮑崇城刻本　清姚瑩俊題識　一百册　十三行二十二字小字雙行字同白口左右雙邊　封面鐫嘉慶十二年歙鮑氏校宋板刻十七年成　五二八〇

太平御覽一千卷目錄十五卷　宋李昉等輯　清嘉慶十二至十七年鮑崇城刻本　一百册　五二八一

太平御覽一千卷目錄十卷　宋李昉等輯　清汪昌序重校　清嘉慶活字印本　一百二十册　十一行二十二字白口四周單邊　鈐長沙龍氏藏書之印白文方印　江西汪石琴家藏本朱文長方印　二三九七

冊府元龜一千卷目錄十卷　宋王欽若等輯　明崇禎十五年刻清康熙十一年黄九錫五繡堂重修本　三二〇册　十行二十字小字雙行字同白口四周雙邊　封面鎸五繡堂藏板　五二三六

冊府元龜一千卷目錄十卷　宋王欽若等輯　明崇禎十五年刻清嘉慶十九年藤花榭重修本　二四〇册　十行二十字小字雙行字同白口四周單邊　封面鎸嘉慶甲戌年重修　版藏藤花榭　五二三五

冊府元龜一千卷目錄十卷　宋王欽若等輯　明崇禎十五年刻清嘉慶十九年藤花榭重修本　三百册　一四〇一

文選類林十八卷　宋劉攽編　明隆慶六年傅嘉祥、高尚鈺刻本　六册　九行十八字小字雙行字同白口四周單邊　有刻工　一四五五

海錄碎事二十二卷　宋葉廷珪輯　明萬曆二十六年劉鳳刻本　六册　十二行二十一字白口左右雙邊　一四四三

帝王經世圖譜十六卷附錄一卷　宋唐仲友編　清道光二十八年清吟閣刻本　胡宗楙批校並跋　四册　八行二十一字黑口四周單邊　有刻工　四九九五

職官分紀五十卷　宋孫逢吉撰　清藝海樓抄本　三十二册　八行二十一字小字雙行字同白口四周雙邊　下書口鎸藝海樓　二八〇五

東萊先生詩律武庫十五卷後集十五卷　題宋呂祖謙輯　清康熙五十四年鄭尚忠刻本　四册　九行十九字小字雙行字同白口左右雙邊　五二五〇

一四四四 錦繡萬花谷前集四十卷後集四十卷續集四十卷 明嘉靖十五年錫山秦汴繡石書堂刻本 三十六册 十二行二十一字小字雙行字同白口左右雙邊 上書口間鐫繡石書堂

一四四五 錦繡萬花谷前集四十卷後集四十卷續集四十卷 明嘉靖十五年錫山秦汴繡石書堂刻本 四十册

一四一〇 新編古今事文類聚前集六十卷後集五十卷續集二十八卷別集三十二卷 宋祝穆編 新集三十六卷外集十五卷 元富大用編 元泰定三年廬陵武溪書院刻本 六十三册 十三行二十四字細黑口左右雙邊

存一百六卷 前集三十卷 十九 二十一至二十四 三十至三十四 三十七至四十二 四十七至六十 後集三十六卷 十三至四十六 四十九至五十 續集二十七卷 一至八 十至二十八 別集十三卷 一至十三

一四〇八 新編古今事文類聚前集六十卷後集五十卷續集二十八卷別集三十二卷 宋祝穆編 新集三十六卷外集十五卷 元富大用編 明內府刻本 一百三十册 十行十八字黑口四周雙邊

新編古今事文類聚前集六十卷後集五十卷續集二十八卷別集三十二卷　宋祝穆編　**新集三十六卷外集十五卷**　元富大用編　明嘉靖四十年書林楊歸仁刻本　八十四册　十四行二十八字白口四周單邊　一四〇七

新編古今事文類聚前集六十卷後集五十卷續集二十八卷別集三十二卷　宋祝穆編　**遺集十五卷**　元祝淵編　明萬曆三十二年唐富春德壽堂重刻本　五十册　十一行二十四字白口四周單邊　下書口間鐫德壽堂梓　祝穆序後鐫時萬曆甲辰孟春之吉金谿唐富春精校補遺重刻　一四一一

記纂淵海一百卷　宋潘自牧輯　明陳文燧等補遺　明萬曆七年王嘉賓等刻本　四十册　十二行二十二字小字雙行字同白口四周雙邊　一四〇二

宋四六叢珠彙選十卷　明王明慜、黄金璽輯　明萬曆陳壁刻本　五册　十行字數不等白口四周雙邊　一四三四

山堂先生群書考索前集六十六卷後集六十五卷續集五十六卷別集二十五卷　宋章如愚輯　元延祐七年圓沙書院刻本　六十四册　十五行二十四字小字雙行字同黑口四周雙邊　目錄後鐫延祐庚申圓沙書院新刊牌記　**存**　前集六十六卷　後集六十五卷　Z〇〇六五

一四〇四 古今合璧事類備要前集六十九卷後集八十一卷續集五十六卷 宋謝維新輯 別集九十四卷外集六十六卷 宋虞載輯 明嘉靖三十一至三十五年夏相刻本 六十册 八行大字不等小字雙行二十四字白口左右雙邊 前集目錄後有嘉靖壬子春正月三衢近峰夏相宋板摹刻至丙辰冬十月事竣雙行牌記

一四〇五 古今合璧事類備要前集六十九卷後集八十一卷續集五十六卷 宋謝維新輯 別集九十四卷外集六十六卷 宋虞載輯 明嘉靖三十一至三十五年夏相刻本 三十六册

存 前集六十九卷 後集八十一卷 續集五十六卷

〇三七七 古今合璧事類備要前集六十九卷後集八十一卷續集五十六卷 宋謝維新輯 別集九十四卷外集六十六卷 宋虞載輯 明嘉靖三十一至三十五年夏相刻本 四十册

存 前集六十九卷 外集六十六卷

一四一四 新箋決科古今源流至論前集十卷後集十卷續集十卷

宋林駉輯　明宣德二年建陽書林詹氏刻本　四册　十三行二十八字小字雙行字同黑口四周雙邊　目錄後鐫宣德彊圉協洽之歲仲夏建陽書林詹氏重新刊行牌記

存　前集十卷　續集十卷

新箋决科古今源流至論前集十卷後集十卷續集十卷　〇三〇九

宋林駉輯　別集十卷　宋黄履翁輯　明刻本（前集卷一、二配抄本）二十册　十三行二十八字小字雙行字同黑口四周雙邊

新刊箋註决科古今源流至論前集十卷後集十卷續集十卷　一四一三

宋林駉輯　別集十卷　宋黄履翁輯　明萬曆十八年鄭世魁宗文堂刻本　八册　十三行二十七字小字雙行字同黑口四周雙邊　封面及別集後鐫萬曆庚寅年孟冬春月書林鄭氏雲齋繡梓

玉海二百卷　一四六六

宋王應麟輯　元至元六年慶元路儒學刻元明補刻本　十四册　十行二十字小字雙行字同白口四周雙邊　上書口鎸嘉靖丙辰年刊、萬曆丁亥年刊　有刻工

存三十五卷　一至十三　一百至一百二十一

玉海二百卷附十三種六十五卷　五二八二

宋王應麟撰　清嘉慶十一年江寧藩署刻本　一百二十八册　十行二十字小字雙行字同白口四周單邊

玉海二百卷附十三種六十五卷　五二八三

宋王應麟撰　清嘉慶十一年江寧藩署刻本　一百二十册

小學紺珠十卷 宋王應麟撰 元刻元明遞修玉海附刻本 一册 十行二十字小字雙行字同白口左右雙邊 一四六三

存一卷 六

小學紺珠十卷 宋王應麟撰 清范清洪校 清乾隆八年慈儉堂刻本 十册 八行十九字小字雙行字同白口左右雙邊 下書口鐫慈儉堂 五二三七

新增説文韻府群玉二十卷 元陰時夫輯 元陰中夫註 明王元貞校 明萬曆聚錦堂刻本 二十四册 十一行字數不等小字雙行二十二字白口四周單邊 下書口間鐫聚錦堂、文秀堂 封面鐫聚錦堂梓行 一四六四

新增説文韻府群玉二十卷 元陰時夫輯 元陰中夫註 清乾隆二十四年敦化堂刻本 十册 十一行二十二字白口左右雙邊 封面鐫乾隆廿四年刊 敦化堂藏板 五二四五

新編事文類聚翰墨全書甲集十二卷乙集九卷丙集五卷丁集五卷戊集五卷己集七卷庚集二十四卷辛集十卷壬集十二卷癸集十一卷後甲集八卷後乙集聖朝混一方輿勝覽三卷後丙集六卷後丁集八卷後戊集九卷 元劉應李輯 明刻本 清姚鏡西題識 十八册 十二、十四行不等二十二、二十四字不等小字雙行黑口四周雙邊 一四〇六

存甲集五卷　三至五　七至八　戊集一卷　四　己集五卷　一　三至六　辛集三卷　八至十　壬集十二卷　癸集十一卷

蒙求續編二卷　明孫緒撰　明李際可註　明嘉靖十六年孫悟刻本　二册　八行小字雙行十九字白口左右雙邊　〇五六七

新編博物策會十七卷　明戴璟撰　明萬曆元年刻本　四册　十二行二十一字白口四周單邊　〇五七二

新刊唐荊川先生稗編一百二十卷目錄三卷　明唐順之編　明萬曆九年茅一相文霞閣刻本　六十册　十行二十字白口四周雙邊　有刻工　一四二三

左粹類纂十二卷音釋一卷　明施仁編　明孫應鰲批點　明嘉靖刻本　十册　十一行二十二字小字雙行字同白口左右雙邊　有刻工　一四六九

存十卷　一至十

記事珠十四卷　明劉國翰輯　明嘉靖十五年周藩刻本　八册　八行字數不等黑口四周雙邊　一四五九

存十三卷　一至七　九至十四

事物考八卷　明王三聘編　明隆慶三年王嘉賓刻本　四册　十行二十字白口四周單邊　一四二四

天中記六十卷　明陳耀文輯　明陳龍光校　明萬曆十七年刻本　六十册　十一行二十一字白口左右雙邊　一四二九

天中記六十卷　明陳耀文輯　明屠隆校　明萬曆二十三年刻本　三十册　十一行二十一字白口左右雙邊　一四三〇

天中記六十卷　明陳耀文輯　明屠隆校　明萬曆二十三年刻本　二十册　一四三一

國憲家猷五十六卷　明王可大編　明天啓元年周慶胤刻本　十八册　九行十八字白口四周單邊　有刻工　一四二六

三才圖會一百六卷　明王圻撰　明萬曆三十七年刻王爾賓重修本　五十册　九行二十二字白口四周單邊　有刻工　一四二七

喻林八十卷　明徐元太編　明萬曆十七年何氏刻本　二十四册　十一行二十四字白口四周雙邊　一四四八

喻林一百二十卷　明徐元太編　明徐胥慶、徐衍慶校　明萬曆四十三年刻本　二十四册　十行二十字小字雙行字同白口四周單邊　有刻工　一四四七

古儁考略六卷　明顧充編　明萬曆二十七年李楨、蕭大亨等重刻本　六册　七行十二字小字雙行二十四字白口左右雙邊　一四五七

圖書編一百二十七卷　明章潢輯　明萬曆四十一年涂鏡源等刻天啓三年岳元聲印本　六十册　十行二十一字白口四周單邊　一四二五

經濟類編一百卷　明馮琦輯　明萬曆三十二年杭州刻本　一百册　十行二十字白口四周單邊　校刻姓氏後鐫大明萬曆三十二年校刻於浙虎林郡南屏山　一四二八

卓氏藻林八卷　明卓明卿編　明萬曆八年竗香室刻本　八册　十行二十字小字雙行字同白口四周單邊　下書口鐫竗香室雕　有刻工　一四五六

文選錦字錄二十一卷　明凌迪知編　明凌稚隆校　明萬曆五年凌氏桂芝館刻文林綺繡叢書本　四册　八行小字雙行十七字白口左右雙邊　目錄後鐫萬曆丁丑春仲吳興凌氏桂芝館梓行牌記　有刻工　一四一七

存十五卷　一至十五

正音攟言四卷　明王荔撰　明王允嘉注　明崇禎刻本　四册　八行二十字小字十九字白口四周雙邊　一七二七

新刻何氏類鎔三十五卷　明何三畏撰　明萬曆四十七年刻本　八册　十行二十字白口四周單邊　有刻工　一四五〇

新鐫翰林攷正歷朝故事統宗十卷附歷朝人君考實一卷　明李廷機考正　明丘宗孔增釋　明萬曆二十三年金陵周氏萬卷樓刻本　十二册　有圖　十行二十三字小字雙行字同白口四周單邊　封面鐫萬曆乙未季冬吉金陵周氏萬卷樓鐫行　一四一九

合訂正續註釋群書備考原本六卷　明袁黄編　明袁儼註　明吳承古閲　清康熙刻本　六册　八行二十字小字雙行字同白口四周單邊　袁黄序後鐫康熙三年孟春月重梓　封面鐫古吳萬卷樓梓　六九五八

增訂二三場群書備考四卷　明袁黄編　明袁儼註　明沈昌世增　明崇禎五年刻本　二册　九行二十一字小字雙行字同白口四周單邊　一四一八

詞林海錯十六卷　明夏樹芳輯　明萬曆四十六年刻本　八册　七行十六字白口四周單邊　有刻工　一四六一

古唐選屑三十卷　明李本緯輯　明黄體仁編　明高出訂　明萬曆四十一年刻本　六册　九行十九字白口四周雙邊　〇七六七

山堂肆考二百四十卷　明彭大翼撰　明張幼學編　明馮任等校　明萬曆二十三年刻四十七年張幼學重修本　八十册　十一行二十二字白口四周單邊　封面鐫梅墅石渠閣藏板　一四五三

山堂肆考二百四十卷　明彭大翼撰　明張幼學編　明馮任等校　明萬曆二十三年刻四十七年張幼學重修本　二十四册　一九二四

存九十六卷 徵集四十八卷 羽集四十八卷

群書考索古今事文玉屑二十四卷 明楊淙編 明濮陽傳校 明萬曆二十五年金陵葉貴刻本 八册 八行十八字小字雙行字同白口四周單邊 書後鐫萬曆彊圉作噩穐金陵葉近山劉望臺同梓牌記 一四六〇

說略三十卷 明顧起元編 明萬曆四十一年吳德聚刻本 二十四册 九行二十字白口四周單邊 有刻工 一四四一

諸書考略四卷 明徐鑒編 明萬曆四十三年刻本 四册 九行小字雙行十九字白口四周雙邊 有刻工 〇六一九

存二卷 一至二

目前集二卷 明趙南星撰 明刻本 二册 九行十八字白口四周單邊 有刻工 一五五四

唐類函二百卷目錄二卷 明俞安期輯 明萬曆三十一年刻本 四十册 十行二十字小字雙行字同白口四周單邊 有刻工 〇六六〇

唐類函二百卷目錄二卷 明俞安期輯 明萬曆三十一年刻本 六十册 一四三三

唐類函二百卷目錄二卷 明俞安期輯 明萬曆三十一年刻本 四十册 一四三二

廣博物志五十卷 明董斯張輯 明楊鶴等訂 明萬曆四十五年高暉堂刻本 二十四册 九行十八字小字雙行字同白口四周單邊 有刻工 下書口鐫高暉堂 一四三七

廣博物志五十卷 明董斯張輯 明楊鶴等訂 明萬曆四十五年高暉堂刻本 三十二册 一四三八

廣博物志五十卷　明董斯張輯　明楊鶴等訂　明萬曆四十五年高暉堂刻本　三十二册　一六三五

廣博物志五十卷　明董斯張輯　明楊鶴等訂　明萬曆四十五年高暉堂刻清乾隆二十六年補刻本　三十二册　封面鐫乾隆辛巳冬鐫　高暉堂藏板　〇六〇七

儒函數類六十二卷目錄四卷　明汪宗姬編　明萬曆四十年汪猶龍刻本　十二册　十二行二十字白口四周單邊　一四五四

新鍥袁中郎校訂旁訓古事鏡十二卷　明鄧志謨撰　明袁宏道校註　明萬曆四十三年金陵書林鄭大經四德堂刻本　四册　八行八字小字雙行二十六字白口四周單邊　封面鐫萬曆乙卯金陵鄭思鳴告白　〇〇三〇

新刻四六旁訓古事苑二十三卷　明鄧志謨撰　明丘兆麟、龔居中校　明萬曆四十五年書林鄭大經麗正堂刻本　八册　八行十八字小字雙行二十六字白口四周單邊　封面鐫金陵麗正堂鄭氏識刻書告白　一四四六

潛確居類書一百二十卷　明陳仁錫輯　明崇禎三至五年徐氏大觀堂刻本　六十四册　十行二十字小字雙行字同白口四周單邊　封面左下鐫吴門大觀堂發行　一四二三

潛確居類書一百二十卷　明陳仁錫輯　明崇禎三至五年徐氏大觀堂刻本　四十八册　一四二一

存一百十七卷　一至三　七至一百二十

潛確居類書一百二十卷　明陳仁錫輯　明崇禎三至五年徐氏大觀堂刻本　四十七册　一四二〇

博物典彙二十卷　明黃道周編　明崇禎八年刻本　八册　九行十八字白口左右雙邊　鈐南海康氏萬木草堂藏朱文方印　一四三九

博物典彙二十卷　明黃道周編　明崇禎八年刻本　八册　一四四〇

茹古略集三十卷　明程良孺撰　清康熙六十年韻樓刻本　十六册　九行二十字白口四周雙邊　下書口鐫韻樓　五二五一

增補萬寶全書二十卷　題明陳繼儒輯　清乾隆經元堂刻兩節本　六册　上節十三行十五字下節十二行十七字白口四周單邊　封面鐫經元堂梓　八〇八二

彙編古今大家應酬文翰十二卷　明嘉靖三十九年刻本　四册　十二行二十三字白口四周單邊　一三三二

麗句集六卷　明許之吉輯　明天啓刻本　十二册　十行十九字白口四周單邊　一四四九

麗句集六卷　明許之吉輯　明天啓刻本　四册　〇五九八

尚友錄二十二卷　明廖用賢輯　清康熙五年漱潤堂刻本　十二册　七行小字雙行十八字白口四周單邊　五六〇三

蓑斐堂子史彙纂二十四卷　明馮廷章編　明馮駿聲較　明崇禎十六年蓑斐堂刻本　八册　九行二十六字白口四周單邊　下書口間鐫蓑斐堂　一六九六

五刻徽郡釋義經書士民便用通考雜字□卷　明崇禎刻兩節本　一册　上節十二行大小字不等下節十行大字不等小字二十二字白口四周單邊　一四五八

存二卷　一至二

辨物志六卷　清湯調鼎撰　清沙澄定　清順治十一年刻本　六册　九行二十字白口四周單邊　五〇〇七

陸生口譜五卷　清陸圻撰　清道光二十二年郁泰峰抄本　清馮桂芬、錢嘉棟跋　五册　十行二十四字無格　鈐郁松年印白文方印　泰峰朱文方印　桂芬白文長方印　三二八二

類書纂要三十三卷　清周魯輯　清侯杲參訂　清康熙三年天和堂刻本　十九册　八行二十二字小字雙行字同白口四周單邊　封面鐫無錫天和堂藏板　五二三八

存三十卷　一至四　八至三十三

三才彙編六卷　清龔在升撰　清顧珵美增　清康熙五年毛氏汲古閣刻本　八册　九行二十四字白口左右雙邊　七七一五

振綺類纂四卷　清翁天游、宗觀輯　清康熙三年刻本　四册　十行二十一字小字雙行字同白口左右雙邊　四九九七

希賢錄十卷　清魏裔介撰　清魏勷等校　清康熙二十年刻本　四册　九行二十字白口左右雙邊　五二七二

杜韓詩句集韻三卷　清汪文柏輯　清康熙四十六年刻本　三册　八行大字不等小字雙行二十三字黑口左右雙邊　書後鐫康熙歲次丙戌中秋日開雕丁亥立夏日告竣牌記　七四六六

獺祭錄六十三卷　清李繩遠輯　稿本　十六册　九行二十八字無格　三二八三

廣事類賦四十卷　清華希閔撰　清鄒升恒參　清華希閎重訂　清乾隆二十九年劍光閣刻本　八册　十一行二十字小字雙行字同細黑口左右雙邊　封面鐫乾隆　五二四三

淵鑒類函四百五十卷目録四卷　清張英等輯　清康熙四十九年揚州詩局刻本　二百四十册　十行二十一字黑口四周雙邊　七六三九

甲申新鐫　劍光閣藏板

淵鑒類函四百五十卷目録四卷　清張英等輯　清康熙四十九年揚州詩局刻本　二百册　七六四〇

佩文韻府一百六卷拾遺一百六卷　清張玉書、蔡升元等輯　清康熙五十一至五十二年内府刻本　清汪灝、何焯等輯　清康熙五十九年内府刻本　一百十六册　十二行二十五字小字雙行字同白口四周雙邊　四〇二五

佩文韻府一百六卷拾遺一百六卷　清張玉書、蔡升元等輯　清康熙五十一至五十二年内府刻本　清汪灝、何焯等纂　清康熙五十九年内府刻本　一百十五册　五二六七

讀書紀數略五十四卷　清宫夢仁撰　清康熙四十七年刻本　十六册　十一行二十字小字雙行字同黑口四周雙邊　四九九八

讀書紀數略五十四卷　清宫夢仁撰　清康熙四十七年刻本　八册　四九九九

讀書紀數略五十四卷　清宫夢仁撰　清康熙四十七年刻本　十六册　八〇六九

玉堂才調集不分卷　清于朋舉編　清得月樓刻本　八册　十行二十一字小字雙行字同白口左右雙邊　六九六五

格致鏡原一百卷　清陳元龍輯　清康熙五十六年刻雍正十三年印本　三十二册　十一行二十一字黑口左右雙邊　五二四七

格致鏡原一百卷　清陳元龍輯　清康熙五十六年刻雍正十三年印本　二十四册　五二四八

格致鏡原一百卷　清陳元龍輯　清康熙五十六年刻雍正十三年印本　二十四册　八〇〇六

分類字錦六十四卷　清何焯等輯　清康熙六十一年内府刻本　四十册　八行二十四字小字雙行字同白口四周雙邊　七六三六

分類字錦六十四卷　清何焯等輯　清康熙六十一年内府刻本　四十册　四〇〇六

石樓臆編六卷　清周綸輯　清康熙刻本　四册　九行十八字白口四周單邊　五二七一

廣治平略四十四卷　清蔡方炳撰　清康熙刻本　十二册　九行二十五字白口四周單邊　七二二六

欽定古今圖書集成一萬卷目錄四十卷　清蔣廷錫、陳夢雷等輯　清雍正四年内府銅活字印本　九册　九行二十字白口四周雙邊　鈐周氏赤弢朱文方印
存十六卷　方輿彙編山川典存二卷　一百八十七至一百八十八　方輿彙編職方典存四卷　一千五百十三至一千五百十四　一千五百二十一至一千五百二十二　理學彙編經籍典存四卷　一百七至一百一十　博物彙編藝術典存八卷　八十七至八十八　六百七十七至六百七十八　八百十九至八百二十二　二七〇二

類林新詠三十六卷　清姚之駰撰　清康熙刻本　十四册　十行二十字小字雙行字同白口左右雙邊　七六四六

類林新詠三十六卷　清姚之駰撰　清康熙刻本　十册　七六四七

子史精華一百六十卷　清吴士玉等輯　清雍正五年内府刻本　三十六册　八行小字雙行二十四字白口四周雙邊　五二六四

唐詩金粉十卷　清沈炳震撰　清雍正二年冬讀書齋刻本　四册　十一行大字不等小字雙行三十三字白口左右雙邊　下書口及封面鐫冬讀書齋藏本　六六七八

唐詩金粉十卷　清沈炳震撰　清雍正二年冬讀書齋刻本　四册　六六七九

唐詩金粉十卷　清沈炳震撰　清雍正二年冬讀書齋刻本　四册　五二二七

御定駢字類編二百四十卷　清沈宗敬等撰　清雍正四年武英殿刻本　一百二十册　十行小字雙行二十一字黑口四周雙邊　五二七九

御定駢字類編二百四十卷　清沈宗敬等撰　清雍正四年武英殿刻本　一百二十册　八〇三四

御定駢字類編二百四十卷　清沈宗敬等撰　清雍正四年武英殿刻本　一百四十册　四〇四一

宋稗類鈔八卷　清潘永因編輯　清雍正五年掣鯨堂刻本　十二册　十行二十四字白口四周單邊　封面鐫雍正丁未年新鐫　掣鯨堂藏板　六五〇三

通俗編三十八卷　清翟灝撰　清乾隆無不宜齋刻武林竹簡齋補刻本　十二册　十二行二十二字白口左右雙邊　封面鐫無不宜齋雕本　武林竹簡齋藏版　七六四三

通俗編三十八卷　清翟灝撰　清乾隆無不宜齋刻武林竹簡齋補刻本　十二册　七六四四

通俗編三十八卷　清翟灝撰　清乾隆無不宜齋刻武林竹簡齋補刻本　十二册　七二五九

事物異名録四十卷　清厲荃輯　清關槐增輯　清乾隆五十三年刻本　十二册　十一行二十一字白口四周雙邊　六五二一

山舟先生手録韻典不分卷　清梁國治輯　清梁同書抄本　十六册　九行字數不等無格　鈐山舟朱文方印　三二八四

墨池魚不分卷　清抄本　四册　十二行三十二字無格　三三七〇

盛世博物圖考不分卷　清刻本　十六册　四九九三

奩史一百卷拾遺一卷　清王初桐編　清嘉慶二年古香堂刻本　十六册　十行二十字小字雙行字同白口左右雙邊　封面鐫嘉慶二年鐫　古香堂藏板　五二五三

古今治平彙要十四卷　清楊潮觀撰　清抄本　二册　十行三十三字無格　三四〇二

釋家類

大明三藏聖教一千五百九十二種六千七百七十五卷附音釋　明永樂十五年至正統五年刻萬曆續刻本　五千三百八十六册　五行十七字上下雙邊　卷前牌記鐫永樂十五年四月十七日　大明正統五年十一月十一日　〇〇〇二

存一千二百五十九種五千三百八十六卷

〇〇〇一 大明重刊三藏聖教一千六百六種六千三百八十二卷目錄三卷 明嘉靖四十四年南京徐筠泉家重刻本 六千三百二十三册 六行十七字上下單邊 大般若波羅密多經卷十後鐫嘉靖四十四年歲次乙丑孟冬吉旦重刊、南京聚寶門外第二牌樓邊師姑巷裡經房徐筠泉家印行牌記

存六千三百三十一卷

〇一七五 佛說四十二章經 後漢迦葉摩騰同竺法蘭譯 明萬曆十八年王大周刻崇禎四年重印本 佛說大自在天子因地經、佛說寶生陀羅尼經、佛說十號經、佛說大堅固婆羅門緣起經 宋施護、天息災譯 明崇禎四年刻徑山藏本 佛說阿羅漢具德經、佛說尊那經 宋法賢譯 明萬曆三十七年刻徑山藏本崇禎四年重印 一册 佛說四十二章經八行十六字白口四周單邊 卷末鐫明萬曆庚申中秋嘉禾比丘智舷焚香拜書牌記 佛說大自在天子因地經至佛說大堅固婆羅門緣起經十行二十字白口四周雙邊 卷末鐫崇禎四年孟春月徑山化城寺刊經牌記 佛說阿羅漢具德經、佛說尊那經十行二十字白口四周雙邊 卷末鐫萬曆己酉歲春三月徑山寂照庵刊經牌記

一六六七 佛說盂蘭盆經一卷 晉釋竺法護譯 盂蘭盆經疏一卷音義一卷 唐釋宗密撰 盂蘭盆經疏孝衡鈔二卷 宋釋愚榮輯 明刻本 二册 六行十七字白口上下雙邊

存衡鈔一卷　下

不退轉法輪經四卷　梁釋僧祐輯　明萬曆三十九年刻本　二經同卷二卷　劉宋釋求那跋陀羅譯　佛説解節經一卷　陳釋眞諦譯　明崇禎刻本　二册　十行二十字白口四周雙邊　○一八四

修習止觀坐禪法要一卷　隋釋智顗撰　止觀義例二卷　唐釋湛然撰　清康熙五年刻本　二册　十行二十字上黑口四周雙邊　○六○○

唐人寫經殘卷　唐寫本　三册　乙○一四五

唐人寫經殘卷　唐寫本　一折　每開七行行十七字有格　八四二九

唐人寫經殘卷　唐寫本　祥麟題識　一册　三二一四

燉煌石室經卷殘字　一册　唐寫本　鈐叔弢朱文方印　八四四○

三劫三千佛緣起過去莊嚴劫千佛名經一卷現在賢劫千佛名經一卷未來星宿劫千佛名經一卷　唐附梁錄　明萬曆三十九年至崇禎元年刻徑山藏本　一册　十行二十字白口四周雙邊　○二五八

金剛般若經疏論纂要二卷 唐釋宗密述 宋釋子璿輯 金剛經纂要刊定記七卷 宋釋子璿錄 明崇禎十年般若堂刻徑山藏本 二册 十行二十字白口四周雙邊 每卷後鐫崇禎丁丑孟春般若堂刊經牌記 〇一七一

四分僧羯磨五卷 唐釋懷素集 明崇禎十六年虞山華嚴閣刻本 四分比丘尼羯磨法一卷 劉宋釋求那跋摩譯 明崇禎四年徑山化城寺刻本 一册 十行二十字白口四周雙邊 有刻工 〇一九四

開元釋教錄二十卷略出四卷續古今譯經圖記一卷 唐釋智昇撰 古今譯經圖記四卷 唐釋靖邁撰 清康熙間刻徑山藏本 八册 十行二十字 小字雙行字同上黑口四周雙邊 有刻工 五二六二

佛說大阿彌陀經二卷 宋王日休輯 佛說觀無量壽佛經一卷 劉宋釋畺良耶舍譯 稱讚淨土佛攝受經一卷 唐釋玄奘譯 佛說阿彌陀經一卷 後秦釋鳩摩羅什譯 拔一切業障根本得生淨土神咒一卷 劉宋釋求那跋陀羅譯 後出阿彌陀佛偈經一卷 明萬曆刻清康熙補刻印本 三册 十行二十字白口四周雙邊 〇六〇一

禪林僧寶傳三十卷目錄三卷臨濟宗旨一卷 宋釋惠洪撰 補 〇二一九

禪林僧寶傳一卷　宋釋慶老撰　明刻本　二册　十行十九字細黑口左右雙邊

禪林僧寶傳三十卷目錄三卷臨濟宗旨一卷　宋釋惠洪撰　補禪林僧寶傳一卷　宋釋慶老撰　明刻本（卷二十一至三十配鈔本）二册　○二二○

大慧普覺禪師住徑山能仁禪院語錄三十卷　宋釋宗杲撰　宋釋蘊聞輯　年譜一卷　宋釋祖詠編　宗門武庫一卷拾遺錄一卷　宋釋道謙編　清康熙五年刻本　八册　十行二十字白口四周雙邊　書後鐫康熙五年歲次丙午季冬日識　有刻工　四四八七

通玄百問一卷青州百問一卷　元釋從倫頌　明嘉靖三十六年金臺宗鏡庵重刻本　佚名批校　一册　十一行二十一字黑口四周雙邊　卷末鐫嘉靖丁巳孟秋吉日板重刻于金臺宗鏡庵　○二○六

萬松老人評唱天童覺和尚頌古從容庵錄三卷音義三卷　元釋離知輯　拈古請益錄二卷音義二卷　元釋從隆輯　明隆慶刻本　十册　從容庵錄十一行二十字白口左右雙邊　請益錄黑口四周雙邊　○二○三

相宗八要八卷　明釋洪恩撰　相宗八要解八卷　明釋明昱撰　相宗八　六五四九

要直解八卷　明釋智旭撰　清初刻本　四冊　相宗八要七行十七字解十行二十字直解九行二十字白口四周單邊

存十九卷　相宗八要八卷　相宗八要解三卷　一至三　相宗八要直解八卷

御製二十八經一百四十七卷　清雍正十三年武英殿刻本　三十二冊　十行二十字白口四周單邊　四四七八

存二十七種一百四十五卷

大方廣圓覺修多羅了義經二卷　唐釋佛陀多羅譯
金剛般若波羅密經一卷　後秦釋鳩摩羅什譯
入法界體性經一卷　隋釋闍那崛多譯
大佛頂首楞嚴經十卷　唐釋般刺密帝譯
維摩詰所說經三卷　後秦釋鳩摩羅什譯
文殊所說般若經一卷　梁釋曼陀羅僊譯
仁王護國般若經二卷　後秦釋鳩摩羅什譯
如來智印經一卷
勝天王般若經七卷　陳釋月婆首那譯
善住意天子所問經三卷　北魏釋智僊共流支等譯
持世經四卷　後秦釋鳩摩羅什譯
大乘心地觀經八卷　唐釋般若等譯
庵提遮女經一卷
辯意子所問經一卷　北魏釋法場譯
佛說五王經一卷
賢者五福德經一卷　西晉白法祖譯

無量義經一卷　南齊釋曇摩伽陀耶舍譯
妙法蓮華經七卷　後秦釋鳩摩羅什譯
佛說賢首經一卷　西秦釋聖堅譯
白衣金幢緣起經三卷　宋釋施護譯
佛說魔逆經一卷　西晉釋竺法護譯
思益梵天所問經四卷　後秦釋鳩摩羅什譯
楞伽阿跋多羅寶經四卷　劉宋釋求那跋陀羅譯
解深密經五卷　唐釋玄奘譯
佛說金剛手經二十卷　宋釋法護等譯
千鉢大教王經十卷　唐釋大廣智不空譯
大般涅槃經四十卷後分二卷　北涼釋曇無讖譯

大寶積經一百二十卷附校訛音釋　唐釋菩提流志譯　明萬曆二十二年徑山興聖萬壽禪寺刻徑山藏本　八册　〇一六九
十行二十字白口四周雙邊　卷一後鐫萬曆甲午孟春徑山興聖萬壽禪寺刊經牌記　有刻工　鈐覺山古霧明庵之記朱文長方印　雙榆書屋白文長方印

存四十卷　一至四十

佛說大方廣十輪經八卷　明刻本　五册　十行二十字白口四周雙邊　〇一二五五

存五卷　一至五

楞伽阿跋多羅寶經四卷　劉宋釋求那跋陀羅譯　明釋宗泐如玘註　明成化三年刻本　二册　十行二十字小字雙行字同黑口四周雙邊　有　〇一八一

刻工　鈐錢塘丁氏正修堂藏書朱文方印

一八二〇　**楞伽阿跋多羅寶經會譯四卷**　劉宋釋求那跋陀羅釋　明釋員珂會譯　明萬曆八年馮夢禎刻本　二册　九行十九字白口左右雙邊　鈐曹山護主庵大寶朱文方印

三四〇〇　**聖楞伽阿跋多羅寶經一卷附滿文經一卷**　清抄本　二册　八行十七字白口四周雙邊　鈐光緒壬辰錢塘嘉惠堂丁氏所得朱文方印　錢唐丁氏藏書白文方印　八千卷樓珍藏善本朱文方印

〇一六八　**廣博嚴淨不退轉法輪經四卷**　劉宋釋智嚴譯　明萬曆三十八年徑山寂照庵刻徑山藏本　二册　十行二十字白口四周雙邊　鈐雙榆書屋白文長方印　有刻工　卷一後鐫萬曆庚戌歲春三月徑山寂照庵刊經牌記

一二九五　**持世經四卷**　後秦釋鳩摩羅什譯　明崇禎十年刻清康熙九年補刻印本　四册　十行二十字白口四周雙邊

二七四九　**思益梵天所問大乘經四卷**　後秦鳩摩羅什譯　清抄本　六册　八行十七字白口四周雙邊　鈐錢唐丁氏藏書白文方印　八千卷樓藏書之記朱文方印

〇一七二　**摩訶般若波羅密經三十卷**　後秦釋鳩摩羅什譯　明萬曆三十三年徑山寂照庵刻徑山藏本　六册　十行二十字白口四周雙邊　卷末鐫萬曆乙巳（或丙午）季春月徑山寂照庵刊經牌記　鈐雙榆書屋白文長方印

金剛般若波羅密經一卷 後秦釋鳩摩羅什譯　明永樂二十一年晉王泥金寫本　一册　五行十三字上下單邊　卷末鐫大明永樂貳拾壹年玖月拾捌日施牌記　八四二六

金剛般若波羅密經四卷 宋楊圭集注　明萬曆元年刻本　四册　六行九字小字雙行十六字白口四周單邊　金剛像後鐫萬曆元年刻經牌記　有刻工　鈐八千卷樓珍藏善本朱文方印　〇一八三

金剛般若波羅密經一卷 後秦釋鳩摩羅什譯　元釋莫庵道肯集篆　明崇禎二年刻篆楷對照本　四册　三行七字楷體一行二十一字白口四周雙邊　卷末鐫崇禎己巳孟夏奉佛弟子屈宋熏沐百拜書並篆書　鈐八千卷樓朱文方印　嘉惠堂丁氏藏書白文方印　〇一七三

金剛般若波羅密經附人物像十二幅 清乾隆泥金寫本　一册　右圖左文贊文四行八字經文十三行二十八字無格　三四七六

般若波羅密多心經直解一卷 唐釋玄奘譯　明釋祖學註　清抄本　一册　十一行十九字二十字不等白口四周雙邊　鈐周肇祥讀過書朱文長方印　二七五二

摩訶般若波羅密多心經一卷 唐釋玄奘譯　明宣德九年刻本　一册　六行十四字上下雙邊　〇六七五

大方廣佛華嚴經合論一百二十卷 唐李通玄選論　唐釋志寧合論　明隆慶三年至萬曆元年釋明得刻本　二十　〇一九五

四冊 十一行二十一字細黑口左右雙邊 卷一下書口間鐫五臺山房 各卷末間鐫隆慶三、四、六年沙門明得校梓牌記 鈐錢唐丁氏藏書白文方印

大方廣佛華嚴經合論一百二十卷 唐李通玄選論 唐釋志寧合論 明隆慶三年至萬曆元年釋明得刻本 四十冊 〇一六六

大方廣佛華嚴經八十卷 唐釋實叉難陀譯 明萬曆刻本 十二冊 五行十五字上下雙邊 每卷末鐫大明萬曆癸巳孟春吉旦 一六六四

存十二卷 一至五 三十一至三十五 四十七 五十六

大方廣佛華嚴經入不思議解脱境界普賢行願品一卷 唐釋般若譯 明永樂十二年刻本 一冊 十二行十七字上下單邊 卷末鐫永樂甲午歲北京在城善士賈福江喜捨資財重刊 一六六一

大般涅槃經四十卷 北涼釋曇無讖譯 **後分二卷** 唐釋若那跋陀羅譯 明萬曆二十八年刻本 十四冊 五行十五字上下雙邊 卷十一插圖後鐫萬曆二十八年吉日刊 一六六三

存十四卷 十一至十五 二十七至二十八 三十 三十七至四十二

大般涅槃經四十卷 北涼釋曇無讖譯 明刻本 清戈濤跋 六冊 十四行二十七字小字雙行字同黑口四周雙邊 鈐任邱邊葆恕印白文長方印 退耕堂藏書記朱文方印 〇一七六

存三十卷 一至三十

大般涅槃經四十卷　北涼釋曇無讖譯　後分二卷　唐釋會寧等譯　清康熙十八年刻本　八册　十行二十字小字雙行字同白口四周雙邊　卷末鐫康熙己未孟夏日鄧尉山嗣法沙門濟石謹識　四四八三

金光明經八卷　隋釋志德等合入　明萬曆三十九年刻本　八册　十行二十字白口四周雙邊　一二九六

妙法蓮華經七卷　後秦釋鳩摩羅什譯　明景泰七年刻本　二册　五行十三字上下雙邊　存二卷　六至七　一六一四

妙法蓮華經七卷　後秦釋鳩摩羅什譯　明萬曆十年刻本　七册　五行十五字上下雙邊　一〇五三

妙法蓮華經觀世音菩薩普門品一卷　後秦釋鳩摩羅什譯　明刻本　一册　有圖　六行十八字白口四周單邊　〇六五〇

佛說大乘百福莊嚴相經一卷　唐釋地婆訶羅等譯　清汪廷璵泥金寫進呈本　一册　五行十三字有格　卷末附圖　封面題書名並臣汪廷璵敬書一行　八四三三

大法炬陀羅尼經二十卷　隋釋闍那崛多等譯　明天啓五年顧龍山刻本　五册　十行二十字白口四周雙邊　一三二〇

大般涅槃經玄義二卷　隋釋灌頂撰　明萬曆十年仁德刻本　二册　十行十九字細黑口左右雙邊　卷末鐫萬曆十年佛弟子仁德施財刊經牌記　鈐　〇七八〇

覺山禪人朱文方印

佛説般泥洹經二卷 西晉釋白法祖譯 明崇禎十六年刻本 二册 十行二十字白口四周雙邊 一〇八七

根本薩婆多部律攝十四卷 唐釋義淨譯 明崇禎十七年虞山華嚴閣刻本 三册 十行二十字白口四周雙邊 卷末鐫崇禎甲申仲夏虞山華嚴閣刻經牌記 有刻工 〇一九三

摩訶僧祇律四十卷 東晉釋佛陀跋陀羅共沙門法顯譯 唐寫本 一册 五行十七字朱格 卷末有商邱陳淮題款及癸丑潘寧識語 鈐獨山莫氏圖書朱文方印 商丘陳氏家藏白文長方印 陳淮審定朱文方印 夢禪朱文長方印 八四二七

存一卷 二十九

達摩多羅禪經二卷 東晉釋佛陀跋陀羅譯 明萬曆三十八年刻本 一册 十行二十字黑口四周雙邊 〇一八六

攝大乘論釋十五卷 陳釋眞諦譯 宋元豐三年至政和二年福州東禪等覺院刻萬壽大藏本 一册 六行十七字上下單邊 有刻工 鈐養庵秘笈朱文方印 三聖寺朱文圓印 Z〇〇六一

存一卷 六

成唯識論十卷 唐釋玄奘譯 明王肯堂標義 清抄本 二册 九行十七字白口四周雙邊 鈐蘭味軒朱文橢圓印 盧文弨印白文方印 二七五〇

大佛頂如來密因修證了義諸菩薩萬行首楞嚴經十卷　唐釋般刺密帝、彌伽釋迦譯　明萬曆二年刻本　八册　十行二十一字白口四周雙邊　存八卷　三至十　〇七〇八

大佛頂如來密因修證了義諸菩薩萬行首楞嚴經十二卷　唐釋般刺密帝、彌伽釋迦譯　明萬曆三十四年昭華館刻本　六册　六行十五字白口四周單邊　封面鐫萬曆丙午春昭華館藏板　有刻工　〇一七七

大佛頂如來密因修證了義諸菩薩萬行首楞嚴經十卷附音釋　明釋界澄証疏　明釋弘沇、崇節等會譯　明天啓元年凌弘憲刻三色套印本　十册　八行十八字小字雙行十七字白口四周單邊　一八〇三

大佛頂如來密因修證了義諸菩薩萬行首楞嚴經十卷附音釋　明釋界澄証疏　明釋弘沇、崇節等會譯　明天啓元年凌弘憲刻三色印本　十册　一八〇四

金剛經纂要刊定記七卷附音釋　宋釋子璿撰　明萬曆十七年至清康熙刻徑山藏本　六册　十行二十字白口四周雙邊　〇六〇五

略釋新華嚴經修行次第決疑論四卷　唐李通玄撰　明萬曆十八年五臺山妙德庵刻徑山藏本　二册　十行二十字下黑口四周雙邊　各卷後有萬曆庚寅秋五臺山妙德庵刊書牌記　有刻工　〇一六七

大方廣佛華嚴經普賢行願品別行疏鈔會本十卷科文一卷　唐釋澄觀疏　唐釋宗密錄　明刻本　五册　六行十七字小字雙行字同白口上下雙邊　一六七一

妙法蓮華經知音七卷弘傳序知音一卷　後秦釋鳩摩羅什譯　明釋如愚知音　明天啓四年釋敬然等刻本　八册　十行二十字小字雙行十九字白口左右雙邊　卷一後鐫天啓四年孟冬十月朔日吉門弟子敬然廣明等梓牌記　有刻工　〇一七四

注華嚴法界觀門一卷　唐釋宗密注　清順治十六年刻徑山藏本　一册　十行二十字白口四周雙邊　卷末鐫順治己亥臘月布衲道沛刊經牌記　七五五七

永嘉眞覺大師證道歌一卷　宋釋彥琪註　明弘治十七年釋如巹刻本　二册　十行十九字黑口四周雙邊　〇二〇一

宗鏡錄一百卷　宋釋延壽集　清雍正十二年内府刻本　二十册　十行二十字白口四周單邊　四四九三

大佛頂首楞嚴經正脈疏十卷　明釋眞鑑述　明釋福登校　清順治六年刻本　十一册　十行二十二字白口四周單邊　七五五二

大佛頂首楞嚴經正脈疏十卷　明釋眞鑑述　明釋福登校　清順治六年刻本　十一册　七五五一

諸佛世尊如來菩薩尊者神僧名經不分卷諸佛世尊如來菩薩尊者名稱歌曲不分卷感應歌曲二卷　明成祖朱棣御製　明永樂内府刻本　二册　十六行三十字黑口四周雙邊　〇一八五

諸佛世尊如來菩薩尊者神僧名經二十卷　明成祖朱棣御製　明永樂内府刻本　一册　〇一八七

諸佛如來菩薩名稱歌曲不分卷　明成祖朱棣御製　明刻本　四册　九行十九字黑口四周雙邊　〇一八九

佛説阿彌陀經疏鈔四卷　明釋袾宏述　明崇禎八年刻本　四册　十行二十字白口左右雙邊　有刻工　〇一七〇

大佛頂首楞嚴經疏解蒙鈔十卷首一卷末八卷　清錢謙益撰　清順治十七年刻本　十四册　十行二十字小字雙行字同白口左右雙邊　五一九七

御録經海一滴六卷　清世宗胤禛輯　清雍正十三年内府刻本　六册　十行二十字白口四周單邊　七一五〇

御録經海一滴六卷　清世宗胤禛輯　清雍正十三年内府刻本　六册　四四八四

御録經海一滴六卷　清世宗胤禛輯　清雍正十三年内府刻本　六册　四四八〇

禪林寶訓筆説三卷　清釋智祥撰　清乾隆十五年刻本　三册　十行二十字小字雙行十九字下黑口左右雙邊　鈐壽安山十願庵主無畏居士記朱文方印　五一三二

六祖大師法寶壇經一卷　唐釋慧能撰　明趙玉芝輯　題門人法海等集　明萬曆八年刻本　二册　十行二十字白口左右雙邊　有刻工　〇二一八

善慧大士傳録四卷　宋樓穎編　明釋清源重編　明萬曆三十五年金華洞天刻徑山藏本　一册　十行二十字白口四周雙邊　鐫萬曆丁未佛成道日金華洞天識牌記　有刻工　〇二一七

大慧普覺禪師普說 宋釋宗杲撰 宋釋蘊聞輯 明刻本 二冊 六行十七字上下單邊 ○二一五

存二卷 十四 十五

佛果圜悟禪師聲節雪竇顯和尚拈古語要二卷 明景泰三年釋大機刻遞修本 二冊 十一行二十字小字雙行字同黑口四周雙邊 ○二〇四

踪眼和尚機鋒語錄一卷 明嘉靖四十一年刻本 一冊 十行十六字黑口四周雙邊 鈐百鏡庵藏古雕刻記朱文長方印 ○一九九

佛日普照慧辯楚石禪師語錄二十卷 明釋梵琦撰 明祖光壽編 明萬曆十八年五台山妙德庵刻徑山藏本 四冊 十行二十字白口四周雙邊 卷末鐫萬曆庚寅秋五台山妙德庵刊經牌記 有刻工 ○二一六

湖州吳山端禪師語錄二卷 宋釋淨端撰 明萬曆二十年清涼山妙德庵刻徑山藏本 一冊 十行二十字白口四周雙邊 卷末鐫萬曆壬辰仲春清涼山妙德庵識 ○二一二

松隱唯庵然和尚語錄三卷 明釋慧省編 明崇禎二年刻徑山藏本 二冊 十行二十字白口四周雙邊 卷末鐫崇禎二年己巳歲佛成道日姑蘇兜率園刊經牌記 ○二一〇

南庵禪師語錄十卷 明釋傳胤等錄 明刻徑山藏本 一冊 十行二十字下黑口四周雙邊 一六八八

存五卷 六至十

清涼劒門禪師語錄二卷 清釋成舜等輯 清順治十三年刻徑山藏本 二册 十行二十字白口四周雙邊 四五〇〇

偉珠淵禪師語錄二卷 清釋用和輯 清康熙三十三年刻徑山藏本 一册 十行二十字白口四周雙邊 四四九四

子雍如禪師住永慶禪院語錄一卷 清釋成如撰 清釋祖圓錄 清康熙三十八年刻徑山藏本 一册 十行二十字下黑口四周雙邊 五〇七〇

住鎮江府夾山竹林寺乾彰禪師語錄四卷 清釋實純編 清康熙三十九年刻徑山藏本 二册 十行二十字白口四周雙邊 四四九六

安隱五嶽禪師語錄六卷 清釋德玢等錄 清康熙刻徑山藏本 二册 十行二十字白口四周雙邊 五一九五

天渠濟禪師語錄二卷 清釋元濟撰 清成泓等編 清康熙刻徑山藏本 一册 十行二十字黑口四周雙邊 七〇一四

廬山東林乾明寺宗雷聲禪師語錄二卷首一卷 清釋明亮等編 清康熙刻徑山藏本 一册 十行二十字白口四周雙邊 四四九〇

從之念禪師語錄四卷 清釋實空等編 清雍正八年刻徑山藏本 二册 十行二十字白口四周雙邊 四四八九

德實信禪師語錄四卷 清釋實明等輯　清雍正刻徑山藏本　二册　十行二十字白口四周雙邊 四四九五

文覺禪師草亭老人語錄二卷 清釋元信撰　清成紹、成乘編　清乾隆二十四年刻本　一册　十行二十字白口四周單邊　卷末鐫乾隆歲次己卯八月中秋日謹刻 七〇一八

弘明集十四卷 梁釋僧祐撰　清二餘軒抄本　十二册　八行二十四字藍格白口左右雙邊下書口鐫二餘軒 二七五三

顯密圓通成佛心要集二卷 遼釋道𣩚撰　明嘉靖四十五年刻本　二册　十行二十字小字雙行字同白口左右雙邊　卷末鐫嘉靖丙寅佛降生日謹識牌記 〇二〇八

佛祖統紀五十四卷 宋釋志磐撰　明萬曆四十二年刻本　十册　十行二十字小字雙行字同黑口四周雙邊 〇二〇九

五燈會元二十卷 宋普濟撰　明萬曆四十年刻徑山藏本　清無畏識語　二十四册　十行二十字小字雙行字同白口四周雙邊　卷一後鐫萬曆庚戌歲夏六月徑山寂照庵刊經牌記　鈐雙榆書屋白文方印 〇二一四

一切經音義二十六卷 唐釋玄應撰　清南昌彭氏知聖道齋抄本　六册　十行二十字小字雙行字同白口四周雙邊　下書口鐫知聖道齋抄校書籍　鈐海陵錢犀盦校藏書籍白文方印 二七四七

一切經音義二十六卷 唐釋玄應撰　清抄本　六册　十二行二十五字小字雙行二十四字無格 二七四八

華嚴經音義二卷　唐釋慧苑撰　清道光八年獨抱盧刻本　佚名校　一册　九行十七字小字雙行十四字白口左右雙邊　封面後頁鐫道光戊子夏獨抱廬從釋藏本重雕　鈐吳熙載藏書印朱文方印　四四八一

重訂教乘法數十二卷　清世宗胤禛重訂　清雍正十三年武英殿刻本　六册　行數字數不等白口四周單邊　四四八五

辨証論八卷　唐釋法琳撰　宋政和二年至乾道八年福州開元禪寺刻毗盧大藏本　日本圓種訓點並跋　七册　六行十七字小字雙行字同上下單雙　有刻工　鈐無畏尊藏經處法物朱文長方印　百鏡盦朱文方印　存七卷　一至七　乙〇六六

折疑論五卷　元釋子成撰　明刻本　五册　五行十七字上下雙邊　一八九三

折疑論集註二卷　元釋子成撰　明釋師子註　清傳抄萬曆本　二册　八行十七字上下雙邊　三八三四

佛説寶智經一卷　後秦釋鳩摩羅什譯　唐釋慧明書　唐寫本　清方濬頤、楊守敬題識　一册　五行十七字朱格　鈐文淵閣印朱文大方印　周邊白文小方印　楊守敬印白文方印　曾在方夢園家朱文方印　八四三六

蓮華經提婆達多品　唐寫本　惲毓鼎跋　一册　五行十七字墨格　存五十九行　三七五五

大方廣佛華嚴經疏演義鈔七卷　唐釋澄觀撰　明嘉靖三十七年刻本　四册　十一行二十二字上下細黑口四周單邊　各卷末鎸嘉靖戊午謹題　〇一八〇

佛説長壽滅罪護諸童子陀羅尼經一卷　唐釋佛陀波利譯　明嘉靖刻本　一册　五行十三字白口上下雙邊　一六七〇

肇論中吴集解三卷　宋釋淨源輯　明萬曆九年刻本　二册　五行二十二字小字雙行字同上下雙邊　一六六八

泗州大聖明覺普照國師僧伽傳不分卷　宋蔣之奇撰　明萬曆十九年李元嗣刻本　一册　八行十八字小字雙行字同白口四周雙邊　〇二二一

晁文元公法藏碎金要語二卷　宋晁迥撰　明刻本　清俞浩題識　二册　十行二十字白口四周單邊　〇一六五

佛説大乘聖無量壽如來陀羅尼經一卷　宋釋法天譯　清咸豐十年李岱霖泥金寫本　一册　六行十六字上下花邊　八四三五

大藏一覽集十卷　明陳實編　明洪武二十二年陳道堅等刻永樂正統遞修本　佚名批校　八册　十一行二十一字黑口左右雙邊　〇一九〇

存八卷 二至九

大藏一覽集十卷 明陳實編 明永樂十六年刊宣德隆慶遞修本 五册 十一行二十一字黑口左右雙邊 〇一九一

水月齋指月録三十二卷 明瞿汝稷撰 明萬曆三十年嚴澂等刻本 佚名批校 八册 十一行二十一字小字雙行字同白口四周單邊 〇二一一

法界安立圖三卷 明釋仁潮輯 明萬曆三十五年刻本 二册 十行二十字白口四周單邊 〇一九八

禪宗正脈二十卷 明釋如巹撰 明萬曆四十三年徑山化城刻徑山藏本 六册 十行十九字小字雙行字同白口四周雙邊 卷末鐫萬曆乙卯歲春三月徑山化城刊經牌記 有刻工 〇二〇〇

象教皮編六卷 明陳士元輯 明萬曆刻本 六册 九行二十字小字雙行字同白口四周單邊 鈐李盛鐸白文方印 〇一九二

禪燈世譜九卷 明釋道忞撰 明吳侗輯 明崇禎五年刻徑山藏本 一册 十行字數不等白口四周雙邊 〇二〇七

佛遺教經約註不分卷 明翁汝進輯 明刻本 一册 十行二十字小字雙行十九字白口左右雙邊 〇六九一

增集雜毒海十卷 明釋祖闇重編 清釋行悅增集 清康熙三十一年刻徑山藏本 一册 十行二十字白口四周雙邊 各卷末鐫康熙壬申春如皋天香堂識 有刻工 七〇二一

重梓歸元直指集三卷 題明釋宗本撰 清胡樸堂等重編 清雲與楷補增 清沈起潛復校 清刻本 二册 十行二十字白口四周單邊 七一三三

存二卷 上 下

宗鑑法林七十二卷 題清集雲堂編 清初刻徑山藏本 十六册 十行二十字白口四周雙邊 四四八六

調實居士證源錄一卷 清陸燦撰 清羅機徹編 清康熙三十一年刻徑山藏本 一册 十行二十字白口四周雙邊 四四九二

古昱宗禪師東游錄一卷 清釋定一等輯 清康熙刻徑山藏本 一册 十行二十字白口四周雙邊 四四九一

御錄宗鏡大綱二十卷 清世宗胤禛輯 清雍正十二年内府刻本 四册 十行二十字白口四周單邊 四四九七

御錄宗鏡大綱二十卷 清世宗胤禛輯 清雍正十二年内府刻本 四册 四四九八

御錄宗鏡大綱二十卷 清世宗胤禛輯 清雍正十二年内府刻本 四册 鈐嶧香館藏書朱文長方印 七二八八

御製揀魔辨異錄八卷 清世宗胤禛撰 清雍正十二年内府刻本 四册 十行二十字白口四周單邊 四四八八

傳演毘尼儀範四卷 清釋照福撰 清乾隆十八年釋源諒刻本 四册 八行十七字白口四周雙邊 卷末鐫乾隆十八年歲次癸酉四月佛誕日本山第七世弘律沙門源諒敬刊 七〇一〇

傳演毘尼儀範別集一卷 清釋源福撰 清抄本 一册 十行二十字白口四周雙邊 二七五四

釋迦如來應化事蹟 清永珊編 清嘉慶刻同治印本 四册 有圖 行格不等二十四字白口四周單邊 八〇三六

釋迦如來應化事蹟 清永珊編 清嘉慶刻同治印本 四册 有圖 八〇三七

佛説觀無量壽佛經一卷　劉宋釋畺良耶舍譯　清據唐上元元年碑拓印本　清岳淇題識　二册　八四四三

佛頂心陀羅尼經三卷　明正統元年刻本　一册　有圖　五行十五字白口上下單邊　卷末鐫正統元年正月□□日題牌記　〇六四八

白衣觀音五印心陀羅尼經一卷　明天順七年刻本　一册　六行十七字小字八行二十字　卷末鐫天順歲次癸未季夏朔日廣川中馬頭經房刊印摺造牌記　〇六四九

佛説高王觀世音經一卷　明萬曆九年刻本　一册　五行十五字白口上下雙邊　一六六六

佛説金輪佛頂大威德熾盛光如來陀羅尼經一卷　明萬曆刻本　一册　四行十一字白口上下雙邊　一六六九

觀世音菩薩大悲心陀羅尼神咒一卷　清道光十三年吳榮光寫本　一册　三行六字紅格　鈐吳榮光印白文方印　三三三三

畿輔高僧錄一卷　清抄本　一册　十行二十字四周雙邊　三四一五

道家類

四子全書九卷　明董逢元輯　明萬曆二十三年董氏秋聲閣刻本　八册　九行十八字白口左右雙邊　各書序後鐫萬曆乙未孟秋毘陵董氏鐫於秋聲閣　封面鐫綠筠堂藏板　○一九七

道德眞經一卷　周李耳撰
關尹子文始眞經一卷　周尹喜撰
列子沖虛至德眞經二卷　周列禦寇撰
莊子南華眞經五卷　周莊周撰

三子合刊十三卷　明閔齊伋輯　明閔氏刻套印本　七册　九行十九字白口四周單邊　一七八〇

老子道德眞經二卷音義一卷
莊子南華眞經四卷音義四卷
列子沖虛眞經一卷音義一卷

三子合刊十三卷　明閔齊伋輯　明閔氏刻套印本　十册　一七八一

老莊合刻十卷　明馮夢禎重校　明萬曆二十三至二十四年武林郁文瑞尚友軒刻巾箱本　六册　七行十四字小字雙行字同白口四周單邊　莊子序後鐫萬曆乙未菊月望日武林郁文瑞尚友軒藏板牌記　鈐李盛鐸印白文方印　木齋朱文方印　○一一六

老子道德經二卷
莊子南華眞經八卷

老子道德眞經二卷　魏王弼註　**道德經古今本考正一卷**　明刻本　二册　○○三三

九行十九字小字雙行十八字白口四周單邊

老子道德經二卷 題漢河上公章句　明桐陰書屋刻六子全書本　一册（蝴蝶裝）八行十七字小字雙行字同白口四周雙邊　正文第五頁上書口鐫桐陰書屋校　○○○五

老子道德經二卷 魏王弼注　明崇禎六年田大受抄本　二册　五行字不等無格　鈐田大受印白文方印　項子京家珍藏朱文長方印　翁方綱印白文方印　三二三六

老子道德經二卷 宋劉長翁評點　明天啓四年武林楊氏刻劉須溪評點九種書本　一册　九行二十字白口四周單邊　○○三四

老子道德經二卷 魏王弼註　清乾隆四十年刻武英殿聚珍版叢書本　佚名批校　二册　九行二十一字白口四周雙邊　二二二二

道德經二卷 宋蘇轍註　明凌以棟批點　**老子考異一卷** 明凌氏刻套印本　四册　八行十八字白口四周單邊　一七八四

道德寶章一卷 宋葛長庚註　元趙孟頫書　明刻本　一册　六行十二字黑口四周雙邊　鈐王利器印白文方印　地山堂書籍白文方印　劉氏師放白文方印　○○二二

道德經解二卷 明沈一貫撰　明萬曆十五年蔡貴易刻本　四册　十行二十字白口四周單邊間左右雙邊　○○三八

老子翼三卷 明焦竑輯　明萬曆十六年王元貞刻本　三册　十行二十字小字雙行字同白口左右雙邊　有刻工　鈐海原閣主人朱文長方印　楊以增字益之朱文長方印　銅鼓山房朱文長方印　○○三二

老子元翼二卷考異一卷附錄一卷 明焦竑撰　清郭乾泗等校　清乾隆五年蘇伍等刻本　三册　九行二十一字小字雙行二十四字白口四周雙邊　七四三五

莊子郭注十卷 晉郭象註 唐陸德明音義 明萬曆三十三年鄒之嶧刻本 十册 九行十八字小字雙行十七字白口四周單邊 〇〇五八

南華經十六卷 周莊周撰 晉郭象註 宋林希逸口義 宋劉辰翁點校 明王世貞評點 明陳仁錫批註 明閔氏刻四色套印本 四册 八行十八字小字雙行字同白口四周單邊 一七七八

南華經十六卷 周莊周撰 晉郭象註 宋林希逸口義 宋劉辰翁點校 明王世貞評點 明陳仁錫批註 明閔氏刻四色套印本 八册 一七七九

南華經十六卷 周莊周撰 晉郭象註 宋林希逸口義 宋劉辰翁點校 明王世貞評點 明陳仁錫批註 明閔氏刻四色套印本 六册 一九三七
存十二卷 一至十二

莊子鬳齋口義十卷 宋林希逸撰 元刻本 十册 九行十八字小字雙行字同細黑口左右雙邊 鈐胡氏所藏宋本朱文長方印 曾在周叔弢處朱文長方印 浚儀王明誠章朱文方印 Z〇〇五九

莊子翼八卷闕談一卷附錄一卷 明焦竑編 明萬曆十六年王元貞刻本 佚名批校 四册 十行二十字小字雙行字同白口左右雙邊 〇〇五一

莊子翼八卷 明焦竑編 明萬曆十六年王元貞刻本 四册 〇〇五〇
存四卷 二 四至六

解莊十二卷　明陶望齡解　明郭正域評　明天啓元年茅兆河刻套印本　六册　九行十九字白口四周單邊　一七八二

鍥南華眞經三註大全二十一卷　明陳懿典輯　明萬曆二十一年書林余良木自新齋刻兩節本　十二册　十行十七字注文十八字小字雙行十八字上節小字雙行八字白口四周單邊　首頁下書口鐫自新齋　〇〇五二

莊子南華眞經三卷　宋劉辰翁評點　明天啓四年武林楊氏小築刻劉須溪評點九種書本　三册　九行二十字白口四周單邊　〇〇四九

説莊三卷　明季騰芳撰　清刻本　二册　九行二十字白口四周雙邊無格　七四二七

南華眞經義海纂微一百六卷　宋褚伯秀撰　明抄本　五册　十行十五字十六字不等紅格白口左右雙邊　鈐毛昇之印白文方印　二七二四

存二十九卷　一至十五　五十九至七十二

南華眞經旁注五卷　明方虛名撰　明萬曆二十二年刻本　十册　六行十七字小字單行旁注白口左右雙邊　有刻工　〇八〇七

南華眞經旁注五卷　題晉向秀註　清康熙五十五年刻本　六册　六行十八字白口四周單邊　封面鐫康熙五十五年新鐫　七三七七

南華眞經解内篇一卷外篇一卷雜篇一卷　清宣穎撰　清康熙六十年刻本　六册　九行二十三字白口四周雙邊　封面鐫積秀堂梓行　五四二四

南華發覆八卷　明釋性通撰　清乾隆十四年懷德堂刻本　六册　九行二十字小字雙行字同白口四周單邊　封面鐫乾隆己巳新鍥　雲林懷德堂梓行　五四二二

莊子因六卷　清林雲銘撰　清康熙二十七年刻本　四册　九行二十二字白口四周雙邊　五四二八

列子八卷　唐盧重元註　清嘉慶八年秦恩復重刻宋本　四册　十行二十一字小字雙行字同白口左右雙邊　下書口鐫石研齋　封面鐫嘉慶八年江都秦氏開雕　四四六四

列子通義八卷　明朱得之撰　明嘉靖四十四年浩然齋刻三子通義本　四册　九行十七字小字雙行字同白口四周雙邊　上書口鐫浩然齋　〇〇四三

列子通義八卷　明朱得之撰　明嘉靖四十四年浩然齋刻三子通義本　四册　〇〇四四

新刊道書全集文始眞經言外經旨二卷　宋陳顯微撰　明刻道書全集本　二册　十一行二十二字白口左右雙邊　鈐鏡西珍賞朱文方印　詩合龍書畫印朱文方印　存素堂珍藏朱文方印　瞿良印白文方印　〇〇五九

金丹正理大全十一種四十二卷　明朱睦㮮輯　明嘉靖十七年周藩刻本　二十四册　十行二十一字小字雙行字同黑口四周雙邊　鈐八千卷樓珍藏善本朱文長方印　〇二二二

金丹大要十卷　元陳致虛撰
金碧古文龍虎上經三卷　宋王道註疏
周易參同契通眞義三卷　後蜀彭曉撰
周易參同契解三卷　宋陳顯微撰
周易參同契分章註三卷　元陳致虛撰
玄學正宗二卷
金丹四百字內外註解一卷　宋張伯端撰　宋黃自如註

悟眞篇註疏三卷 宋陳達靈傳 宋翁葆光註 元戴起宗疏
眞指詳説一卷 宋翁葆光撰
諸眞玄奥集成九卷 □函蟾子輯
群仙珠玉集四卷

庚道集九卷 清抄本 八册 六行十五字無格 二七五七
存八卷 一至八

眞誥二十卷 梁陶弘景撰 明俞安期訂 明萬曆二十八年刻三十二年俞安期重修本 五册 九行十七字小字雙行字同白口左右雙邊 鈐休寧汪季青家藏書籍朱文方印 〇二二四

太上感應篇贅言 清于覺世撰 清康熙二十二年刻本 二册 一五五七

文子二卷 周辛鈃撰 明彭好古輯 明吳勉學校 明萬曆吳勉學校刻二十子本 四册 九行十八字白口左右雙邊 〇九二八

新鎸葛雅川内篇四卷外篇四卷 晉葛洪撰 明張可大、盧舜治評校 明慎懋官閲 明萬曆十二年慎懋官刻二十七年翁天霽重修張可大遞修本 八册 九行二十字白口左右雙邊 〇二一三

天隱子一卷 坐忘論一卷 唐司馬承禎撰 鉛汞論一卷 明陸西星撰 清抄本 清翁同龢題款 一册 九行二十五字紅格白口四周單邊 三三八二

高上玉皇本行集經三卷 明末刻本 一册 六行十七字白口上下雙邊 一八九一

太上三元賜福赦罪解厄消災延生保命妙經一卷　明萬曆刻本　一册　五行十五字白口上下雙邊　一六七二

太上三元賜福赦罪解厄消災延生保命經一卷　明末刻本　一册　四行十二字白口上下雙邊　一六七三

呂祖全書宗正十八卷　題清純陽子輯　清刻本　九册　九行二十一字白口左右雙邊　七一八三

關尹子二卷　周尹喜撰　宋陳顯微註　明陳蔚然校　明天啓讀書坊刻諸子全書本　一册　九行二十字白口四周單邊　〇三七〇

上清靈寶濟度大成金書四十卷　明周思得輯　明宣德七年楊震宗刻本　四十一册　十二行二十五字二十七字不等黑口四周雙邊　〇二二五

悟眞篇正集二卷續集一卷外集一卷　宋張伯端撰　明胡文煥校　清初抄本　二册　七行二十字無格　二七五五

警世編不分卷　明萬曆四十三年刻本　一册　九行十七字黑口四周雙邊　卷末鐫大明萬曆乙卯年季秋吉日刊　〇一五九

仙眞圖釋不分卷　明末刻本　一册　九行二十字小字雙行十九字上黑口四周單邊　〇四七六

大道修眞捷仙指源篇一卷　清抄本　有圖　一册　八行三十二字無格　二七五六

三四一八　清修妙牋一卷起居安樂牋一卷燕閑清賞牋二卷　清抄本　四册　九行十八字無格

三八三一　玄門秘訣不分卷　清抄本　一册　八行二十字無格